suhrkamp taschenbuch
wissenschaft 892

Die bahnbrechende Bedeutung der 1929 von Lucien Febvre und Marc Bloch gegründeten Zeitschrift *Annales* für eine moderne Form der Geschichtsschreibung ist heute allgemein anerkannt. Auch deutsche Historiker lassen sich mittlerweile vom französischen »Paradigma« der Sozial- und Mentalitätsgeschichte inspirieren. Kaum bekannt ist dagegen, daß es in der Frühgeschichte der *Annales* eine Art Dialog mit der deutschen Geschichtswissenschaft gab, der die Genese jener neuen Methoden und Ansätze nicht unwesentlich beeinflußte. Sogar nach 1933 setzten die *Annales* ihre Auseinandersetzung mit dem deutschen Kulturkreis fort. Eine zentrale Vermittlerrolle spielte dabei eine junge Wiener Emigrantin: *Lucie Varga (1904-1941)*. Als Assistentin Febvres hat sie die Kritik der *Annales* am nationalsozialistischen Deutschland mitformuliert und in ihren eigenen Beiträgen eine Art Mentalitätsgeschichte der nationalsozialistischen Bewegung entworfen. Außerdem war sie die erste Frau, die überhaupt kontinuierlich in den *Annales* veröffentlichte. Das vorliegende Buch dokumentiert zum ersten Mal die wichtigsten Texte dieser ungewöhnlichen Historikerin. In einer ausführlichen Einleitung skizziert der Herausgeber den umwegigen Lebensweg Vargas und situiert ihren historiographischen Beitrag im Spannungsfeld von deutschsprachiger und französischer Geschichtswissenschaft.

Peter Schöttler, geb. 1950, ist Forscher am Centre National de la Recherche Scientifique in Paris. Zahlreiche Veröffentlichungen zur deutschen und französischen Geschichte sowie zur Theorie der Geschichtswissenschaft. 1990/91 Visiting Member am Institute for Advanced Study in Princeton.

Lucie Varga
Zeitenwende

Mentalitätshistorische Studien
1936-1939

Herausgegeben,
übersetzt und eingeleitet
von Peter Schöttler

Suhrkamp

CIP-Titelaufnahme der Deutschen Bibliothek
Varga, Lucie:
Zeitenwende : mentalitätshistorische Studien 1936-1939 /
Lucie Varga. Hrsg., übers. und eingel. von Peter Schröttler. –
1. Auf. – Frankfurt am Main :
Suhrkamp, 1991
(Suhrkamp-Taschenbuch Wissenschaft ; 892)
ISBN 3-518-28492-4
NE: GT

suhrkamp taschenbuch wissenschaft 892
Erste Auflage 1991
© Suhrkamp Verlag Frankfurt am Main 1990
Suhrkamp Taschenbuch Verlag
Alle Rechte vorbehalten, insbesondere das
des öffentlichen Vortrags, der Übertragung
durch Rundfunk und Fernsehen
sowie der Übersetzung, auch einzelner Teile.
Satz und Druck: Wagner GmbH, Nördlingen
Printed in Germany
Umschlag nach Entwürfen von
Willy Fleckhaus und Rolf Staudt

1 2 3 4 5 6 – 96 95 94 93 92 91

Inhalt

Vorwort 9

Einleitung
Lucie Varga – eine österreichische Historikerin
im Umkreis der »Annales« (1904-1941) 13

Vorbemerkung zur Übersetzung 112

ERSTER TEIL
DEUTSCHLAND UND ÖSTERREICH
ZWISCHEN DEN WELTKRIEGEN

Die Entstehung des Nationalsozialismus 115

Luther, die Jugend und der Nazismus 138

Über die Jugend im Dritten Reich 142

Ein Tal in Vorarlberg –
zwischen Vorgestern und Heute 146

Hexenglauben in einem ladinischen Tal 170

ZWEITER TEIL
STUDIEN ZUR RELIGION DER KATHARER

Der Katharismus – ein methodisches Problem der
Religionsgeschichte 189

Peire Cardenal – ein Häretiker? 200

Waren die Katharer Neomanichäer oder Neognostiker? . . 225

Zeittafel 243

Bibliographie 245

Lucie Varga, ca. 1930

Für Berta Varga

Vorwort

Dieses Buch stellt eine Historikerin vor, deren Spuren in der Geistesgeschichte des 20. Jahrhunderts allzu schnell verwischt und daher bis heute übersehen wurden: Lucie Varga (1904-1941). 1934 emigrierte sie von Wien nach Paris und arbeitete dort mit Lucien Febvre zusammen, einem der bedeutendsten französischen Historiker. In den folgenden Jahren gehörte sie zum Umkreis der von Lucien Febvre und Marc Bloch gemeinsam herausgegebenen Zeitschrift *Annales d'histoire économique et sociale*, die heute unter dem Namen *Annales* als eines der wichtigsten und einflußreichsten Fachorgane der Geschichtswissenschaft gilt. Lucie Varga beriet Febvre in allem, was Deutschland und Österreich betraf, und formulierte die Kritik der *Annales* am nationalsozialistischen Deutschland mit. Ihre Veröffentlichungen trugen zum ›Paradigmenwechsel‹ von der traditionellen Politikgeschichte zur Sozial- und Mentalitätsgeschichte bei, für den die *Annales* eintraten. Sie war außerdem die erste Frau, die kontinuierlich in dieser Zeitschrift publizierte.

Als Lucie Varga 1941 im Alter von nur 36 Jahren starb, hinterließ sie kein ›Werk‹. Neben einer Wiener Dissertation von 1931 gibt es lediglich einige französisch geschriebene Aufsätze und Rezensionen, die sich mit so verschiedenen Themen wie dem Nationalsozialismus, dem Hexenglauben in Ladinien oder der Religion der südfranzösischen Katharer befassen. Häufig handelt es sich um Gelegenheitsschriften. Aber sie lohnen dennoch die Lektüre, weil sie eine ungewöhnliche Praxis der Geschichtsschreibung dokumentieren. Um diese Originalität sichtbar und lesbar zu machen, werden die wichtigsten Texte im vorliegenden Buch erstmals vorgestellt. Der vom Herausgeber gewählte Titel *Zeitenwende* soll dabei die Thematik des mentalen Umbruchs andeuten, der Lucie Vargas Studien verbindet. In der Einleitung wird versucht, nicht nur die abgedruckten Texte historiographisch zu situieren, sondern auch – soweit dies möglich ist – den umwegigen Lebensweg der Autorin zu rekonstruieren. Hinter der ›unbekannten Historikerin‹ wird dabei die unbekannte Frau sichtbar, die ihrerseits in einer Periode des Umbruchs lebte und in einem fremden Land das Risiko einging, als Intellektuelle zu existieren. Beide sind zu entdecken.

Das vorliegende Buch wäre nicht möglich gewesen, ohne die Unterstützung zahlreicher Institutionen und Einzelpersonen, die mir bei meiner ›Spurensuche‹ behilflich waren.

An erster Stelle danke ich der *Maison des Sciences de l'Homme* in Paris, die mir 1988/89 ein Stipendium gewährte, so daß ich die Beziehungen zwischen der frühen *Annales*-Schule und der deutschen Historiographie am ›richtigen Ort‹ erforschen konnte. Die *Fritz-Thyssen-Stiftung* half 1990 kurzfristig durch ein Reisestipendium. Schließlich habe ich dem *Institute for Advanced Study* in Princeton zu danken, das mich 1990/91 als ›Member‹ aufnahm; für den Abschluß und die Revision des Manuskripts verfügte ich daher über besonders günstige Arbeitsbedingungen.

Die Redaktionen der Zeitschriften *Annales*, *Revue de Synthèse* und *Revue de l'Histoire des Religions*, in denen die hier erstmals ins Deutsche übertragenen Texte 1936 bis 1939 erschienen sind (siehe Bibliographie), haben sehr großzügig die Genehmigung zur Veröffentlichung bzw. Übersetzung erteilt. Auch ihnen sei gedankt.

Im Rahmen meiner Nachforschungen habe ich zahlreiche Behörden und Archive um Auskünfte gebeten, denen ich für ihre effiziente und unbürokratische Hilfe sehr verpflichtet bin. Hervorheben möchte ich das Universitätsarchiv Wien, die Research Foundation for Jewish Immigration in New York sowie das Goethe-Institut in Budapest.

Ganz besonders wichtig waren die vielen Informationen und Hinweise von Personen, die Lucie Varga und/oder Lucien Febvre persönlich gekannt haben und über sie berichten konnten. Etienne Bloch, Vincent Bloch, Paule Braudel, Henri Brunschwig, Henri Febvre, Hélène Gratiot-Alphandéry, Karl Jelusic, Albert Mentzel (Albert Flocon) und Lucille Richard (geb. Febvre) haben sich teilweise mehrfach die Zeit für Interviews genommen. Dafür danke ich ihnen ganz herzlich. Hervorheben möchte ich auch die Großzügigkeit, mit der mir Etienne Bloch und Henri Febvre jeweils Zugang zu den Nachlässen Marc Blochs und Lucien Febvres gewährten – historiographischen Schätzen, die noch viele Überraschungen bereithalten. Ferner habe ich zwei Historiker-Kollegen zu danken, die mir mit großer Selbstverständlichkeit in ihrem Besitz befindliche Papiere zugänglich machten: Heinz Dopsch den Teilnachlaß seines Großvaters Alphons Dopsch und Pierre Toubert die Korrespondenz von Georges Espinas. In die-

sem Zusammenhang denke ich auch an die kleine Gruppe von ›*Annales*-Forschern‹, die seit geraumer Zeit an und mit diesen verschiedenen Nachlässen arbeitet und sich gegenseitig zu informieren und zu helfen versucht. Vor allem Bertrand Müller und Marleen Wessel haben mir viele konkrete Hinweise gegeben und zum Teil auch eigenes Material zugänglich gemacht.
Überhaupt haben mir im Laufe der Zeit viele Kollegen und Freunde sowohl bei einzelnen Punkten wie auch bei der Interpretation und Darstellung des gesammelten Materials durch Tips, Kritik und Zuspruch geholfen. Desgleichen boten Vorträge in Bochum, Göttingen, Wien, Salzburg und Paris die Möglichkeit, einzelne Aspekte meiner Studien zur *Annales*-Geschichte mit interessierten Kollegen zu diskutieren. Im Zusammenhang mit dem vorliegenden Buch möchte ich besonders danken: Maurice Aymard, Gerhard Botz, Dominique Bourel, Michel Espagne, Christian Fleck, Janos Hàrmatta, Victor Karady, Claus-Dieter Krohn, Jacques Le Rider, Brigitte Mazon, Michael Mitterauer, Norbert Ortmayr, Mechthild Rössler, Hélène Roussel und Michael Werner. Jean Duvernoy, der seit langem als einer der besten Kenner des Katharismus gilt, war nicht nur mit Recherchen in Toulouse behilflich, sondern auch sofort bereit, dem Nichtspezialisten sowohl die wissenschaftlichen Pionierleistungen als auch die Schwächen der Arbeiten Lucie Vargas über die katharische Religion im einzelnen darzulegen. Mit seiner Erlaubnis habe ich diese Mitteilungen in meiner Einleitung verwendet und zitiert. Barbara Hahn hat das Projekt von Anfang an begleitet und aus der Perspektive ihrer eigenen historischen Forschungen über die prekäre Situation von Frauen in der Wissenschaft Fragen aufgeworfen und Vorschläge gemacht. Sie hat das gesamte Manuskript kritisch gelesen und entscheidende Verbesserungen angeregt.
Eine Person habe ich bisher noch nicht erwähnt, deren Beitrag zu diesem Buch besonders wichtig war: Berta Varga, Lucie Vargas Tochter. Zwar habe ich Frau Dr. Varga, die heute als Ärztin in Budapest lebt, erst ›gefunden‹ und kennengelernt, als dieses Buch bereits projektiert und in Arbeit war, aber ihre Berichte, ihre Briefe und die langen Gespräche, die wir im Mai 1990 in Budapest führen konnten, haben das Bild, das ich mir von ihrer Mutter machte, noch einmal sehr verändert. Was zunächst ein abstraktes und ziemlich lückenhaftes ›Puzzle‹ war, bekam jetzt eine Tiefendimension, die diese Biographie auch über den konkreten

wissenschaftsgeschichtlichen Kontext hinaus ein Stück weit exemplarisch macht. Berta Varga verdankt dieses Buch also seine besondere Prägung: Es sei ihr daher gewidmet.

Princeton, November 1990   Peter Schöttler

Lucie Varga – eine österreichische Historikerin im Umkreis der »Annales«
(1904-1941)

Alles begann mit der Lektüre des unveröffentlichten Briefwechsels zwischen Lucien Febvre und Marc Bloch[1], den beiden Herausgebern der *Annales*[2]. Wohl im März 1934 – der Brief ist nicht datiert – berichtete Febvre, der im Jahr zuvor nach Paris berufen worden war, an den in Straßburg wohnenden Bloch[3]:

»Was meine Arbeiten angeht, so kann ich Sie beruhigen. Ich arbeite fleißig an den *Religionen des 16. Jahrhunderts*[4]. Ich habe mir dafür einen ›Trainer‹ engagiert – oder vielmehr eine ›Trainerin‹. Es handelt sich um eine Österreicherin, eine Schülerin von Dopsch[5], von der ich Ihnen wohl schon erzählt habe, Frau Varga-Borkenau. Sie kommt an drei Vormittagen in der Woche, um mit mir zu arbeiten.«

Als ich diese Passage zum ersten Mal in den *Archives Nationales* auf der Mattscheibe eines Mikrofilm-Lesegerätes entzifferte, wußte ich, daß hier etwas Ungewöhnliches vorging. Bereits das Wort »Trainerin« *(entraineuse)* sprang ins Auge, erschien wie ein Symptom. Da ich die Biographie der beiden Korrespondenten relativ gut kannte, wußte ich, daß die Erwähnung dieser neuen Mitarbeiterin keine banale Information war. Denn sie veränderte Febvres lebensgeschichtliche Situation und tangierte zugleich sein Verhältnis zu Bloch bzw. seine Mitarbeit an den *Annales*. Daher bin ich dieser Ahnung nachgegangen, und allmählich ist das hier vorliegende Buch entstanden. Es folgt den verwischten Spuren einer Unbekannten, die bislang von der Geschichte der Geschichtswissenschaft übersehen wurde.

Auftritt einer Unbekannten

Warum war Febvres kurze Mitteilung so ungewöhnlich? Man muß sich zunächst vergegenwärtigen, daß Marc Bloch und er 1934 bereits renommierte Historiker waren. Febvre hatte 1933, mit 54 Jahren, den absoluten Höhepunkt einer französischen Universitätslaufbahn erreicht: einen Lehrstuhl am ehrwürdigen

Collège de France. Bloch, der acht Jahre jünger war, wartete zwar noch auf eine ebenso prestigeträchtige Professur, aber er war immerhin Ordinarius für mittelalterliche Geschichte in Straßburg, der zweitwichtigsten französischen Universität. Zudem besaß er eine solche Reputation, daß sein baldiger ›Aufstieg‹ nach Paris als sicher galt. 1936 wurde er dann auf den Lehrstuhl für Wirtschafts- und Sozialgeschichte an der Sorbonne berufen.[6] Wir haben also zwei etablierte Professoren vor uns, die nur insofern ungewöhnlich waren, als sie ihren ganzen Ehrgeiz darauf setzten, eine neuartige Geschichtsschreibung zu propagieren und eine innovative Zeitschrift zu betreiben: Sonst wäre ihre Karriere vermutlich noch steiler und völlig unproblematisch verlaufen.

Wie alle französischen Hochschullehrer – auch die berühmtesten Gelehrten – mußten Febvre und Bloch unter materiellen Bedingungen arbeiten, die aus heutiger Sicht geradezu ärmlich anmuten. Besondere Finanzmittel für Forschungsreisen, zur Anschaffung von Büchern oder zur Bezahlung von Hilfskräften waren damals nahezu unbekannt.[7] Archivreisen wurden in den Sommerferien und auf eigene Kosten unternommen. Bücher besorgte man sich möglichst zur Rezension oder las sie in der Bibliothek. Schreibarbeiten wurden wie selbstverständlich von den Ehefrauen übernommen. Im Unterschied zu manchem deutschen Lehrstuhlinhaber oder zumindest Institutsdirektor kannten französische Geisteswissenschaftler auch noch keine Assistenten, die ihnen bei ihren Vorlesungen oder Publikationen zur Hand gegangen wären. Jeder war auf sich allein gestellt. Wer also wie Febvre und Bloch ehrgeizige und arbeitsaufwendige Projekte verfolgte, eine Zeitschrift herausgab, an anderen regelmäßig mitarbeitete, mit Kollegen in aller Welt korrespondierte *und* gleichzeitig noch mehrere Bücher schreiben wollte, mußte eine enorme Arbeitsdisziplin ausbilden. Für die eigene Familie (Febvre hatte drei Kinder, Bloch sechs), für alte oder gar neue Freundschaften, für spontane oder organisierte ›soziale Kontakte‹ außerhalb des engsten Kreises blieb so gut wie keine Zeit. (Allein schon aus solchen praktischen Erwägungen heraus war auch an ein politisches Engagement nicht zu denken, obwohl Febvre und Bloch linke Republikaner waren.[8]) Konkret haben Febvre und Bloch den auf ihnen lastenden Arbeitsdruck, soweit sich dies im Nachhinein feststellen läßt, unterschiedlich durchlebt, auch wenn sie beide die Fähigkeit zur absoluten Konzentration und zur raschen Niederschrift von Texten besaßen. Während Bloch sein riesiges Pensum absolvierte, indem er seine Arbeit bis ins Detail organisierte und das Familienleben drakonischen Regeln unterwarf, die gleichsam Bedingungen seiner Produktivität waren[9], überließ sich Febvre trotz seiner durchaus hohen Arbeitsdisziplin stärker der Intuition und der Neugier des Augenblicks – selbst auf die Gefahr hin, sich zu ›verzetteln‹, Manuskripte verspätet abzugeben und vor allem seine vielen angekündigten Buchprojekte Jahr für Jahr aufzuschieben. Hinzu kam, daß Febvre im Unterschied zu Bloch kein ererbtes bzw. ›angeheiratetes‹ Vermögen besaß. Um sich und seiner Familie in Paris ein ›standesgemäßes‹ Leben zu ermöglichen, mußte er sich sogar um zusätzliche Einkünfte bemühen.[10] Seine Kontaktfreude und seine editorische Erfindungsgabe kamen ihm dabei zu Hilfe. Während Bloch, der Pariser Professorensohn, auch nach seiner ›Rückkehr‹ in die Hauptstadt der strenge, zurückgezogene Gelehrte blieb – und erst im Krieg sein Leben umstieß, um sich in der Résistance zu engagieren[11] –, suchte Febvre, der ›Provinzler‹ aus Nancy, den Kontakt zum ›intellektuellen Paris‹. Angelpunkt hierfür war nicht die Zeitschrift *Annales*, sondern die 1932 vom Erziehungsminister Anatole de Monzie mit viel Publicity lancierte *Encyclopédie Française*, deren Leitung Febvre übertragen wurde: ein prestigeträchtiges Unternehmen von ›nationaler Dimension‹, das – zumindest anfangs – mit erheblichen Finanzmitteln ausgestattet war.[12] Wie einst Diderot konnte sich Febvre hier als »Ideenbankier« (Fernand Braudel) profilieren, und er gab diesem Projekt dann auch eine verblüffend innovative Dimension, ohne seine Publikumswirksamkeit zu beschränken. Lebenspraktisch bedeutete diese zusätzliche Herausgeberschaft allerdings, daß Febvre von nun an noch mehr überlastet war. Die *Encyclopédie Française* kostete ihn vor allem in der Vorbereitungsphase bis zum Erscheinen des ersten Bandes (1935) mehrere Tage in der Woche, so daß sein Engagement bei den *Annales*, wie Marc Bloch gelegentlich bitter anmerkte, zurückging und auch seine Buchprojekte ins Hintertreffen gerieten.

Vor diesem Hintergrund wird die oben zitierte Briefpassage etwas verständlicher: »Meine eigene Arbeit« – »ich kann Sie beruhigen« – dreimal die Woche habe ich jetzt Hilfe. Während Bloch, der es sich finanziell hätte leisten können, eine Sekretärin oder Assistentin einzustellen, lieber allein arbeitete und nur seiner Frau die klassische Aufgabe überließ, seine Manuskripte und

Briefe abzutippen, tat Lucien Febvre einen ungewöhnlichen Schritt, um seine Arbeitsüberlastung in den Griff zu bekommen: Er engagierte eine private Mitarbeiterin. Daß er sie ironisch als »Trainerin« einführt, spricht für seinen Humor, läßt sich zugleich aber auch als Anspielung auf den akademischen ›Wettkampf‹ lesen, in dem er mit Bloch gleichsam eine ›Zweierstaffel‹ bildete.
Die Einstellung dieser Mitarbeiterin war aber nicht nur im Vergleich zu Febvres bisheriger individueller Arbeitsweise ungewöhnlich; überraschend ist vor allem die Tatsache, daß es sich um eine Österreicherin handelte. Denn wäre es nur um Schreibarbeiten gegangen, hätte Febvre natürlich eine Französin eingestellt. Schreibkräfte standen ihm damals im Büro der *Encyclopédie Française* aber genügend zur Verfügung. Statt dessen wählte er eine Emigrantin, weil er sich inhaltliche Beiträge von ihr erhoffte. Dabei stellt die Bezeichnung »Trainerin« die Altershierarchie zwischen ihm (55 Jahre) und ihr (29 Jahre) auf den Kopf: Sollte diese junge Frau ihm etwa ›Tempo‹ machen, ihn antreiben und mitreißen? Fast scheint es, als ob Febvre hier in seiner guten Laune eine zweideutige Formulierung unterlaufen wäre, die mehr ausdrückte, als er eigentlich sagen wollte. Deutlich ist jedenfalls, daß die neue Mitarbeiterin eine privilegierte Stellung einnimmt; sie ist keine Angestellte, die im Hintergrund wirkt und nur zufällig erwähnt wird. Ganz im Gegenteil: In Febvres Briefen an Bloch ist in den Jahren 1934 bis 1937 sehr regelmäßig von »Madame Varga« die Rede. Er zitiert ihre Äußerungen, erzählt von ihren Reisen und lobt (meist) ihre Arbeiten. »Madame Varga« avanciert zu einer festen Instanz, die fast ständig zwischen den beiden *Annales*-Herausgebern ›anwesend‹ ist. Ihr Name fällt wesentlich häufiger als der des Redaktionssekretärs der Zeitschrift, Paul Leuillot. Dabei ist zu berücksichtigen, daß die Korrespondenz zwischen Febvre und Bloch große Lücken aufweist und viele Briefe Febvres, zum Beispiel aus dem Jahr 1937, nicht erhalten sind. Es ist nicht auszuschließen, daß Marc Bloch als Empfänger oder spätere Leser(innen) einige Briefe vernichtet haben, weil sie ihnen zu ›privat‹ erschienen. Denn am ›Privaten‹ scheiterte schließlich die Arbeitsbeziehung zwischen Febvre und Lucie Varga. Deren früher Tod 1941 hat dann dazu beigetragen, die Affäre endgültig zu begraben, so daß die unbekannte Mitarbeiterin, die immerhin als erste Frau kontinuierlich in den *Annales* publizierte, alsbald vergessen wurde.[13] Heute, nach fast 50 Jah-

ren, ist es nur gerecht, wenn wir die Sache wiederaufnehmen und fragen: Wer war Lucie Varga? Wie verlief ihre Zusammenarbeit mit Febvre? Was bedeutete der Eintritt einer Frau, zudem einer Ausländerin, in den Arbeitszusammenhang der *Annales*? Und worin bestand Lucie Vargas Beitrag zur modernen Geschichtswissenschaft? Die folgenden biographischen und historiographischen Skizzen sind Versuche einer Antwort auf diese Fragen.

Umrisse einer Biographie

Lucie Varga wurde am 21. Juni 1904 als Rosa Stern in Baden bei Wien geboren.[14] Ihre Familie war jüdischen Glaubens und stammte aus Ungarn, hatte sich aber der deutsch-österreichischen Kultur assimiliert. Die Muttersprache war Deutsch; Ungarisch hat Lucie Varga nie gesprochen. Jiddische Ausdrücke galten in ihrem Elternhaus als »Ungezogenheiten«. Rosa war das jüngste von drei Kindern, aber bei ihrer Geburt lebten die Eltern bereits getrennt, der Vater – Gyula (Julius) Stern – in Budapest, die Mutter – Malvine Tafler-Stern – mit den Kindern in Baden bei Wien. Die Familie besaß Vermögen – vor allem Immobilien in Budapest und Wien – und konnte ein unbeschwertes, großbürgerliches Leben führen. Die Kinder waren von klein auf von Hauspersonal umgeben, und darunter war natürlich auch eine englische ›Miss‹, die mit ihnen Englisch und Französisch übte. Die Mutter wird uns von ihrer Enkelin, Berta Varga, als eine hochgebildete *mater familias* und typische Repräsentantin des jüdischen Bildungsbürgertums beschrieben, die mit ihren Kindern über griechische Mythologie sprach und auch für die Mädchen eine umfassende Ausbildung anstrebte. Rosa besuchte die fortschrittliche Wiener Privatschule der Genia Schwarzwald, wo die unkonventionellen Ideen der Jugendbewegung zirkulierten.[15] Aus einer Laune heraus nahm sie damals den Vornamen »Lucie« an, trotz des spöttischen Einwands ihrer Lehrerinnen, daß »Lucie Stern« doch wohl ein Pleonasmus sei. Wie wir noch sehen werden, sollte dieser Namenswechsel nicht ihr letzter bleiben...
Zu Ostern 1923 legte »Lucie« ihr Abitur ab. Bald darauf heiratete sie einen gutaussehenden ungarischen Arzt, der in einem Badener Sanatorium arbeitete. Künftig trug sie seinen Namen: *Lucie Varga*. Josef Varga war zwölf Jahre älter als sie und bereits ferti-

ger Internist. Er entstammte ebenfalls einer jüdisch-ungarischen Familie aus der Gegend von Debreczin, wo sein Vater einen kleinen Laden besaß. Die Heirat mit der wohlhabenden Privatiers-Tochter bedeutete für ihn einen sozialen Aufstieg. Er war der erste Akademiker in seiner Familie und der ganze Stolz seiner Eltern. Im Gegensatz zu Lucie verstand er sich als patriotischer Ungar und kehrte später auch nach Budapest zurück.

In die Zeit ihrer Ehe mit Josef Varga fällt Lucies Studium an der Wiener Universität. Dessen Beginn verzögerte sich jedoch, weil Lucie schon seit ihrem letzten Schuljahr unter Diabetes litt – einer Krankheit, die damals kaum zu behandeln war. (Erst 1921/22 wurde in Kanada das Insulin ›entdeckt‹ und ab 1923 überall therapeutisch eingesetzt.) Vor allem ein jugendlicher Diabetes galt (und gilt noch heute) als besonders gefährlich, weil neben den unmittelbaren physiologischen Schäden die sehr viel kürzere Lebenserwartung weitreichende psychologische Konsequenzen hat. Lucie Varga hat sich mit diesem äußerst belastenden Leiden nicht nur arrangiert, sondern es immer wieder energisch zurückgedrängt und mit viel Optimismus überspielt. Als sie 1924 schwanger wurde und im Juli 1925 ihre – einzige – Tochter Berta zur Welt brachte, ging sie ein sehr hohes Risiko ein.[16] In ihrem akademischen Lebenslauf heißt es darüber lakonisch: »Nachdem ich gesundheitshalber mein Studium unterbrechen mußte, inscribierte ich erst im Herbst 1926 an der philosophischen Fakultät der Universität Wien. Ich wählte als Hauptfach mittlere und neuere Geschichte, als Nebenfach Kunstgeschichte und hörte diese Gegenstände während 8 Semestern.«[17] Ihre akademischen Lehrer waren bei den Historikern: Alphons Dopsch, Hans Hirsch, Oswald Redlich, Wilhelm Bauer und Erna Patzelt; in Kunstgeschichte hörte sie bei Julian von Schlosser und Joseph Strzygowsky. Ferner besuchte sie philosophische und psychologische Vorlesungen, unter anderem bei Moritz Schlick und Karl Bühler.[18] Ein nach heutigen Maßstäben eher kurzes, aber intensives Studium also, das sie 1931 mit der Promotion abschloß. Ihre Doktorarbeit mit dem Titel: *Eine Untersuchung über die Entstehung des Schlagworts vom »finsteren Mittelalter«*[19] befaßte sich mit dem klischeehaften Bild vom Mittelalter bis zum Ausgang des 18. Jahrhunderts. Bei der Interpretation ihrer begriffsgeschichtlichen Belege wandte sie sich gegen ein »gedankenloses Weiterschleppen des Ausdrucks«[20] und die religionskritischen Schlagworte der Aufklärung, die im Grunde nur eine Fortführung und symmetrische Umkehrung mittelalterlicher Polemiken bildeten: »Dieselbe Psychologie, die in den Häretikern Leute sah, die bewußt, ›um sich einen Namen zu machen‹, falsche Dogmen ausdachten und verbreiteten, dieselbe Psychologie war es, die zuerst in den Päpsten, Priestern und Klerikern machthungrige und herrschaftssüchtige Betrüger sah.«[21] Gewiß handelt es sich bei dieser Arbeit eher um eine fleißige Materialsammlung, als um eine intellektuell eigenständige und innovative Studie.[22] Aber es entsprach dem damaligen Brauch, ein geisteswissenschaftliches Studium sofort mit einer Dissertation abzuschließen, deren Niveau in der Regel heutigen Magisterarbeiten entsprach. Dennoch lassen sich in dieser Abschlußarbeit einige religions- und ideologiegeschichtliche Themen erkennen, die Lucie Varga auch späterhin interessierten. Außerdem signalisiert die sofortige Veröffentlichung des Manuskripts in der Institutsreihe, daß die Autorin im Dopschen ›Seminar für Wirtschafts- und Kulturgeschichte‹ einen Ort der Zugehörigkeit gefunden hatte.[23]

Alphons Dopsch (1868-1953), der seit der Jahrhundertwende in Wien Ordinarius war, galt zu jener Zeit als einer der bedeutendsten deutschsprachigen Historiker. Als er 1921 einen sehr ehrenvollen Ruf nach Berlin ablehnte, wurde ihm in Wien ein eigenständiges Institut eingerichtet, das sich – im Gegensatz zum herrschenden wissenschaftlichen Trend – vornehmlich der Wirtschafts- und Sozialgeschichte widmete (mit dem Schwerpunkt Mittelalter und frühe Neuzeit).[24] Aber Dopsch war nicht nur ein hervorragender Gelehrter, der wichtige Quelleneditionen betreut und mit seinen Arbeiten zur frühmittelalterlichen Wirtschaftsverfassung die Fachwelt erregt hatte, sondern auch ein talentierter Lehrer, der in seinen Seminaren lebhafte Diskussionen und sogar studentische Arbeitsgruppen förderte.[25] Auch daß seine engste Mitarbeiterin und Vertraute eine Frau war – Erna Patzelt (1894-1987)[26] – und an seinem Institut eine ganze Reihe von Student*innen* Dissertationen schreiben konnten, war zu jener Zeit ungewöhnlich.[27] Man kann also vermuten, daß Lucie Varga bei Dopsch nicht nur eine solide ›handwerkliche‹ Ausbildung erhielt (z. B. im Umgang mit lateinischen Quellen, mit landesgeschichtlichem und volkskundlichem Material usw.), sondern auch bereits lernte, inhaltliche Probleme relativ unbefangen zu thematisieren und nach und nach mit eigenen Fragestellungen zu bearbeiten.

Der Umstand, daß Lucie Varga eine »Dopsch-Schülerin« war, hat aber noch weitere Folgen gehabt. Denn das große Ansehen und internationale Renomee ihres ›Doktorvaters‹ sowie natürlich dessen Spezialisierung im Bereich der Wirtschafts- und Sozialgeschichte brachte es mit sich, daß Dopsch der einzige österreichische und einer der wenigen deutschsprachigen Historiker war, die in Kontakt mit den *Annales* standen.[28] Marc Bloch hatte bereits seit den frühen zwanziger Jahren die Schriften von Dopsch regelmäßig und ausführlich kommentiert und ihn 1923 in Brüssel und 1928 in Oslo auf den internationalen Historikerkongressen getroffen.[29] Obwohl Bloch in vielen wissenschaftlichen Kontroversen die Thesen von Dopsch kritisierte[30], schätzte er ihn als diskussionsbereiten Gelehrten und vor allem auch als Menschen. So schrieb er zum Beispiel im Rückblick auf die Begegnung in Oslo an Febvre[31]:

»Ich habe damals [...] die Rednergabe und Gelehrsamkeit dieses ausgezeichneten Dopsch bewundert. Schade, daß davon so wenig in seine Schriften eingegangen ist. Aber wenn man ihn gesehen und mit ihm gesprochen hat, begreift man erst seinen Erfolg bei den jungen Leuten – vor allem auch, wenn man an all die anderen Exemplare der deutschen und sonstigen professoralen Rasse denkt, denen man begegnet. Auch Lamprecht – der allerdings ganz anders war – vermittelte diesen Eindruck. Den eines menschlichen Wesens im Grunde – und nicht eines gewöhnlichen *Geheimrats.*«

Im Laufe der Jahre widmete Bloch nicht weniger als fünf Aufsätze und sieben Rezensionen dem Werk von Dopsch. Seine Kritik nahm ihm der Wiener dabei nicht sonderlich übel.[32] Ganz im Gegenteil: 1936 wurde Bloch sogar aufgefordert, einen Beitrag zu einer Festschrift zu verfassen, die Dopsch zu seinem 70. Geburtstag überreicht werden sollte. (Dies war übrigens die einzige Einladung dieser Art, die den *Annales*-Herausgebern von deutscher oder österreichischer Seite jemals gemacht wurde!) Bloch hat diesen Beitrag dann tatsächlich geschrieben und eingereicht[33], aber kurz vor der Publikation im April 1938 zurückgezogen, weil er nach dem ›Anschluß‹ Österreichs an das nationalsozialistische Deutschland jeden Eindruck einer stillschweigenden Duldung vermeiden wollte. In einem Brief an die Herausgeberin Erna Patzelt meinte er, es sei besser, wenn ein Franzose wie er, mit seinen Ideen und seinem Namen – und damit meinte er sowohl seine patriotische Gesinnung wie seinen jüdischen Namen – nicht unter den Autoren zu finden sei.[34] Statt dessen beschränkte er sich auf ein privates Glückwunschschreiben an den Jubilar. Zu den Hintergründen dieser demonstrativen Aktion gehörten nicht zuletzt auch die ›internen‹ Informationen über das 1936 von der österreichischen Regierung aufgelöste Dopsch-Institut, die Bloch zuvor von Lucien Febvre bekam, welcher sie seinerseits – wie wir noch sehen werden – von Lucie Varga bezog...[35]

In den 20er und 30er Jahren bestanden also relativ gute akademische Kontakte zwischen dem Dopschschen Institut und Frankreich in der Person Marc Blochs sowie mit der von ihm mitherausgegebenen Zeitschrift *Annales*, die selbstverständlich in der Wiener Institutsbibliothek auslag. So war es kein Wunder, daß sich die Dopsch-Schülerin Lucie Varga, als sie nach Paris kam, an die *Annales* wandte und zwar an deren Pariser Repräsentanten: Lucien Febvre, den Dopsch ebenfalls 1923 in Brüssel kennengelernt hatte[36] und der außerdem die Sektion ›Synthèse historique‹ am ›Centre International de Synthèse‹ leitete, dem Dopsch als (freilich nur nominelles) Mitglied angehörte.[37]

Warum aber kam Lucie Varga nach Paris? Das Datum allein – die Jahreswende 1933/34 – erklärt noch nicht alles. 1932 hatte sich das Ehepaar Varga getrennt. Lucie zog mit ihrer Tochter nach Wien, wo sie bei ihrer Mutter in der Landesgerichtsstraße wohnte und Kurse in der Volkshochschule ›Urania‹ gab.[38] In Wien lernte sie 1933 einen jungen Intellektuellen kennen, der Deutschland gerade verlassen hatte: Franz Borkenau-Pollak.[39] Er war 1900 in Wien geboren, ebenfalls Historiker und hatte 1924 bei Walter Goetz in Leipzig promoviert. Schon frühzeitig hatte er sich politisch exponiert: zunächst in der kommunistischen Jugend, dann als Reichsleiter des ›Roten Studentenbundes‹ der KPD. Nach dem Studium hatte er für das Berliner Büro der Kommunistischen Internationale unter dem ungarischen Ökonomen Eugen Varga gearbeitet, war viel gereist und hatte sich vor allem mit der Politik der sozialdemokratischen Parteien befaßt. Im Zuge der Stalinisierung der KPD war er 1929 zusammen mit vielen anderen wegen ›Rechtsabweichung‹ ausgeschlossen worden. Anschließend bezog er ein Stipendium des Frankfurter ›Instituts für Sozialforschung‹[40], für das er eine größere Untersuchung über die Entstehung des neuzeitlichen Weltbildes verfaßte.[41] In Borkenau begegnete Lucie also einem ganz anderen Mann als Josef Varga: Er war kaum älter als sie (vier Jahre) und stammte aus einer

ähnlich wohlhabenden, ›halbjüdischen‹ Familie (sein Vater, Rudolf Pollak, war Richter am Obersten Gerichtshof in Wien). Vor allem aber war er ein engagierter marxistischer Intellektueller, der bereits seinen Weg gefunden hatte. Er war ungeheuer lebendig und aktiv, sprachbegabt und vielgereist, mit immer neuen Projekten und einem großen Bekanntenkreis. Er faszinierte Lucie Varga und führte sie in das linkssozialistische Milieu ein.[42] Mit ihm und seinen marxistischen Freunden diskutierte sie die Machteroberung durch die Nationalsozialisten in Deutschland, den fast parallel dazu verlaufenden ›Staatsstreich auf Raten‹ in Österreich und die Ausschaltung von Parlament und Arbeiterbewegung durch das Dollfuß-Regime. Angesichts der absehbaren politischen Gefahren entstand der Plan, gemeinsam nach Paris auszuwandern. Im übrigen hatte Lucie Varga einen eigenen wissenschaftlichen Grund, nach Frankreich zu gehen. Bei der Vorbereitung ihrer Dissertation war sie nämlich auf ein Thema gestoßen, das sie interessierte und das sie künftig genauer erforschen wollte: die Religion der südfranzösischen Katharer im 11. und 12. Jahrhundert.[43] Dafür mußte sie an Ort und Stelle in den Archiven und Bibliotheken arbeiten. Dopsch hatte sie in ihren Plänen bestärkt und – gleichsam als Wegzehrung ins Exil – ein kleines Stipendium der Universität besorgt. Vermutlich gab er ihr außerdem ein Empfehlungsschreiben an die beiden Herausgeber der *Annales* mit. Bevor jedoch Lucie Varga und Borkenau Österreich verließen, gingen sie im Dezember 1933 zum Standesamt. Für Lucies Mutter, auf deren finanzielle Unterstützung das junge Paar bis auf weiteres angewiesen war, sollte es eine Beruhigung sein, daß Lucie (29 Jahre), Franz (33 Jahre) und Berta (8 Jahre) in einigermaßen ›geordneten Verhältnissen‹ lebten. Tatsächlich konnte es sich die neue Familie sogar leisten, mit allen Möbeln und Büchern von Wien nach Paris überzusiedeln – es war fast ein normaler Umzug...
In Frankreich angekommen, galt es zunächst eine Wohnung zu finden, Kontakte herzustellen und zumindest für Borkenau eine Stelle als Dozent oder Forscher zu finden. Nach kurzen Provisorien zog das Paar in ein Appartement am Square Vauban in Viroflay (einem Vorort auf der Strecke nach Versailles). Auch an Kontakten war vermutlich kein Mangel, obwohl das Fehlen von Briefen oder sonstigen Quellen die Rekonstruktion eines Freundeskreises unmöglich macht. Besonders schwer war es allerdings, für Borkenau eine angemessene Arbeit zu finden.

Natürlich führte Lucie Varga auch ihren Ehemann bei den *Annales* ein. Borkenaus Fähigkeit zur raschen theoretischen und soziologischen Analyse machte auf Febvre großen Eindruck. Sie diskutierten häufig über aktuelle politische Entwicklungen, und Febvre gab Borkenau die Möglichkeit, in seiner Zeitschrift zu publizieren. Schon im Juli 1934 erschien sein erster Aufsatz, *Fascisme et syndicalisme*, der den italienischen Staatsgewerkschaften gewidmet war.[44] Als Borkenau einmal die Situation in Österreich so plastisch beschrieb, daß Febvre sofort ein Aufsatzthema für die *Annales* witterte, stellte er ihm kurzerhand eine Sekretärin der *Encyclopédie Française* zur Verfügung, damit er ihr einen entsprechenden Artikel diktieren konnte.[45] Nach einigen Umarbeitungen, bei denen politische Rücksichtnahmen gegenüber dem Verlag Armand Colin eine Rolle spielten[46], eröffnete dieser mit dem Pseudonym »Georg Haschek« gezeichnete Text den Jahrgang 1935 der *Annales: Partis, traditions et structures sociales en Autriche*.[47] Zwei Hefte später veröffentlichte Borkenau noch einen dritten Artikel, in dem er den Niedergang der sozialdemokratischen Parteien in Europa darstellte und dafür vor allem die Unterordnung der politischen Bewegung unter den gewerkschaftlichen Konservatismus verantwortlich machte.[48] Die publizierte Fassung war im wesentlichen ein Werk Febvres, der den Text nicht nur übersetzt, sondern auch »paraphrasiert« und »adaptiert« hatte:[49]

»B.'s Deutsch ist zwar nicht schwer zu verstehen, vielmehr äußerst klar, aber sein Denken ist doch recht subtil. Ich habe seine Analyse des Marxismus gekürzt – wenn auch manchmal mit Bedauern, aber sie ist gelegentlich eben zu subtil. Das Ganze scheint mir hochinteressant und voller anregender Gedanken für den Leser.«

Auch für Borkenaus Bücher setzte sich Febvre ein: Schon kurz nach Erscheinen der Studie über das bürgerliche Weltbild widmete er ihr eine sehr ausführliche Besprechung.[50] Während er den Ansatzpunkt des Buches, eine Verknüpfung von Ideen-, Wissenschafts- und Sozialgeschichte ausdrücklich begrüßte, kritisierte er die – marxistisch motivierte – retrospektive Verwendung von Begriffen wie »feudal«, »kapitalistisch« usw. als unhistorisch und verwirrend. Alles in allem handele es sich jedoch um »ein gewaltiges Fresko intellektueller Geschichte, das ausführlich auf die Gesellschaftsgeschichte einer Epoche zurückgreift, die noch wenig bekannt, vielfach falsch verstanden und dennoch äußerst bedeutsam für die allgemeine Geschichte des modernen Denkens ist«.[51] Auch als Borkenau der Zeitschrift zwei Jahre später sein Buch über Pareto schickte, verfaßte Febvre eine Rezension, die den Autor als »einen unserer Mitarbeiter« vorstellte und sein kleines Werk als »sehr durchdacht und ausgereift« lobte. »Auch wenn man nicht alle Ideen Franz Borkenaus akzeptiert, wird man sich seiner luziden Dynamik kaum entziehen können.«[52]

Dennoch ließ sich Febvre auf die besondere Situation des jungen Theoretikers nur begrenzt ein. Als Henryk Grossmann 1935 in der *Zeitschrift für Sozialforschung* Borkenaus Buch über das bürgerliche Weltbild einer vehementen, orthodox-marxistischen Kritik unterzog – worin zugleich eine unterschwellige Distanzierung durch das ehemalige Frankfurter ›Institut‹ zum Ausdruck kam[53] –, verfaßte Borkenau eine Replik, die er in den *Annales* zu veröffentlichen hoffte.[54] Aber diesmal lehnte Febvre das Manuskript entschieden ab:

»Durch Frau Varga [...] erhielt ich einen Artikel von Borkenau: Polemik gegen irgendeinen Grossmann über die ›Ursprünge der modernen Wissenschaft‹ (entspringt sie der Technik oder den Maschinen? den Kanonen oder der Manufaktur? oder etwa der Sozialstruktur?). Nach dieser bloßen Aufzählung (die übrigens klarer ist als der Aufsatz) werden Sie sicher sofort begreifen, warum ich ganz kategorisch und vehement mit ›Nein‹ geantwortet habe, ›völlig unverdaulich‹. Zwar waren darin viele geistreiche Kleinigkeiten, aber dieses Systemdenken ist geradezu erschreckend.«[55]

Was Borkenau vor allem brauchte, waren im übrigen nicht Publikationsmöglichkeiten – zumal die *Annales* nur ein sehr bescheidenes Honorar zahlten –, sondern eine Anstellung, um nicht ständig vom Geld seiner Frau leben zu müssen. In dieser Hinsicht scheint Febvre, der die Reserven der beiden Emigranten vielleicht überschätzte[56], aber nicht sehr aktiv geworden zu sein. Auch wäre es ja immerhin denkbar gewesen, daß er Borkenau und nicht dessen Frau als Mitarbeiter engagiert hätte. Jedenfalls entschloß sich der junge Theoretiker schon nach wenigen Wochen, Paris zu verlassen und nach London weiterzuziehen.[57] Möglicherweise besaß er dort noch Verbindungen aus den zwanziger Jahren. Verzweifelt bemühte er sich um wissenschaftliche ›Jobs‹. Eine Zeitlang arbeitete er im Dunstkreis des Ethnologen Bronislaw Malinowski, weil er auf eine Stelle in Südafrika hoffte.[58] Dann ergab sich im

Herbst 1935 die Möglichkeit einer Soziologie-Professur in Panama, die freilich nicht so ausgestattet war, daß seine Familie ihn hätte begleiten können.[59] Trotzdem nahm Borkenau die Chance wahr, aber bereits ein halbes Jahr später kehrte er enttäuscht nach London zurück.[60] Von dort eilte er nach Spanien, um im Auftrag einer englischen Zeitung über den inzwischen ausgebrochenen Bürgerkrieg zu berichten.[61] Angesichts der ständigen Trennungen hat sich die Ehe mit Lucie Varga wohl schon frühzeitig gelockert. (Febvre darüber zu Bloch: »Diese Gemeinschaft hat etwas Erschreckendes.«[62]) Jedenfalls gingen nach der Panama-Episode ihre Wege endgültig auseinander.[63]

Im Unterschied zu Borkenau hat sich Lucie Varga in der Pariser Welt schnell zurechtgefunden und auf einen dauerhaften Verbleib in Frankreich eingerichtet. Der gute Kontakt zu Febvre und seiner Familie hat dabei geholfen. Vor allem aber bedeutete die quasi-institutionalisierte Mitarbeit bei dem französischen Gelehrten, daß Lucie Varga neben ihrem eigenen Forschungsvorhaben über die Katharer einen kontinuierlichen Arbeitszusammenhang besaß. Die finanziellen Aspekte spielten demgegenüber in den ersten Jahren, solange sie noch Zuwendungen von ihrer Mutter aus Wien erhielt, kaum eine Rolle.

Worin bestand nun die konkrete Zusammenarbeit mit Febvre? Man kann drei verschiedene Formen unterscheiden: die direkte Zuarbeit, die Beratung und die in Absprache mit Febvre verfaßten Beiträge. Ein genau festgelegtes Arbeitsprogramm scheint es dabei nicht gegeben zu haben. Vielmehr kam Lucie Varga fast jeden zweiten Tag in Febvres Büro in der Rue du Four Nr. 13 (in den Räumen der *Encyclopédie Française*) oder in seine Wohnung in der Rue du Val de Grâce Nr. 1, um die anstehende Arbeit zu besprechen. Anfangs vergab Febvre wohl einfach nur Aufgaben, aber mit der Zeit entwickelte sich ein kontinuierliches Gespräch und eine immer engere intellektuelle Kooperation.

Obwohl sich Febvre häufig und eingehend mit deutscher Geschichte befaßt und Deutschland seit dem Ersten Weltkrieg einige Male besucht hatte[64], waren seine Kenntnisse der deutschen Sprache begrenzt und fast ausschließlich passiv.[65] Für Beiträge zu deutschen Themen war er daher immer wieder auf außenstehende Mitarbeiter angewiesen, die aber häufig nicht den sozialgeschichtlichen Blick hatten, den er sich erhoffte.[66] Außerdem rissen nach 1933 die meisten Kontakte nach Deutschland ab, und es trafen immer weniger zur Rezension bestimmte deutsche Bücher ein: »Deutschland ist versiegt und verweigert Bücher...«[67] Doch gerade jetzt waren die »questions allemandes« brennend aktuell, bedurften also einer kompetenten Beobachtung und Kommentierung. Die Präsenz Lucie Vargas bedeutete daher, daß Febvre eine gut informierte – weil selbst betroffene – deutschsprachige Leserin, Beraterin und Übersetzerin zur Verfügung hatte, die die Zeichen der deutschen und österreichischen Gegenwart zu deuten verstand.

Als erstes erhielt die neue Assistentin einen Stapel Bücher, die sich bei Febvre angesammelt hatten und die er entweder dringend rezensieren mußte oder für seine Studien zum 16. Jahrhundert brauchte – obwohl ihm die Zeit für deren Lektüre fehlte. So mußte Lucie Varga gleich im März 1934 einen dicken Wälzer zur deutschen Wirtschaftsautarkie durcharbeiten, und aus ihren Notizen destillierte Febvre eine Rezension.[68] An Bloch berichtete er über diese Form der Arbeitsteilung:[69]

»Was Deutschland angeht, so tue ich, was ich kann. Gerade habe ich eine Rezension (eine Annotation) über ein bizarres Buch mit einer Nazi-Philosophie der Autarkie in den Druck gegeben, die unter meiner Aufsicht von Frau Varga angefertigt wurde. Das ist vielleicht eine gute Lösung, oder vielmehr es wäre eine, wenn meine Tage 48 Stunden hätten und ich an solchen Arbeiten direkt mitarbeiten könnte, wie dies hier der Fall war.«

Zwei weitere Auftragslektüren dieser Art lassen sich nachweisen: Ebenfalls im Frühjahr 1934 fertigte Lucie Varga eine umfangreiche Zusammenfassung des Buches von Günther Franz über den deutschen Bauernkrieg an, die Febvre als Grundlage einer ausführlichen und sehr lobenden Rezension diente.[70] Darin bescheinigte er ausgerechnet diesem in der NSDAP engagierten Autor – was offenbar weder er noch Lucie Varga wußten –, daß seine Darstellung nur wenige politische Zugeständnisse an das neue Regime enthalte.[71] Desgleichen exzerpierte und kommentierte Lucie Varga eine Dissertation über den Begriff »Historia«, und Febvre formulierte auf dieser Grundlage eine Kurzrezension.[72] Möglicherweise hat es noch weitere solcher ›arbeitsteilig‹ entstandenen Buchbesprechungen gegeben, denn Febvres Rezensionspensum, das ja nicht nur die *Annales,* sondern auch die *Revue de Synthèse* und andere Fachzeitschriften betraf, war in diesen Jahren äußerst umfangreich.[73] Darüber hinaus sind in seinen Dossiers einige Konspekte Lucie Vargas erhalten, die nicht im Hinblick auf Besprechungen, sondern zur Vorbereitung von Vorlesungen am Collège de France oder verschiedener Buchprojekte geschrieben wurden. Sie betreffen ältere Darstellungen und Quellenpublikationen zum 16. Jahrhundert, zur Religionsgeschichte, zur Postgeschichte usw.[74] Für eine wissenschaftliche Hilfskraft waren dies keine ungewöhnlichen Aufgaben. Dasselbe gilt für die Anfertigung eines Sachindex für einen Band der *Encyclopédie Française*[75] oder von Übersetzungen für die *Annales*[76].

Interessanter ist die eigenständige Mitarbeit Lucie Vargas, die bald begann. Schon nach wenigen Wochen erkannte Febvre nämlich, daß die junge Österreicherin nicht nur in der Lage war, schwierige Texte genau zu lesen, zu referieren und zu diskutieren, sondern auch selbständig darüber zu schreiben – vor allem, wenn er sie unterstützte. Lucie Varga wurde also Febvres Schülerin – was ihm um so wichtiger war, als er seit Straßburg keine Studenten mehr hatte, aber seine Erfahrungen gerne weitergeben wollte.[77] So übertrug er ihr bald eine erste Rezension für die *Revue de Synthèse*.[78] Später folgten weitere Besprechungen, vor allem in den *Annales*.[79] Schließlich führte das ständige Miteinanderdiskutieren sogar zu einem noch anspruchsvolleren Projekt, das dem intellektuellen Austausch zwischen Lehrer und Schülerin eine festumrissene Perspektive gab: ein gemeinsames Buch.

Leider läßt sich dessen Konzeption nur noch indirekt und umrißhaft rekonstruieren, da das von Febvre und Lucie Varga gemeinsam verfaßte Exposé für Henri Berr, den Herausgeber der Buchreihe ›L'Évolution de l'humanité‹, nicht erhalten ist.[80] Auch die kritischen Anmerkungen und Vorschläge Marc Blochs zu diesem Vorhaben sind verloren. Aber ein Brief Febvres vom Juni 1934, der auf Blochs Einwände reagiert, sowie spätere Verlagsankündigungen[81] deuten an, worum es ging: Als Ergänzung oder als Bestandteil von Febvres geplantem Buch über die Religionen des 16. Jahrhunderts sollte »Madame Varga« einen Band zur Religionsgeschichte der *vorangehenden* Jahrhunderte schreiben.[82] Unter Febvres Aufsicht und Mitwirkung sollte sie ihr schon in Wien entstandenes Projekt über die mittelalterlichen Häresien chronologisch ausweiten und an Febvres Forschungen zur frühen Neuzeit gleichsam ›ankoppeln‹. Auch wenn dieses Vorhaben am Ende scheiterte[83] und Lucie Varga, wie wir noch sehen werden, ihre Forschungen allein weiterführte, ohne sie je vollenden zu können, zeigt die Konzipierung eines solchen Gemeinschaftsunternehmens, wie vertrauensvoll Professor und Assistentin bereits nach wenigen Monaten kooperierten. Statt Lucie Varga auf Hilfskraftdienste zu reduzieren, übertrug ihr Febvre einen schwierigen wissenschaftlichen Auftrag, für den er de facto die Verantwortung übernahm. Wie wichtig dieses Projekt für ihn war und wie sehr es ihn beschäftigte, zeigt der erwähnte Brief an Bloch, in dem es heißt:[84]

»Ich kann auf dieses Buch nicht verzichten. Ich habe genug von all diesen Büchern über das 16. Jahrhundert, die durch keine Studie über das Vorangegangene vorbereitet werden, und sei es auch nur aus zweiter Hand. Ich habe genug von all diesen Büchern in der Berr-Reihe[85], die völlig allein stehen, die nichts umgibt, nichts ankündigt und vorbereitet. Ich werde ohnehin gezwungen sein, dieses Buch zu beobachten und alle Fäden in der Hand zu halten. Das erklärt Ihnen vielleicht eine Entscheidung, deren Gefahren und deren Gewicht mir durchaus bewußt sind, die aber dennoch nötig war – nicht aus intellektuellen, sondern aus strategischen Gründen *[sur le plan de l'action]*.«

Blochs Einwände waren offenbar sehr grundsätzlicher Art und betrafen sowohl die wissenschaftliche Kompetenz der Autorin als auch die Konzeption des Buches. Febvre antwortete darauf erstaunlich defensiv. So hängte er an die eben zitierte Passage eine intellektuelle Kurzcharakteristik seiner Mitarbeiterin an, die an den Tonfall eines Gutachtens erinnert:[86]

»Und was Frau Varga angeht, nun ja, sie ist Österreicherin; sie ist eine Schülerin von Dopsch, und ich füge hinzu, sie ist die Frau Borkenaus, was manches erleichtert. Nun ja, sie steuert instinktiv auf die ›großen Ideen‹ zu, die simpel sind und ins Auge springen; nun ja, sie ist *undiszipliniert*, eine Eigenschaft, die wir nur dann schätzen, wenn wir ihre Abwesenheit im Ausland allzu häufig bedauern müssen. Aber davon abgesehen, hat sie einen sehr wachen Geist; sie hat ungeheuer viel gelesen (wenn auch nicht systematisch genug); sie hat ein Gefühl für *den* Text und für Texte; dieser letzte Punkt ist sehr auffällig. Ich merke es, wenn sie für mich arbeitet. Denn sie neigt dazu (eine ausgezeichnete Neigung, gewiß), die Kommentare der Fachliteratur beiseite zu lassen und sich immer direkt mit dem Text zu befassen; für sie ist es ein und dasselbe; im Augenblick verschlingt sie das Gesamtwerk des Heiligen Bernard [...]. Was ihr fehlt, ist mehr Methode und eine strenge Kritik ihrer Abschweifungen. Ich werde versuchen dafür zu sorgen, daß in ihrem Buch weder das eine, noch das andere dieser heilsamen Ingredienzien fehlt. [...] Woran es ihr vor allem mangelt, ist eine juristische Grundausbildung. Es ist erstaunlich zu sehen, wie sehr dieser Aspekt in Wien vernachlässigt wird. Es ist genau das andere Extrem zu unseren Verhältnissen.«

In allen inhaltlichen Punkten gab Febvre seinem Straßburger Kollegen pauschal recht und verschob die Diskussion auf später:[87]

»Ich gehe hier Ihr Papier, das ich natürlich mit großem Interesse gelesen habe, nicht noch einmal Punkt für Punkt durch. An manchen Stellen betrifft Ihre Kritik eher ungeschickte Formulierungen als Wissenslücken oder Irrtümer: Frau V. würde allem, was Sie zum Beispiel über den Antiklerikalismus [...] oder über die blühende Kultur des Südens usw. schreiben, durchaus zustimmen. Außerdem gibt es Kapiteleinteilungen, für die ich verantwortlich bin und die ich improvisiert habe, um Berr so schnell wie möglich ein Papier vorlegen zu können. Was die schwerwiegenden Fragen nach den Katharern, Waldensern, Spiritualen usw. angeht, so werde ich mir das zu gegebener Zeit noch einmal genauer ansehen. Auf jeden Fall kann ich nur noch einmal betonen, wie dankbar ich Ihnen für Ihre Arbeit und für Ihre stets substantielle und lebendige Kritik bin.«

Ein langer und merkwürdiger Brief zur Begründung einer »Entscheidung«. Auf den ersten Blick geht es um Überlegungen akademischer Strategie und Personalpolitik, aber zwischen den Zeilen stehen ganze andere Dinge. Denn wie soll Febvre, der durch seine diversen Verpflichtungen bereits völlig überlastet ist und daher immer weniger Zeit für die *Annales* findet, seinem ohnehin darüber klagenden Kollegen auch noch erklären, daß er sich ein weiteres Projekt aufgeladen hat? Betrifft dieses Buch nicht außerdem ein mediävistisches Thema, für das eigentlich nicht er, sondern Marc Bloch der kompetente Betreuer wäre? Insofern hat man fast den Eindruck, als ginge es Febvre nur vordergründig um das geplante Buch, während das Eigentliche die Zusammenarbeit mit Lucie Varga ist. Um aber zu begründen, warum er sich nun seinerseits zum ›Trainer‹ der jungen Österreicherin macht und ihr helfen will, gleichsam über sich hinauszuwachsen – denn das wissenschaftliche »Zeugnis«, das er ihr ausstellt, ist ja nicht sehr euphorisch –, spricht er von schwerer, gewichtiger »Entscheidung« und von »Gefahren«, die ihm »durchaus bewußt« seien, die er aber auf sich nehmen müsse – »*non pas intellectuellement, mais sur le plan de l'action.*« Was auch immer das heißen mag: Febvre trifft hier keine pragmatische und keine rein »intellektuelle« Entscheidung, sondern es geht um wissenschaftspolitische Prioritäten. Dabei denkt er zum einen wohl an seine »Strategie« gegenüber Berr und der akademischen Welt, aber er spürt möglicherweise auch, daß seine Entscheidung noch andere, biographische Implikationen hat. Sie hängen mit der Person Lucie Vargas zusammen, und darüber fällt es ihm schwer, mit Bloch zu sprechen. Das distanzierte Porträt seiner Assistentin, ihrer Schwächen und Mängel vor allem, erweckt zwar den Anschein der Objektivität und Rationalität, aber es erklärt eben nicht, warum Febvre sich derart engagiert. Warum nimmt er es auf sich, dieser jungen, relativ unerfahrenen Historikerin ein so wichtiges Buchprojekt zu vermitteln und ihr bei der Arbeit zu helfen? Je schwächer seine Argumente klingen, desto deutlicher liest man zwischen den Zeilen seine Entschlossenheit, alle Einwände beiseite zu schieben und ein Risiko einzugehen, das er Bloch nicht wirklich ›erklären‹ kann.

Warum? An dieser Stelle müssen wir das Verhältnis Marc Blochs zu Lucien Febvre und zu Lucie Varga etwas genauer betrachten. Als Febvres ›Partner‹ und Mitherausgeber der *Annales* kann Bloch das plötzliche Auftauchen dieser Assistentin und ihre beinahe permanente Präsenz im Umkreis Febvres nicht gleichgültig gewesen sein. Die Beziehungen zwischen ihm und dem acht Jahre älteren, in vieler Hinsicht bereits erfolgreicheren Febvre waren nicht frei von Komplikationen. Gewiß, während der gemeinsamen Straßburger Jahre (1920-1932) hatten Febvre und er sich schätzen gelernt; sie waren nicht nur gute Kollegen, sondern ›wissenschaftliche Freunde‹ geworden: Die *Annales* waren ihr gemeinsames Werk. Aber diese wissenschaftliche Nähe korrelierte mit einer im Universitätsmilieu durchaus üblichen und durch Blochs verschlossenen Charakter noch einmal verstärkten menschlichen Distanz. Von Zeit zu Zeit lud man sich wechselseitig zum Abendessen ein, und im Laufe der Jahre hatten auch die Ehefrauen und die Kinder ein wenig Umgang miteinander, aber dabei blieb es. Spontane Besuche kamen nicht in Frage.[88] Obwohl beide *Annales*-Herausgeber die Ecole Normale besucht hatten und es unter den Absolventen dieser Elite-Hochschule eigentlich üblich war, jeden ›Archicube‹ (Ehemaligen) zu duzen, blieb es zwischen ihnen stets beim förmlichen ›Sie‹ – dessen emotionale Akzentuierung allerdings durchaus schwanken konnte. Auch die Freundeskreise von Febvre und Bloch waren völlig verschieden. Sie rekrutierten sich vor allem aus Studienkameraden, aber der Altersunterschied und die sehr verschiedenen Temperamente und Lebensstile ließen keine ›Mischungen‹ zu. Manchmal wirkten sich diese besonderen Privatsphären auch auf die Arbeit aus, wenn z. B. alte persönliche Loyalitäten oder Freundschaften beim jeweils anderen auf Unverständnis und Kritik stießen.[89] Kurzum, Febvre und Bloch bildeten kein enges Freundespaar, wie gelegentlich unterstellt wird (und wie man es in der Wissenschaftsgeschichte klassisch bei Marx und Engels beobachten kann), sondern ein kollegiales Tandem, das sich immer wieder neu zusammenraufen mußte. Wie der Briefwechsel dokumentiert, kam es mehrfach zu Situationen, in denen die weitere Zusammenarbeit völlig in Frage gestellt war. Gerade diese Zerreißproben zeigen aber, daß es unterhalb der freundlich-akademischen Oberfläche und jenseits der persönlichen Distanz durchaus eine Ebene intensiver emotionaler Verstrickung gab, die keiner der beiden Partner offen zu thematisieren wagte. Erst in der Ausnahmesituation der Niederlage und der deutschen Besatzung, als sich viele Konventionen als morsch und leer erwiesen, scheinen beide über die existentielle Dimension ihrer Verbindung nachgedacht zu haben. Ihr Briefwechsel wird vertrauter, ›intimer‹. Aber haben sie ihre ansozialisierte und tiefverwurzelte »emotionale Scham«[90] je überwunden? Immerhin, als es 1940/41 zum Streit um die Fortführung der *Annales* kommt, gesteht Bloch seinen »Schmerz« offen ein und wirbt verzweifelt um das Verständnis, fast möchte man sagen: um die Liebe des anderen.[91] Febvre seinerseits kann und will Blochs Dickköpfigkeit in dieser Situation nicht begreifen. Da dieser ihm scheinbar nicht mehr vertraut, verspürt er »ein bitteres Gefühl moralischer Dissidenz«[92], und im selben Kontext spricht er bezeichnenderweise von der Notwendigkeit einer »vorübergehenden Scheidung«.[93] In der Geschichte der ›wissenschaftlichen Ehe‹ der *Annales*-Herausgeber geht es also unterschwellig durchaus um emotionale Bindungen und Besetzungen.

Durch das Auftauchen Lucie Vargas ist dieses unbewußte Beziehungssystem tangiert und ›gestört‹ worden. Versetzen wir uns in Blochs Lage: Während er 1934 in Straßburg voller Ungeduld auf eine Berufung nach Paris wartet und trotz der vielen redaktionellen Probleme der *Annales* mit Febvre fast nur brieflichen Umgang hat, ist die neue Assistentin – wie eben dieser Briefwechsel belegt – schon nach wenigen Wochen in Febvres wissenschaftlichem und privatem Alltag präsent. Ihre Vertrauensstellung ist so evident, daß sich Febvre mit seinem Mitherausgeber sogar einmal folgendermaßen verabredet:[94]

»Ich erwarte Sie am Donnerstag zum Abendessen. Kommen Sie um acht Uhr, die Kinder werden schon im Bett sein. Vielleicht ist Frau Varga noch da, aber auch wenn dies der Fall ist, wird alles so sein, als ob wir unter vier Augen sprächen.«

Wen hätte das nicht irritiert? Lucie Varga war Bloch auch nicht ganz unbekannt. Obwohl er sie schließlich erst 1936 – nach seiner Übersiedlung nach Paris – persönlich kennenlernte, ›kannte‹ er sie in gewisser Hinsicht länger als Febvre: Denn als regelmäßiger Rezensent der deutschen mediävistischen Literatur hatte er zwei Jahre zuvor ihre Dissertation gelesen und in der *Revue Historique* einer kurzen, aber vernichtenden Kritik unterzogen. Sie lautet:[95]

»Es handelt sich hier um die Geschichte eines schlechten Leumunds: dem des Mittelalters. Aber trotz einer Überfülle an Zitaten bringt das Buch zum eigentlichen Thema kaum etwas Neues. Fräulein [*sic*, P. S.] Varga hat sich vor allem auf ein formales Problem konzentriert, indem sie der ›Metapher von Licht und Dunkel‹ eine extreme Bedeutung beimißt. Auch hat sie nicht nur mit eifersüchtiger Genauigkeit jede Textstelle erfaßt, in der dieses banale Bild auf den Gegensatz von Mittelalter und Neuzeit angewandt wird, sondern sogar gemeint, diese Geschichte bis in die mittelalterlichen Quellen zurückverfolgen zu müssen. Dabei hätte sie ohne Schwierigkeiten noch sehr viel weiter zurückgehen können ... Indem eine wissenschaftliche Buchreihe derartige Arbeiten publiziert, vermehrt sie zwar leicht die Zahl ihrer Bände, aber gewinnt sie damit auch an Seriosität?«

Kannte und erinnerte sich Febvre an diese harsche Kritik? Wir wissen es nicht. Aber im Unterschied zur Autorin, die wohl deshalb Bloch besonders fürchtete und im Herbst 1935 einen Straßburg-Aufenthalt nicht zu einem Antrittsbesuch bei ihm nutzte[96], wußte Febvre natürlich aus alter Erfahrung, daß Rezensionen nicht alles sind; außerdem kannte er den akademischen Kontext deutscher Dissertationen, so daß er Lucie Varga sicher nicht allein aufgrund dieser Anfängerarbeit beurteilte. Bloch dagegen, der sich nur auf diese Lektüre und Febvres briefliche Auskünfte stützen konnte, hatte – zumindest anfangs – Bedenken gegenüber der wissenschaftlichen Qualifikation der Dopsch-Schülerin. (Hingen sie vielleicht sogar mit generellen Bedenken gegenüber Frauen im Wissenschaftsbetrieb zusammen?[97]) In dem oben erwähnten Brief hat er vermutlich darüber gesprochen. Dies ergibt sich indirekt aus Febvres Antwort und erklärt wenigstens teilweise deren gutachterliche Argumentation, während die möglichen emotionalen

Implikationen von Febvres Engagement für Lucie Varga – immerhin ein gemeinsames Buch! – entsprechend den distanzierten Umgangsregeln zwischen ihm und Bloch sorgfältig ausgeklammert sind.
Aber auch wenn Marc Bloch, wie sein Sohn Etienne noch kürzlich betont hat[98], nicht nur seinen Kindern, sondern auch seinen Studenten, seinen Kollegen und sich selbst gegenüber ein überaus »strenger Mann« war, so reagierte er doch, wie seine ganze Biographie beweist, keineswegs kleinherzig. Und er respektierte Febvre sicher viel zu sehr, um sich in dessen Entscheidungen einzumischen, vor allem wenn sie fast privater Natur waren. Jedenfalls war er sichtlich bemüht, seine anfänglichen Bedenken gegenüber Lucie Varga zurückzustellen und ihr sogar punktuell zu helfen: So kommentierte er zunächst Punkt für Punkt das erwähnte Buchprojekt und unterstützte später Lucie Vargas Bewerbung um Stipendien bei der Rockefeller-Stiftung und bei der ›Notgemeinschaft deutscher Wissenschaftler im Ausland‹ mit einem Empfehlungsschreiben. Leider ist auch dieses Papier nicht erhalten[99], aber die Korrespondenz dokumentiert sowohl Blochs Entgegenkommen als auch Febvres Werben um Verständnis. Darüber hinaus zeigen diese beiden Anträge, daß Lucie Varga von Febvre offenbar nur zeitweilig eine Vergütung bekam, die sicher nicht für den Lebensunterhalt ausreichte.[100] Da Borkenau nach Panama gehe, heißt es bei Febvre, und ihn seine Frau dorthin sowohl aus finanziellen Gründen als auch wegen des Klimas nicht begleiten könne, brauche sie dringend eine Finanzierung, »et je m'en occupe«:[101]

»Sie benötigt zwei oder drei Empfehlungsschreiben [...]. Ich werde Berr[102] darum bitten sowie De Monzie[103], der sich als Erziehungsminister um die Notgemeinschaft gekümmert hat und daher ein gewisses moralisches Ansehen bei ihr besitzt. Wenn Sie jedoch auf einem Papier mit Briefkopf zehn Zeilen darüber schreiben könnten, warum Arbeiten über die Katharer und die Sozialstruktur des Languedoc von größtem Interesse für die Wissenschaft wären, so würden Sie ein gutes Werk tun, und ich wäre Ihnen persönlich dafür dankbar. Ich behaupte keineswegs, daß das Buch, an dem Madame V. gerade schreibt, ein Meisterwerk wird; aber auf jeden Fall wird es seriös sein – denn sie hat sehr viel und ernsthaft gearbeitet – und intelligent. Da bin ich mir sicher. Wäre ich es nicht, so würde ich Sie nicht um dieses Papier bitten, das Sie aus Gründen der Zeitersparnis bitte direkt an mich senden wollen, damit ich es dem Antrag beilegen kann. Ich danke Ihnen im voraus.«

Selbstverständlich hat Bloch das »gute Werk« getan, um das ihn Febvre bat, aber er gab ihm auch zu verstehen, daß er einen solchen ›Blankoscheck‹ nur mit Bedenken ausstelle:[104]

»Anbei das Varga-Papier. Ich schreibe es ganz im freundschaftlichen Vertrauen. Sie sollten wissen, daß ich das gewiß nicht für viele täte. Ehrlich gesagt, bedauere ich es, keine Gelegenheit gehabt zu haben, mich besser zu informieren. Man kann sich noch so bemühen, ein Empfehlungsschreiben, das nicht auf genauer Kenntnis beruht, hat immer etwas Banales. Wenn ich nur mit Frau Varga hätte sprechen können, wüßte ich besser, worauf ich mein Lob konzentrieren sollte. Im Grunde habe ich ja furchtbar gelogen, indem ich behaupte, daß ich weiß – denn ich weiß rein gar nichts! Das liegt an meinen viel zu gehetzten Aufenthalten in Paris, die wiederum eine Folge meiner traurigen Bewerbungen sind.«

Trotz dieser Unterstützung blieben beide Anträge Lucie Vargas erfolglos.[105]

Damit aber zurück zur Zusammenarbeit zwischen Lucien Febvre und Lucie Varga. In dem Maße, wie jener seine Assistentin nicht bloß als Hilfskraft einsetzte, sondern als Historikerin ›mit eigenem Kopf‹ akzeptierte, avancierte sie zur Beraterin und zur selbständigen Autorin. Bereits im Sommer 1934 betätigte sie sich als Vermittlerin und empfahl den *Annales* einen Wiener Kommilitonen, Karl Jelusic, der für eine von Bloch geplante Enquête über den europäischen Adel einen Beitrag über Österreich schreiben sollte.[106] Auch für den entsprechenden Aufsatz über Deutschland suchte sie nach einem Autor. Eine Zeitlang war von Ulrich Noack die Rede, den sie in London bei einem ihrer Besuche bei Borkenau kennengelernt hatte.[107] Aber nur der Beitrag von Jelusic kam zustande und konnte in den *Annales* erscheinen.[108]

Bei ihrer Beratungstätigkeit profitierte Lucie Varga von ihrer geographischen Herkunft, aber auch von ihrer erstaunlichen Mobilität. Lange, umwegige Eisenbahnreisen schienen sie zu reizen. Immer wieder berichtet Febvre – nicht ohne Bewunderung und einen gewissen Stolz – von den Reisen seiner Mitarbeiterin: nach London (zu Borkenau), nach Toulouse (im Rahmen ihrer Katharismus-Forschungen), aber auch nach Wien (zu ihrer Mutter) und sogar nach Deutschland – trotz der Gefahren, die solche Exkursionen für eine mit einem ehemaligen kommunistischen Funktionär verheiratete Jüdin sicherlich bedeuteten:

»Bekomme gerade einen Brief von Frau Varga, die die Strecke Paris–Wien mit einem entzündeten Blinddarm absolviert hat, den man ihr bei der Ankunft entfernte« (Juli 1934).[109]

»Seit einem Monat ist sie [Frau Varga] im Languedoc, wo sie gegenwärtig im Archiv und in der Bibliothek von Toulouse arbeitet« (September 1934).[110]

»Vermutlich wird Frau Varga Pfingsten nicht hier sein, denn sie wollte nach Deutschland fahren, um sich über den Geisteszustand der Eingeborenen zu informieren« (Frühjahr 1935).[111]

»Frau Varga ist seit rund acht Tagen mit ihrem Töchterchen bei uns – zurück aus Wien, wo sie den ungünstigsten Augenblick erwischte« (Juli 1935).[112]

»Frau Varga ist in England, ein England, das ihr Sonntag abend im Vergleich zu Paris recht still vorkam« (Ende 1935).[113]

»Frau Varga ist [auf der Rückreise von London] absichtlich durch Deutschland gefahren. Sie hat dort acht Tage verbracht und viel geredet und reden lassen, trotz der realen Gefahr. Sie hat mir hochinteressante Dinge über den Hitlerismus und die Haltung der Leute berichtet. Dinge, wie sie wohl nur eine Frau beobachten, hören und provozieren kann, die Deutsch mit einem schon von weitem hörbaren österreichischen Akzent spricht und von einem kleinen zehnjährigen Mädchen begleitet wird« (Anfang 1936).[114]

Lucie Vargas Erfahrungen kamen Febvre dann persönlich zugute, als er im Frühjahr 1935 eine Vortragsreise nach Prag und Wien unternahm, um auf Veranstaltungen der französischen Kulturinstitute die demnächst erscheinende *Encyclopédie Française* vorzustellen.[115] Am 3. und 5. April sprach er in der Österreichischen Akademie der Wissenschaften.[116] Das Wien des ›Ständestaates‹ machte auf ihn den Eindruck einer »verschlossenen, geheimnisvollen Stadt«:[117]

»Am Ring eine unglaubliche Ansammlung von Kolossalbauten, als Hinterlassenschaft des glorreichen Franz Joseph an die heutige Generation: eine Renaissance-Universität, ein gothisches Ballhaus, ein Parlament [...] usw. Nichts wurde ausgelassen. Ein schreckliches Übermaß an pathologischer Bebauung. – Innerhalb des Rings trifft man auf Banken, Banken und nochmals Banken. Alle sind natürlich geschlossen und bankrott. Bankgrabmäler, ebenso häßlich wie die Banken in Paris. An den Eingängen stehen Männer mit Stahlhelm, in *Feldgrau*[118] und mit Karabinern. Polizeistaatsatmosphäre. Die Menschen eilen wie Schatten vorüber, unauffällig, aber dennoch korrekt gekleidet. Sie verbringen ganze Tage in den Cafés, wo sie bei einem Glas Wasser die Zeitungen und Zeitschriften studieren. [...] Das Mittagessen in der [französischen] Gesandtschaft, eine übliche

Pflichtübung bei solchen Reisen, war nett, und sei es auch nur wegen der eingeladenen Gäste: Dopsch war da, außerdem ein französischer Philologe, der Direktor der Hofbibliothek, zwei oder drei Mitglieder der Gesandtschaft [...]. Dopsch war sehr freundlich zu uns.[119] Er hat mich bei meinem ersten Vortrag [...] dem Publikum vorgestellt. Sein Deutsch kam mir bemerkenswert vor, denn ich habe es von Anfang bis Ende verstanden, weil er alles sehr gut betont. [...] Ich traf ihn erneut in der Gesandtschaft, und zum Schluß hat er uns auf wienerische Weise zum Tee eingeladen, mit sehr viel Aufschnitt und Sahnetorten. [...] Ich habe Dopsch gegenüber auch in Ihrem Namen den Wunsch geäußert, einen Aufsatz von ihm für die *Annales* zu bekommen. Er wirkte geschmeichelt und gerührt und sagte ja.«

Diese Reiseeindrücke zeigen, wie genau sich Febvre seinen Wiener Auftritt und sein Verhalten gegenüber Dopsch überlegt hatte. Lucie Varga, die noch um die Jahreswende ›vor Ort‹ war, hatte ihm die prekäre Lage am Dopsch-Institut geschildert und von den Versuchen der Regierung berichtet, den alten Ordinarius zum vorzeitigen Rücktritt zu bewegen. In seiner Korrespondenz berichtete Febvre:[120]

»Frau Varga kommt niedergeschlagener denn je aus ihrem lieblichen Land zurück. Sie hat unter anderem den armen Dopsch besucht. Er ist völlig gebrochen, zerstört und am Ende. Er ist ein alter ›Liberaler‹ im ›48er‹ Sinne des Wortes. Sein Sohn und das liebliche Fräulein Patzelt sind bereits mit Sack und Pack ins Lager der Nazis übergewechselt. Sein Seminar wurde praktisch zerstört, indem mal die eine Hälfte seiner Schäfchen als Nazis, mal die andere Hälfte als Sozialdemokraten verhaftet wurden. Den letzten Nachrichten zufolge hat ihn die sanfte Dollfuß-Regierung [...] aufgefordert, binnen zwei Stunden der Vaterländischen Front beizutreten, sonst würde er sofort entlassen; und er hat sich dem gebeugt. Eine kleine Geschichte neben vielen anderen gleichen Kalibers. Über die Klerikalisierung des gesamten Erziehungswesens, die sanfte Gewalt des Regimes und auch über die wachsende Irritation der Bevölkerung weiß Frau V. unendlich viel zu berichten. Ich höre mir alles an und denke – daß Österreich eigentlich gar nicht so weit ist, wie man meinen könnte. Und ich mache mir Sorgen für den Herbst bei uns...«

Als nun Dopsch' Zwangsemeritierung einige Wochen später bereits vollzogen schien (tatsächlich erfolgte sie jedoch erst im Juli 1936[121]), entwickelte Febvre – sicher gemeinsam mit Lucie Varga – die Idee, dem gefährdeten Kollegen als Geste der Solidarität eine Publikationsmöglichkeit in den *Annales* anzubieten. »Es könnte sein, daß ich ihn in Wien sehen werde«, schrieb er an

Bloch und fragte an, ob dieser mit einem solchen »article de consolation« einverstanden sei.[122] Falls es dazu komme, müsse auch Bloch »in Szene treten«, weil er Dopsch besser kenne und inhaltlich kompetenter sei.
Nachdem Dopsch das Angebot angenommen hatte, stellte sich jedoch heraus, daß sowohl Lucie Varga als auch die beiden *Annales*-Herausgeber den politischen Standort bzw. die Standfestigkeit des Wiener Gelehrten allzu optimistisch eingeschätzt hatten. Aufgrund seiner engen Bindung zu Erna Patzelt, aber auch aus eigener deutschnationaler Überzeugung stand Dopsch dem Nationalsozialismus sehr viel näher, als sein liberales Auftreten vermuten ließ. Kaum jemand ahnte, daß er sogar insgeheim Mitglied des nationalsozialistischen Hochschullehrerbundes war.[123] Offenbar versuchte er, zwischen den beiden konservativen Fronten zu manövrieren, was ihm die Gegnerschaft sowohl der Dollfuß-Regierung als auch einiger dem Nationalsozialismus sehr viel näher stehender Historiker (wie Heinrich von Srbik oder Otto Brunner) eintrug, die dann von der Auflösung seines Instituts profitierten.[124] Als der in Wien vereinbarte Beitrag Ende 1935 in Paris eintraf, stellte Febvre jedenfalls mit Entsetzen fest, daß er in eine diplomatische Klemme geraten war. Er schrieb sofort an Bloch:[125]

»Was passiert ist, liegt auf der Hand. Dazu brauche ich nicht *Frau Dr. Lucie Varga*, die mich sicher morgen darauf hinweisen wird, wenn ich ihr dieses Armutszeugnis ihres *Seminars* vorlege. Ich höre sie schon im voraus mit entrüsteter Stimme rufen: ›Das ist die Patzelt!‹ – Ja, der gute Dopsch hat den Auftrag an diese Anhängerin des Rassismus weitergegeben; dann hat er seine Brille aufgesetzt, einen kurzen Blick auf das Manuskript geworfen und seine Freundin gebeten, es abzuschicken – das Ganze unter den aufmerksamen Blicken von *Frau Professor Doktor*, die ihnen zum Dank für diese große Mühe eine jener Torten mit dreifacher, vierfacher, fünffacher und zehnfacher Schlagsahne aufgetischt hat, von denen ich aus Erfahrung weiß, daß sie ihr Geheimnis beherrscht.«

Was tun? Es war Marc Bloch, der auf den rettenden Gedanken kam, das Manuskript kurzerhand der *Revue Historique* anzubieten, wo es im breiten Spektrum der Themen und Positionen weniger Anstoß erregen würde. Dort erschien der Aufsatz dann 1936 unter dem Titel: *La naissance et la formation de l'Etat autrichien*.[126] Zwar handelte es sich keineswegs um einen provokativen oder politischen Text, aber aufgrund seines methodischen Zuschnitts und seines engen nationalen Horizonts – es ging um eine Rückführung des österreichischen Staates auf das *privilegium minus* von 1156 –, wäre ein solcher Aufsatz in den *Annales* deplaziert gewesen. Obwohl es somit nie zu einer direkten Mitarbeit Dopsch' an den *Annales* gekommen ist, bleibt bemerkenswert, daß diese Episode – sowie auch die bereits erwähnte gescheiterte Mitarbeit Blochs an der Dopsch-Festschrift von 1938 – Febvres persönliche Sympathie für Dopsch und seine Achtung vor dessen Lebenswerk nicht grundsätzlich erschüttern konnten. Als Dopsch 1953 starb, widmete ihm Febvre einen Nachruf – den einzigen für einen deutschsprachigen Historiker nach 1945 –, in dem er an seine Wien-Reise von 1935 erinnerte und bemerkte:[127]

»Da ich kein Mediävist war und keinem Lager und keiner Schule angehörte, da ich außerdem keine dezidierte persönliche Meinung auf dem von Dopsch gewählten historischen Forschungsfeld zu vertreten hatte, konnte ich mich ganz dem unbestreitbaren Charme dieses Menschen überlassen, seinem Liberalismus als Staatsbürger und seinem immensen Wissen.«

Und er schloß mit dem Satz:

»Es gibt so viele kleine Handwerker der Geschichte [...]. Dopsch dagegen war ein *grand seigneur* der Geschichtsschreibung.«

Die Reise nach Prag und Wien und die persönliche Konfrontation mit der mitteleuropäischen Wirklichkeit hatte zur Folge, daß Febvre von nun an die Entwicklung in diesem Raum sehr viel genauer verfolgte. Nach seiner Rückkehr nutzte er seine frischen Kenntnisse, um für den ersten Band der *Encyclopédie Française* (mit dem Rahmenthema »Staat«) noch rasch einen Beitrag über die jüngste österreichische Geschichte zu verfassen.[128] Außerdem regte er Lucie Varga an, für den folgenden Band (mit dem Rahmenthema »Kunst und Literatur«) einen Text über »Wiener Literatur« zu schreiben.[129] So ergab sich für Febvre und seine Mitarbeiterin neben dem religionsgeschichtlichen Projekt noch ein zweites gemeinsames Arbeitsterrain: die Zeitgeschichte und ihre sozialen Hintergründe. Hier waren beide keine Spezialisten, aber als Zeitgenossen involviert. Das sonst zwischen ihnen bestehende Wissensgefälle spielte also eine geringere Rolle. Statt dessen konnte jeder seine spezifische Lebenserfahrung einbringen, und die ohnehin Tag für Tag geführten Diskussionen über die politischen und sozialen Ereignisse bekamen eine konstruktive Perspektive. Es galt gleichsam, einen ›sozialhistorischen‹ Blick für

die Gegenwart und ihre unmittelbare Vorgeschichte zu entwikkeln.
Wie bewußt und systematisch sie diese Arbeit in Angriff nahmen, läßt sich im Nachhinein schwer beurteilen. Aber aus Febvres Briefwechsel mit Bloch geht hervor, daß er sich in Sachen Zeitgeschichte, Deutschland, Österreich, Nationalsozialismus usw. laufend mit Lucie Varga beriet. Dies betraf zum einen die Einschätzung von Personen oder möglichen Autoren, zum anderen die Qualität von Exposés und Manuskripten. Als Febvre schon nach einem Jahr eine Aktualisierung des ersten Bandes der *Encyclopédie Française* ins Auge faßte und vor allem eine kritische Überarbeitung des Beitrags über den Nationalsozialismus wünschte, legte er das von Henri Brunschwig (1904-1989)[130] verfaßte Manuskript zunächst seiner Mitarbeiterin vor:

»Ich habe es Frau Varga zu lesen gegeben«, schrieb er an de Monzie, »die soeben aus Deutschland zurückkehrt, wo sie Dutzende von Gesprächen mit wichtigen Universitätsleuten geführt hat (zum Beispiel mit Katholiken in Köln). Sie hat es tadellos gefunden, was für mich eine große Sicherheit bedeutet. Seien Sie also ohne Sorgen. Die Dokumentation für unsere aktualisierte Neuauflage wird perfekt und vollständig sein: hinsichtlich der Fakten ebenso wie der Ideen.«[131]

Desgleichen wartete er ihr Urteil ab, ehe er die politökonomische und klassentheoretische Interpretation der deutschen Regime-Krise durch den jungen marxistischen Philosophen Henri Mougin (1912-1946) für die *Annales* akzeptierte.[132]
Damals – im Herbst 1936, auf dem Hintergrund der französischen ›Volksfront‹, der anhaltenden deutschen Bedrohung und der Eskalation in Spanien – scheint im Gespräch mit Lucie Varga das Projekt entstanden zu sein, der Entwicklung jenseits des Rheins ein eigenes Schwerpunktheft zu widmen. Diese »Deutschland-Nummer«, wie sie intern genannt wurde[133], erschien im November 1937 und umfaßte Beiträge aus verschiedenen Blickwinkeln mit einem breiten chronologischen Spektrum. Sie enthielt z. B. auch einen von Lucie Varga übersetzten und von Bloch überarbeiteten Text des nach Jerusalem emigrierten Mediävisten Richard Koebner über die deutsche Ostkolonisation.[134] Außerdem gab es zahlreiche Rezensionen zur älteren oder neueren deutschen Geschichte, die in der Regel kritische Spitzen gegen das im ›Dritten Reich‹ vorherrschende Wissenschaftsverständnis enthielten.[135] Zusammengehalten wurde das Heft jedoch durch

zwei äußerst kritische Aufsätze über die gesellschaftlichen Hinter- und Untergründe des Nazi-Regimes – den bereits erwähnten Beitrag von Mougin und einen Text von Lucie Varga: *La genèse du national-socialisme. Notes d'analyse sociale.*[136]
Dieser vermutlich Ende 1936 verfaßte Aufsatz zeigt, daß Lucie Varga nunmehr als *Annales*-Autorin etabliert war. Denn mit ihrem Text wurde ein außerordentlich wichtiges und für die Entwicklung der Zeitschrift auch sehr folgenreiches Heft eröffnet. Aufgrund seiner antifaschistischen Kompromißlosigkeit trug es nämlich zum politischen Bruch zwischen den *Annales* und dem Verlag Armand Colin bei, so daß die Zeitschrift ab 1939 im Eigenverlag erschien.[137] Wie stark sich Febvre und Bloch mit Lucie Vargas ›Aufmacher‹ identifizierten, zeigt außerdem eine kleine Anmerkung zu Beginn des im Heft weiter hinten plazierten Artikels von Mougin, die ausdrücklich die divergierenden Blickwinkel der beiden Aufsätze hervorhebt und sich damit stillschweigend von Mougins marxistischer Analyse distanziert.[138]
Demgegenüber bildete Lucie Vargas Beitrag, der seine besondere Intensität aus ihren Deutschland-Erlebnissen bezog und diese Impressionen mit einer sozial- und mentalitätsgeschichtlichen Analyse verband, die erste Interpretation des Nationalsozialismus ›aus der Perspektive der *Annales*‹. Er dokumentierte die endgültige Aufnahme der Autorin in die »kleine Welt der *Annales*« (Febvre)[139], ebenso wie ihr Anteil an den Rezensionen und an der Zusammenstellung dieses Heftes sie gleichsam als Redaktionsmitglied auswies – wenn es so etwas gegeben hätte.[140]
Doch dieses Deutschland-Heft markiert nicht nur einen Höhepunkt, sondern auch einen Endpunkt. Denn zum Zeitpunkt seines Erscheinens hatte Lucie Varga den Kontakt zu den *Annales* bereits verloren. Die Zusammenarbeit zwischen Lucien Febvre und seiner Assistentin hatte im Frühjahr 1937 ein abruptes Ende gefunden, und das Deutschland-Heft, um das sich dann hauptsächlich Marc Bloch kümmern mußte[141], hinkte der Wirklichkeit hinterher. Was war passiert?
Der französische Professor und seine österreicherische Mitarbeiterin hatten sich – gibt es ein besseres Wort? – ineinander verliebt. Aus ihrer Arbeitsbeziehung, aus ihrer intellektuellen Intimität, war nach und nach eine Liebesbeziehung geworden, und genau damit wurde beides unmöglich: das miteinander Schreiben und das miteinander Leben.[142]

Wie in den besten Romanen hatte alles ganz harmlos angefangen und war erst zum Schluß kompliziert geworden: Lucie Varga war eine junge, verheiratete Emigrantin. Sie kannte in Paris zunächst nur wenige Menschen. Zusammen mit ihrem Mann und ihrer Tochter hatte sie durch Febvre auch Kontakt zu dessen Familie gefunden. Da sie dann fast täglich mit dem Professor arbeitete und Borkenau nur noch selten in Paris war, ergab sich ganz von selbst ein engerer familialer Kontakt zu den Febvres, die selber drei Kinder in der gleichen Altersgruppe hatten. Außerdem liebte es Febvre, seinen Urlaub mit alten Freunden zu verbringen: Henri Wallon, Léon Werth, Jules Bloch usw., mitsamt ihren Frauen und Kindern.[143] Warum sollten Lucie und Berta sich nicht anschließen? Schon im Sommer 1934 meldete sich Febvre bei Bloch aus dem französischen Jura:

»In letzter Zeit wurde ich hier ziemlich viel abgelenkt, weil außer uns, Frau Varga und ihrer Kleinen, auch die Wallons hier waren bzw. sind; folglich haben wir weite Wanderungen unternommen...«[144]

In den Herbstferien des folgenden Jahres blieb Febvre dagegen allein in Paris, »um die Ruhe zu genießen«, aber Lucie und seine Frau – die offenbar zunächst gut miteinander auskamen – fuhren »mit einem Haufen Kinder« für drei Tage »in irgendein Nest an der normannischen Küste«.[145] Die Osterferien 1936 verbrachten die Febvres dann wieder in einer größeren Gruppe an der Costa Brava – kurz nach dem Sieg der spanischen ›Frente Popular‹:[146]

»Die Gesellschaft ist angenehm: Die Prenants sind hier, die Wallons, seit gestern auch Frau Varga und ihr Töchterchen. Alles in allem eine Gruppe von rund 20 französischen Universitätsleuten, die nicht allzu universitär sind – oder vielmehr nicht universitärer als ich selbst, sowie ein Haufen Kinder, die miteinander viel Spaß haben.«

Lucie Varga ihrerseits reiste (wie wir bereits sahen) nicht nur gerne und viel; aus ihrer jugendbewegten Schulzeit hatte sie sich auch eine gewisse Wanderlust bewahrt. Daher konnte sie sich für die Gastfreundschaft der Febvres konkret revanchieren, indem sie deren Sohn Henri (damals 13 Jahre alt) zusammen mit ihrer Tochter Berta (damals 10) in den Sommern 1935 und 1936 mit in die österreichischen Alpen nahm und ihm bei dieser Gelegenheit nicht nur etwas Deutsch, sondern auch das Klettern beibrachte. Wieder informierte der stolze Vater seinen Straßburger Korrespondenten:[147]

»Henri ist im Montafon-Tal unter der Fuchtel von Frau Varga, die ihn sehr lobt. Er radebrecht etwas Deutsch mit den Leuten am Ort, und, nach dem, was wir hören, geht es ihm so gut wie nur irgend möglich. Seine Briefe klingen jedenfalls höchst zufrieden.«

Während dieser Wochen unternahm Lucie Varga freilich nicht nur Bergtouren: Während die Kinder in der sommerlichen Idylle spielten, machte sie selbst kleine Abstecher ins gefährliche deutsche Nachbarland[148] oder streifte durch das Tal – das sie offenbar nicht zum ersten Mal besuchte –, um in Gesprächen mit den Bewohnern etwas über ihren Alltag und die durch den Tourismus ausgelösten Veränderungen ihrer Lebensgewohnheiten zu erfahren. Ende September erhielt Bloch von Febvre folgende Mitteilung:[149]

»Soeben habe ich ein merkwürdiges Schulheft bekommen: eine Studie von Frau Varga über ihr Montafon-Tal in Vorarlberg (wo sie immer noch Henri in die Schönheiten der deutschen Sprache und des Alpinismus einweiht: Er kehrt gerade stolz wie Oskar von einer drei- oder viertägigen Exkursion ins Hochgebirge zurück mit Spaziergang auf dem Gletscher, ›am Seil‹, bitte sehr). Es [das Heft] ist hochinteressant. Sie schickt es nicht für die Annales, aber ich frage mich, ob wir diese Arbeit nicht aufgreifen sollten. Ich werde es Ihnen zeigen, es wird Sie auf jeden Fall interessieren.«

Da Bloch nicht nur neugierig[150], sondern bald auch einverstanden war, konnte dieses Manuskript, von dem Febvre schwärmte, es sei »plein de suc«[151], schon wenige Monate später als ›Aufmacher‹ des Januar-Heftes erscheinen: *Dans une vallée du Vorarlberg: d'avant-hier à aujourd'hui.*[152]

Im August 1936 brachen Lucie, Berta und Henri erneut in die Berge auf, diesmal nach Tirol. Von Gries am Brenner aus machten sie weite Exkursionen an den Garda-See und in die Dolomiten, ins ladinische Ennebergtal (siehe Karte). Wieder recherchierte Lucie Varga nebenbei für einen Artikel, der später ebenfalls in den *Annales* erschien: *Sorcellerie d'hier. Enquête dans une vallée ladine.*[153]

In diesem zweiten Sommer lesen sich Febvres Briefe an Bloch merklich anders als im Vorjahr. Damals war er wohl einfach froh, daß sein Sohn einige Wochen in den Alpen und in guten Händen war; allein das Ausbleiben von Post machte ihm zum Schluß etwas Sorgen und brachte ihn auf den Gedanken, der kleinen Gruppe nachzureisen, um nach dem Rechten zu sehen.[154] 1936 ist

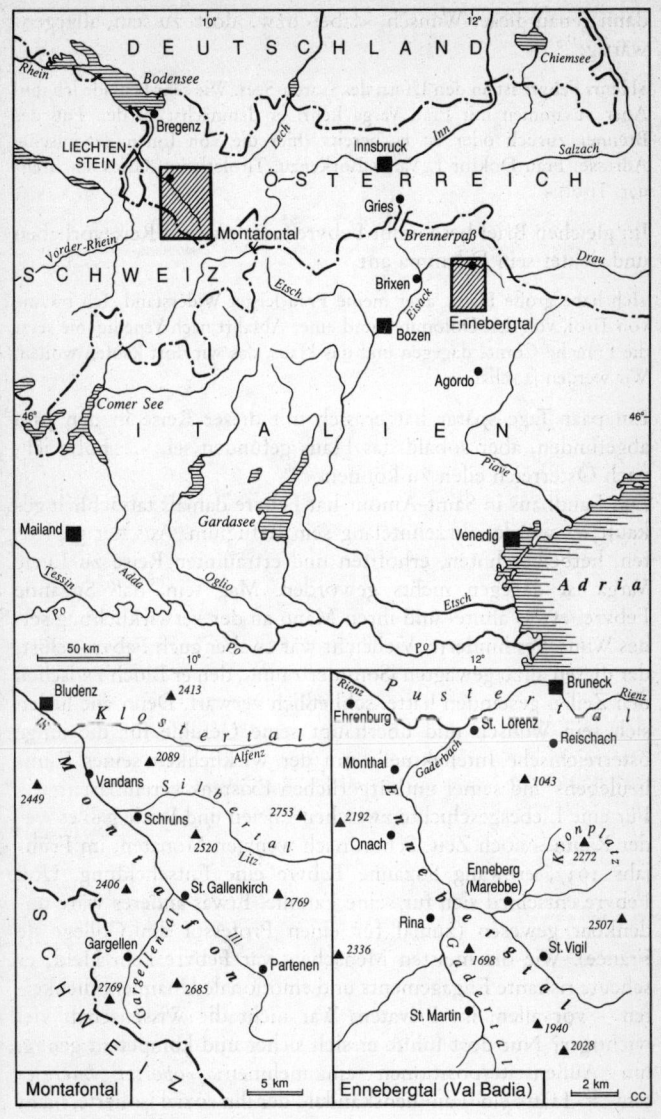

dann genau dieser Wunsch, ›dabei‹ bzw. ›dort‹ zu sein, allgegenwärtig:[155]

»Henri Febvre ist an den Ufern des Garda-Sees. Wie sehr beneide ich ihn! Aber zusammen mit Frau Varga kehrt er demnächst an den Fuß des Brenner zurück oder ist es bereits (hier die von Ihnen gewünschte Adresse: Frau Doktor L. Varga-Borkenau, Tirolerheim, Gries am Brenner, Tirol).«

Im gleichen Brief beschreibt Febvre seine eigenen Reisevorhaben und deutet sein Dilemma an:

»Ich habe große Pläne, aber meine Frau leistet Widerstand. Ich träume von Tirol, von den Dolomiten und einer Abfahrt nach Venedig. Sie setzt die Franche-Comté dagegen und das Haus, das wir dort kaufen wollen. Wir werden ja sehen.«

Ein paar Tage später hat er sich mit dieser Reise in den Jura abgefunden, aber sobald das Haus gefunden sei, »...hoffe ich, nach Österreich eilen zu können.«[156]

Das Landhaus in Saint-Amour hat Febvre damals tatsächlich gekauft; es wurde jahrzehntelang sein Refugium. Aus der geplanten, herbeigesehnten, erhofften und erträumten Reise zu Lucie Varga ist dagegen nichts geworden. Mag sein, daß Suzanne Febvre ›etwas ahnte‹ und ihren Mann an der Verwirklichung seines Wunsches hinderte. Vielleicht war es aber auch Febvre selbst, der diesen allzu gewagten ›Sommertraum‹, den er Bloch zwischen den Zeilen gestanden hatte, schließlich verwarf. Denn wie ließen sich sein Wunsch und überhaupt seine Gefühle für die junge österreichische Intellektuelle mit der Wirklichkeit seines Familienlebens und seiner gutbürgerlichen Existenz vereinbaren?

Für eine Liebesgeschichte zwischen Lucien und Lucie gab es weder Raum – noch Zeit. Schon nach wenigen Monaten, im Frühjahr 1937, erzwang Suzanne Febvre eine Entscheidung. Und Febvre entschied sich für seine Familie. Etwas anderes wäre undenkbar gewesen (zumal für einen Professor am Collège de France). Wie die meisten Menschen war Febvre kein Held; er scheute riskante Engagements und emotionale Unannehmlichkeiten – vor allem im Privaten. War nicht die Wissenschaft viel wichtiger? Nur dort fühlte er sich sicher und kompetent genug, um Außenseiterpositionen einzunehmen: »*oportet haereses esse*«.[157] Hätte ein ›Familienskandal‹, der ihn sozial isolierte, nicht diesen Spielraum wieder zerstört? Niemand kann diese und ähnliche Fragen an Stelle der Betroffenen und im Nachhinein beantworten. Leider wissen wir auch nicht, ob und in welcher Form Febvre darüber mit Lucie Varga, mit seinem engsten Freund Henri Wallon oder mit Marc Bloch brieflich debattiert hat, denn die gesamte diesbezügliche Korrespondenz muß als verloren gelten.[158] Tatsache ist allerdings, daß Febvre einige Monate später Paris verließ und sich allein auf eine lange Reise nach Südamerika begab, die er sonst – trotz seines Interesses für die Geschichte dieses Kontinents – gewiß nicht unternommen hätte.

Denn unterwegs konnte Febvre natürlich nur einen Bruchteil der anliegenden Arbeit erledigen, und vor allem die Herausgabe der *Annales* lastete nun ausschließlich auf den Schultern von Bloch. Febvre entschuldigte sich für diesen zeitweiligen »Rückzug« und versprach sich zu bessern – vor allem müßten Bloch und er sich nach seiner Rückkehr wieder häufiger sehen –[159], aber in der Geschichte der *Annales* markieren diese Reise und Febvres dreimonatige Abwesenheit einen Einschnitt: Danach war nichts mehr wie vorher. Das ›Tandem‹ Febvre – Bloch funktionierte nie wieder so harmonisch wie in früheren Jahren. Statt dessen gab es immer häufiger konzeptionelle Differenzen und sogar Konkurrenzprobleme. Im Frühjahr 1938 konstatierte Febvre fast schon resigniert: »Die *Annales* sind an einem toten Punkt angelangt.«[160] Natürlich erschien die Zeitschrift trotzdem weiter, aber etwas von der Unzufriedenheit und der Mißstimmung zwischen den Herausgebern blieb bis in den Krieg hinein bestehen. Möglicherweise ist sogar der heftige Streit zwischen Febvre und Bloch um die Weiterführung oder Einstellung der *Annales* unter den Bedingungen der deutschen Besatzung auf dem Hintergrund dieser früheren, für beide quälenden und frustrierenden Auseinandersetzung zu sehen, die das zwischen ihnen bestehende Vertrauensverhältnis zum ersten Mal erschütterte.

Durch einen eigentümlichen Zufall hatte Febvres ›Protestreise‹ in die andere Hemisphäre aber dennoch ›positive‹ Folgen für die *Annales*. Denn als er im November auf dem Passagierschiff *Campana* von Buenos Aires nach Frankreich zurückkehrte, stieg in der Reede von Santos ein junges Paar an Bord, mit dem er sich in den folgenden zwanzig Tagen auf See für den Rest seines Lebens anfreundete: Fernand und Paule Braudel. Mit Lucie Varga hatte er eine Schülerin und Freundin verloren, nun fand er in Braudel einen intellektuellen Erben: »fast so etwas wie einen Sohn.«[161]

Für Lucie Varga hatte diese plötzliche Zuspitzung und der Bruch mit der Familie Febvre katastrophale Folgen. Sie verlor ihren Lehrer, den sie liebte, und zugleich ihren wichtigsten Lebens- und Arbeitszusammenhang. Von einem Tag auf den anderen brach für sie und ihre Tochter ein Großteil ihres sozialen Umfeldes weg. Während sich Febvre deprimiert nach Argentinien zurückzog, mußte sie in Paris noch einmal neu Fuß fassen. Für die folgenden Jahre gibt es zwar so gut wie keine schriftlichen Informationsquellen[162], aber, wie es scheint, ist dieser Neuanfang tatsächlich gelungen. Das war um so wichtiger, als bald darauf mit dem ›Anschluß‹ Österreichs die finanzielle Unterstützung von der in Wien lebenden Mutter immer spärlicher wurde, so daß Lucie nun tatsächlich den Lebensunterhalt für sich und ihre Tochter verdienen mußte. Eine Zeitlang versuchte sie sich z. B. als Handelsvertreterin für ein Küchengerät (ohne allzuviel Talent), dann arbeitete sie als Fabrikarbeiterin, »was sie zugleich als Gelegenheit sah, soziologische Erfahrungen zu sammeln«.[163] Um den immer restriktiveren Bestimmungen gegenüber Emigranten zu entgehen[164], entschloß sie sich zu einem weiteren Namenswechsel: Ende 1937 oder 1938 ging sie eine Scheinehe ein (der Trauung folgte die Scheidung). Als ›Madame Robert Morin‹ war sie fortan französische Staatsbürgerin. Der neue, unverdächtige Name (ihr vierter!) erleichterte außerdem das Reisen ins feindliche Nachbarland: Als Rose Morin wagte sie sich mehrfach nach Deutschland, um Briefe und Informationen zu überbringen. Auf einer der Heimfahrten schöpften die deutschen Grenzer allerdings Verdacht, nahmen ihr das lebenswichtige Insulin ab und sperrten sie für mehrere Stunden ein; da kein belastendes Material gefunden wurde, bekam sie im letzten Moment das Medikament zurück. Von da an stellte sie die Botentätigkeit ein.

Zu keinem Zeitpunkt hörte Lucie Varga auf, intellektuell zu arbeiten. Ihre Forschungen über die Katharer, die sie seit 1934 mehrfach nach Toulouse geführt hatten, waren offenbar relativ weit fortgeschritten. Nachdem sie 1935 darüber einen ersten, methodologischen Artikel geschrieben hatte – de facto eine ausführliche Rezension –, den Febvre in der *Revue de Synthèse* plazierte[165], faßte sie nun einige Zwischenergebnisse in zwei längeren Abhandlungen zusammen, die 1938 und 1939 in der seriösen *Revue de l'histoire des religions* erschienen.[166] Außerdem schrieb sie einen Beitrag über den Katharismus für einen der angekündigten,

aber nie erschienenen Bände der *Encyclopédie Française*.[167] Ob sie darüber hinaus noch die Zeit und die Kraft fand, einzelne Kapitel des geplanten Buches zu Papier zu bringen? Wer weiß. Da alle ihre Manuskripte später verlorengingen, muß diese Frage offen bleiben.
Auch im Blick auf die Gegenwart und die faschistische Bedrohung blieb Lucie Varga publizistisch aktiv. Sie hatte damals Kontakt zu der Journalistin Geneviève Tabouis, die Chefreporterin bei der linksunabhängigen – und übrigens auch von Marc Bloch abonnierten[168] – Tageszeitung *L'Œuvre* war. Gestützt auf ihre Reiseeindrücke im ›Lande der Nazis‹ und unter Verwendung ihres früheren Essays über die Genese des Nationalsozialismus schrieb sie eine dreizehnteilige Fortsetzungsgeschichte, die im Mai 1938 in dieser Zeitung erschien. Wie der Titel anzeigt, handelte es sich um eine drastische Moritat: *Comment se fabrique l'hitlérien 100%. Scènes de la vie allemande. Histoire du jeune Hermann Gierlich, »enfant d'Hitler«, élevé dans le mépris du cerveau, le culte du biceps, des parades et des chansons guérrières*.[169] In Form eines kurzen Trivialromans wird die autoritäre und denkfeindliche Sozialisation eines ›typischen‹ Hitler-Jungen geschildert, der nur für den Führer, den Kampf und die Fahne lebt. Der Nürnberger Parteitag wird zum Höhepunkt seines bisherigen Lebens. Dabei verliebt er sich zum ersten Mal: Hermann trifft Hermine. Sie führt ihn in die Wohnung einer Freundin, und sie schlafen miteinander. Hermine kann Hermann nicht verheimlichen, daß sie nicht mehr ›unerfahren‹ ist. Im Arbeitsdienst habe ein Bauer sie mißbraucht. Warum habe sie ihn nicht angezeigt? Hermine weiß es nicht. Aber zu Hermann sagt sie: »Wegen seiner Frau, die gerade ihr viertes Kind bekam...« Am Ende wartet Hermine auf Post von Hermann. Der aber heiratet eine andere. Zur Hochzeit schenkt man den Eheleuten »Mein Kampf«. Mit dieser holzschnitthaften und kitschigen Geschichte erhob Lucie Varga gewiß keine literarischen Ansprüche; für den propagandistischen Zweck war jedes Klischee gut genug. Etwas verwunderlich ist allerdings der Schluß: Angesichts des Themas – Fabrikation einer ›deutschen Charaktermaske‹ – hätte die Liebesgeschichte nur von sekundärer Bedeutung sein dürfen, gewissermaßen um etwas ›human touch‹ anzudeuten. Statt dessen steuert in den letzten vier von dreizehn Folgen alles auf die Begegnung zwischen Hermann und Hermine zu, und der Hitlerismus wird

zur bloßen Kulisse degradiert, die also letztlich austauschbar ist. Aus einer Nazi-Geschichte wird fast ein ›allgemeinmenschliches Drama‹. Dem negativen Stereotyp des brutalen und tumben Hitler-Jungen wird das Klischee vom fallengelassenen, weil allzu erfahrenen Mädchen zur Seite gestellt, das einem sehr viel älteren Repertoire entstammt. Auf diese Weise bestimmt nicht die männliche Sentimentalität der Fahne und des Führerkults den Schluß der Geschichte – um den französischen Leser zu erschrecken und zu mobilisieren –, sondern der weibliche, auch in Frankreich nicht ganz unbekannte Fatalismus der verlassenen Geliebten:

»Schon seit zwei Monaten bekam sie jedesmal, wenn sie auf die Post ging, die gleiche [negative] Antwort. Hermann, Hermann... An diesen Tagen war Hermine wirklich ein ganz kleines Mädchen. Keine Arbeitsmaid, kein weiblicher Soldat Hitlers. Aber sie richtete sich auf und gab sich einen Ruck. ›Auf, ich muß arbeiten. Schluß mit diesen Dummheiten. Das ist bloß etwas für kleine Bürgerliche.‹ Und festen Schrittes ging sie davon.«[170]

Wußte Lucie Varga, die »kleine Bürgerliche«, die Freud gelesen hatte, was sie hier schrieb? Vermutlich ja. Vielleicht hat sie sogar gelacht, als sie diese Mixtur aus Klischees und eigenen Erlebnissen zum Druck gab.

Erst 1939, möglicherweise nach Kriegsausbruch, fand Lucie Varga eine feste Anstellung. Bei der amtlichen Presseagentur ›Agence Havas‹ war sie mit dem Abhören, Übersetzen und Zusammenfassen deutscher Nachrichten betraut. Dann kam das militärische und politische Debakel. Im Juni 1940 verließ die Agence Havas zusammen mit der Regierung Paris. Auf Lastwagen wurden die Mitarbeiter zunächst in die Touraine, dann nach Bordeaux evakuiert. So kamen Lucie und Berta Varga mit je einem Koffer in den Südwesten:[171]

»Wir waren in Bordeaux, als Pétain die Regierung übernahm. Mit so vielem anderen löste sich auch die Agence Havas auf. Alle Mitarbeiter bekamen noch ein Dreimonatsgehalt. Wieso wir den Sommer dann gerade in Lourdes verbrachten, weiß ich nicht. Lourdes hatte damals jedenfalls nichts von einem Wallfahrtsort. Aber es hatte eben ein großes Fassungsvermögen, so daß Viele dort Unterkunft fanden.«

In Lourdes lernten sie einen Gutsbesitzer aus der Nähe von Toulouse kennen. Lucie Varga sollte seinen Kindern Nachhilfeunterricht geben und in der Landwirtschaft helfen. Da es keine bessere Alternative gab, ließ sich Lucie auf »die Sache mit Kühen und

Salat« ein[172], die aber nicht lange dauerte. Im Spätherbst mietete sie ein Häuschen in dem Dorf Pibrac, 15 Kilometer von Toulouse entfernt:[173]

»Das war dann schon die echte Not. Meine Mutter versuchte es sogar mit der Herstellung von Spinatkonserven. Wir hatten Hühner (aber kein Hühnerfutter). In Toulouse hatte sie eine einzige Schülerin, der sie Deutsch unterrichte, aber sogar das Geld für die Straßenbahn war ein Problem. Vielleicht hat meine Mutter auch damals noch wissenschaftlich gearbeitet [...], jedenfalls besuchte sie die Bibliothek der Universität und verschaffte auch mir eine Eintrittskarte, obwohl ich ja das festgesetzte Alter noch nicht erreicht hatte.«

In dieses Haus zog bald darauf noch eine zweite Emigrantenfamilie ein, ehemalige Hausnachbarn aus Viroflay: Albert Mentzel und Lotte Rothschild mit ihren drei Kindern. Mentzel, 32 Jahre alt, war Maler und Graphiker und hatte – ebenso wie seine Frau – am Dessauer Bauhaus studiert. Als KPD-Mitglied war er nach der ›Machtergreifung‹ emigriert. Bei Kriegsausbruch meldete er sich zur französischen Fremdenlegion, die ihn nach der Niederlage aber nur unter der Bedingung entlassen wollte, daß er eine feste Unterkunft nachwies. Lucie Varga konnte ihm diese Aufnahmeerklärung geben. In Pibrac schlug er sich als Rahmenschnitzer durch.[174]

Im Herbst und Winter 1940/41 verschlimmerte sich die Krankheit, mit der Lucie Varga nun bald 20 Jahre lebte. Unter den Umständen des Krieges und des Zusammenbruchs war die Versorgung mit Insulin unzureichend und unregelmäßig. Ab und zu kamen noch Päckchen von ihrer Mutter aus Budapest (mit Hilfe des Roten Kreuzes), aber die Wirkung des Präparats ließ immer mehr nach. Die Anspannung des Krieges und der Flucht, die körperliche Erschöpfung sowie die unregelmäßige und unzweckmäßige Ernährung verstärkten die Insulinresistenz. »Wirklich kompetente ärztliche Hilfe hat sie wohl aus Geldmangel, vielleicht aber auch aus Müdigkeit oder einer Art Leichtsinn und Fatalität nicht in Anspruch genommen.«[175] Der Dorfarzt verkannte das diabetische Präkoma, vermutete eine illegale Abtreibung und fürchtete sich vor den Behörden.[176] Viel zu spät wurde Lucie Varga ins Krankenhaus nach Toulouse gebracht. Dort starb sie am 26. April 1941.[177] Sie war 36 Jahre alt.

Einige Freunde Lucien Febvres und deren herangewachsene Kinder wußten offenbar um das Refugium in Pibrac. Nach Lucie

Vargas Tod boten sie Berta an, zu ihnen zu kommen. Auch eine nach Pau geflüchtete Freundin Lucies, Hilde Adelberg, wollte die Fünfzehnjährige mit nach Amerika nehmen (was allerdings noch Papiere erfordert hätte). Demgegenüber drängten Bertas Vater und ihre Großmutter auf eine baldige Rückkehr nach Budapest und organisierten die Reise. So verließ Berta Varga einige Monate nach dem Tod ihrer Mutter Frankreich. Wie durch ein Wunder überlebte sie in Ungarn den Krieg und den antisemitischen Terror.[178] Ihr Vater, Josef Varga, wurde zusammen mit dreihundert anderen jüdischen Zwangsarbeitern am 15. (?) Oktober 1944 in Pusztavám (Nordwestungarn) von deutschen Soldaten erschossen. Ihre Großmutter, Malvine Tafler-Stern, wurde Ende 1944 von ungarischen ›Pfeilkreuzlern‹ in der Donau ertränkt. Ebenfalls 1944 verhaftete der deutsche Sicherheitsdienst in Pibrac Albert und Lotte Mentzel sowie ihre älteste Tochter. Lotte Mentzel und ihre Tochter wurden nach Auschwitz deportiert und dort ermordet.

Von Berta Varga wissen wir, daß der Kontakt zwischen Febvre und Lucie Varga auch nach der offiziellen Trennung nie ganz abbrach. Es gab zumindest einen regelmäßigen Briefwechsel, und der Ladinien-Aufsatz konnte, wie bereits erwähnt, 1939 in den *Annales* erscheinen. Der plötzliche und trostlose Tod seiner ehemaligen Assistentin, Schülerin und Freundin traf den in Paris vereinsamten Gelehrten, der sich damals außerdem mit Bloch über die Fortführung der *Annales* stritt, besonders hart. Schon bei der nächsten Gelegenheit, im ersten Heft der von ihm nun allein herausgegebenen *Mélanges d'histoire sociale*, widmete er ihr eine Art Nachruf. Diese in einem Artikel mit »persönlichen Nachrichten« über einige *Annales*-Mitarbeiter versteckten Zeilen lassen keinen Zweifel an seinen Gefühlen:[179]

»Leider werden wir künftig in den *Annales* auch nicht mehr die exquisiten Aufsätze von Frau Lucie Varga lesen können, die der Form nach so frisch und dem Inhalt nach so solide, lebendig und geistvoll waren, wie es sich unsere Leser gewünscht haben. Auch sie wurde vom Wirbelsturm erfaßt und ist im Frühjahr 1941 unter traurigen Umständen in Toulouse gestorben. Auf dem Gebiet der Religions- und Sozialgeschichte des Mittelalters hatte sie ihre junge Meisterschaft bereits in einer ganzen Reihe kritischer Studien bewiesen, die ihre *Thèse* [Habilitationsschrift] über die südfranzösischen Katharer vorbereiten sollten – Studien, die in der *Revue d'hi*-

stoire des religions, der *Revue de Synthèse* und in den *Annales* erschienen sind. Wir alle haben auf das große Buch gewartet, an dem sie seit Jahren arbeitete. Es wird uns auf immer vorenthalten bleiben.«

Auch als Febvre nach 1945 auf die Verluste des Krieges für die französische Geschichtswissenschaft zu sprechen kam, erwähnte er nicht nur die ›Älteren‹ wie Marc Bloch und Maurice Halbwachs, sondern ebenso die ›Jungen‹: »Lucie Varga, André Déléage und so viele Unbekannte«.[180] Vor allem als es galt, die Ursachen für das Geschehene aufzuarbeiten, und die *Annales* 1947 einen Aufsatz über die nationalsozialistische Erziehung in Österreich publizierten, wies er auf den »bemerkenswerten Artikel von Haschek« (= Borkenau) und »die beiden wunderbaren und so lebendigen Studien von Lucie Varga« über Vorarlberg und Ladinien hin, die »Henri Hauser so sehr beeindruckten und in denen die österreichische Volksseele so genau beleuchtet wird«.[181] Drei Jahre später erwähnte er Lucie Varga noch einmal: In der Vorbemerkung zu einem kritischen Bericht über den ersten Nachkriegsjahrgang der *Historischen Zeitschrift* brachte er seine Enttäuschung über die deutschen Historiker zum Ausdruck, die offenkundig unfähig seien, die Nazi-Vergangenheit kritisch aufzuarbeiten. Dann erinnerte er an die vor dem Krieg in den *Annales* und in der *Encyclopédie Française* publizierten Analysen. Gleich der erste Autorenname, der ihm dabei in den Sinn kam, war Lucie Varga und »ihr wundervoller Aufsatz über den Nationalsozialismus«.[182]

Alle diese Erwähnungen lassen noch die Trauer spüren, die der Verlust der Freundin für Febvre bedeutete. Dennoch konnte er nicht verhindern, daß die Erinnerung an sie schnell verloren ging. Zwar hatte er 1942 die Absicht bekundet, »später, in ruhigeren Zeiten, auf diese Werke und diese Schicksale« – darunter auch das von Lucie Varga – genauer einzugehen[183], aber wie für so viele Vorhaben fand er dafür nicht mehr die Zeit. Als dann Robert Mandrou nach Febvres Tod dessen Nachlaß benutzte, um den von Febvre und seiner Assistentin vorbereiteten Band der Reihe ›L'Evolution de l'humanité‹ unter einem anderen Titel doch noch zu schreiben, nannte er Febvre zwar ausdrücklich einen »maître en collaboration«, der mehrere Bücher »mit jüngeren Historikern« geplant habe[184], aber den Namen Lucie Vargas, auf deren Konspekte und Notizen er in diesem Nachlaß gestoßen war, erwähnte er mit keiner Silbe...

»Unsichtbare Autoritäten«
Lucie Vargas historiographischer Beitrag

Durch die Emigration verloren nicht wenige Wissenschaftlerinnen und Wissenschaftler nicht nur ihre akademische Stellung, sondern auch ihre intellektuellen Wirkungsmöglichkeiten und überhaupt ihre Sprache: In ihrer Verzweiflung begannen sie gleichsam zu »stammeln« (Günther Anders) oder verstummten ganz.[185] Vor allem in den Pariser Wissenschaftsbetrieb konnten sich nur wenige integrieren. Selbst eine bereits renommierte und auf Frankreich-Themen spezialisierte Historikerin wie Hedwig Hintze (1884-1942) mußte scheitern.[186] Auch Lucie Varga bekam zwar nie eine offizielle Anstellung, aber erst unter den fremden, im Vergleich zu Wien sehr viel offeneren Bedingungen des Exils konnte sie sich wissenschaftlich entfalten und profilieren. Natürlich spielte dabei der schnelle Kontakt zu Lucien Febvre und die Zusammenarbeit mit ihm eine wichtige Rolle – denn Febvre gab Anregungen, vermittelte Publikationsmöglichkeiten und half bei der sprachlichen Endredaktion der Texte. Aber diese Hilfestellung allein kann das Phänomen nicht erklären und darf es im Nachhinein auch nicht verdecken: Eine bis dahin mit Ausnahme einer Dissertation nicht weiter hervorgetretene Historikerin publizierte plötzlich in einer fremden Umgebung und innerhalb weniger Jahre – 1934 bis 1939, im Alter von dreißig bis fünfunddreißig Jahren[187] – eine ganze Reihe origineller Aufsätze, die aufgrund ihrer ›Problematik‹ und Schreibweise noch heute lesenswert sind.

Von den achtzehn ›französischen‹ Veröffentlichungen Lucie Vargas, die wir ermitteln konnten – sieben Aufsätze, zehn Buchrezensionen oder Besprechungsartikel und eine Fortsetzungsgeschichte –, werden die wichtigsten im vorliegenden Buch erstmals gesammelt publiziert. Sie sind nicht als aktuelle wissenschaftliche Beiträge zu lesen, sondern als zeitgeschichtliche und historiographische *Dokumente*. Informationsstand und Hypothesen entsprechen dem Wissen der dreißiger Jahre und einer bestimmten intellektuellen Konjunktur: Die Texte sind also stets datiert. Ihr Themenspektrum mag auf den ersten Blick disparat erscheinen – Nazismus, Reformation, Hexerei, Katharismus usw. –, aber bei näherem Hinsehen werden Querverbindungen und Schwerpunkte deutlich. Außerdem verbindet diese Texte eine gemeinsame Sprache, die in der damaligen geschichtswissenschaftlichen Literatur keineswegs alltäglich war.

Bevor wir diese Gemeinsamkeiten, das heißt den ›Ansatz‹ Lucie Vargas genauer kennzeichnen, wollen wir die Texte der Reihe nach vorstellen und situieren:

■ *Die Entstehung des Nationalsozialismus* (1937). – Diese Ende 1936 entstandenen »sozialhistorischen Anmerkungen« sind sicher einer der wichtigsten Aufsätze Lucie Vargas. Obwohl die *Annales* in den dreißiger Jahren eine Reihe von Artikeln zur Entwicklung in Deutschland und zu den europäischen Faschismen publizierten, ist es keinem von ihnen im gleichen Maße gelungen, aktuellpolitische und historische Aspekte, kritische Außenperspektive und ›verstehende‹ Innenansicht zu kombinieren. Dies gilt auch im Vergleich zu den meisten anderen NS-Analysen jener Jahre, die mal mehr geistesgeschichtlich, mal mehr polit-ökonomisch, jedenfalls kaum sozialgeschichtlich argumentieren und oft zwischen blanker Polemik (bei Emigranten) und objektivistischer ›Wertfreiheit‹ (bei nichtdeutschen ›Beobachtern‹) schwanken.[188] Auch Lucie Varga ist sichtlich um Gelassenheit und Objektivität bemüht: Sie will das NS-Regime nicht moralisch bewerten oder denunzieren, sondern verstehen. Daher muß sie die Nazis zunächst einmal als politisch Andersdenkende *ernstnehmen*. Dies mag aus heutiger Sicht überraschen. Aber wenn in neueren wissenschaftlichen Analysen des ›Dritten Reiches‹ trotz ihres Objektivitätsanspruchs stets eine moralische Distanzierung bzw. Verurteilung mitschwingt, so legitimiert sich diese methodisch eher ungewöhnliche ›Parteilichkeit‹ erst durch die später bekanntgewordenen Verbrechen des NS-Regimes.[189] Für die Zeitgenossen von 1936 war der Faschismus demgegenüber ein Forschungsgegenstand, den man durchaus *sine ira et studio* untersuchen wollte.

Lucie Vargas Text lebt vom Informationsvorsprung der Autorin, ihren Gesprächen ›vor Ort‹ und ihrer Lektüre der deutschen Presse. Aber der Insider-Blick wird jeweils objektivierend zurückgenommen, nie zur Polemik genutzt, allenfalls zur Ironie. Der erste Satz lautet programmatisch: »Ganz in der Nähe ist eine Welt zu Ende gegangen. Eine neue Welt entsteht mit bisher unbekannten Konturen« (S. 115). Der Nationalsozialismus wird damit als ein neues, erst noch zu entzifferndes Phänomen eingeführt, das einen historischen Einschnitt markiert. Wie viele Zeitgenos-

sen akzeptiert Lucie Varga dabei die von den Nazis selbst verwendete Kategorie der ›Revolution‹[190], die sie freilich als eine rückwärtsgewandte, »reaktionäre Revolution« interpretiert.[191] Um diese neuartige Umwälzung zu erklären, reiche die Anwendung überkommener Konzepte nicht aus: »Alte Schlüssel passen schlecht auf neue Schlösser.« Zwei Schlüssel seien besonders unbrauchbar geworden: der marxistische Schlüssel, weil er den Nationalsozialismus auf Klassenphänomene reduziert, ohne die soziale Heterogenität seiner Massenbasis angemessen zu erklären; und die nichtmarxistischen Schlüssel, die entweder grobschlächtig psychologistisch, häufig aber auch nur ideengeschichtlich argumentierten. Beiden Erklärungsmodellen stellt Lucie Varga kein eigenes Modell gegenüber, sondern sie wechselt das Terrain. Dafür wählt sie eine bei Historikern ungewöhnliche Darstellungsform. Sie schreibt zum Beispiel: »Vor uns liegen einige Dossiers über die ersten Anhänger des Nationalsozialismus aus den Jahren 1922-1932. Öffnen wir sie« (S. 116). Dann stellt sie verschiedene Typen von Nazi-Anhängern vor, wirft einen Blick auf ihre Herkunft, ihren Alltag und ihre Sorgen: der arbeitslose Ingenieur, der verarmte Adlige, der nun Handlungsreisender ist, der ehemalige Freikorpsmann, der Arbeiter, der Volksschullehrer, der Kleinhändler usw. Diese Kurzporträts, bei denen die Technik der fiktiven Rede dazu dient, in Deutschland gemachte Erfahrungen in ›lebendige‹ Physiognomien zu überführen, erinnern von ferne an die heutigen – natürlich ungleich subtileren und objektiveren – Methoden der *Oral history*. Was aber verbindet diese Männer und was treibt sie voran? Nicht das ökonomische Elend allein oder eine gemeinsame ›Klassenlage‹, so lautet die These, sondern die Angst vor dem Statusverlust. Ihr gemeinsamer Antrieb sei letztlich die Verteidigung der »sozialen Ehre«. Lucie Varga übernimmt diesen Begriff ausdrücklich aus dem Nazi-Vokabular – 1936 fand in Nürnberg der »Parteitag der Ehre« statt und kurz danach erschien eine Redensammlung Robert Leys mit dem Titel »Durchbruch der sozialen Ehre«[192] –, aber sie gibt ihm eine andere, explizit theoretische und anthropologische Bedeutung.[193] (Wie wichtig ihr diese Begriffstransformation ist, zeigt auch die Verwendung des Konzepts der »sozialen Ehre« in ihrem kleinen Artikel über den Bauernkrieg.[194])
Indem Lucie Varga den nazistischen Ehrbegriff ernst nimmt und seine spezifische Faszination hinterfragt, erschließt sie zum ersten

Mal – wenn auch zunächst nur in Ansätzen – die symbolische und emotionale Dimension der NS-Bewegung, die heute von vielen Historikern als eines der wichtigsten Momente für den Massenerfolg und den Machterhalt der Nazis angesehen wird.[195] Überhaupt bringen nach Lucie Varga nicht Theorien, sondern bestenfalls Schlagworte und Erfahrungen die verschiedenen deklassierten Menschengruppen zusammen, verschmelzen sie zur »Bewegung«. In verschiedenen »Erlebnisgruppen« wie den Freikorps und den Jugendbünden der zwanziger Jahre sei die »Konversion« zu einer neuen »politischen Religion« vorbereitet und dann in der Krisensituation nach 1929 vollzogen worden. Aus solchen quasi-religiösen Organisationsformen gehe der »neue Mensch« des NS-Regimes hervor.

Während der erste Teil des Aufsatzes besonders hervorsticht, weil er ein sehr frühes Beispiel für den Versuch einer religionsgeschichtlichen – heute würden wir sagen: mentalitätsgeschichtlichen – Interpretation der NS-Bewegung darstellt[196], wirkt der zweite Teil inzwischen weniger ungewöhnlich. Wie in vielen Faschismus-Analysen aus der Sicht der Emigration[197] wird die Genese des Nationalsozialismus mit der deutschen ›Sonderentwicklung‹ im 19. Jahrhundert in Verbindung gebracht, wobei Lucie Varga allerdings nie in Spekulationen über den ›deutschen Nationalcharakter‹ eintritt. Vielmehr betont sie die gesellschaftliche und ideologische Schwäche der Bourgeoisie und die Schnelligkeit des industriellen Aufschwungs. Daraus erkläre sich einerseits die »schmale« demokratische Tradition und andererseits das Reservoir an antiliberalen und antidemokratischen Ressentiments – bis hin zum Antisemitismus –, auf das sich die NS-Bewegung von Anfang an stützen konnte. Aus heutiger Perspektive mag diese ›sozialgeschichtliche‹ Herleitung des Phänomens, die gleichsam die zeitgenössische Sonderweg-Ideologie[198] kritisch umkehrt und materialistisch variiert, etwas holzschnittphaft wirken. Denn sowohl die empirische Forschung als auch die neuere Kontroverse um den ›deutschen Sonderweg‹ haben die simple Gegenüberstellung von ökonomischem ›Fortschritt‹ und politischer ›Rückständigkeit‹ kritisiert und allmählich ein differenzierteres Bild des Kaiserreichs und des frühen 20. Jahrhunderts gezeichnet. Die langfristigen Besonderheiten der deutschen Entwicklung gelten heute weniger als direkte, strukturelle Erklärungsfaktoren für den Sieg des Nationalsozialismus als für die Schwächen der Weimarer

Republik und das Ausbleiben massenhaften Widerstandes.[199] Aber 1936 verstanden sich Lucie Vargas Überlegungen noch keineswegs von selbst.

Der dritte Teil des Aufsatzes wendet sich der nationalsozialistischen Gegenwart zu – drei Jahre nach der ›Machtergreifung‹. Dieses frühe Entstehungsdatum erklärt manche schiefen Informationen sowie auch die ›Naivität‹ und den politischen Pessimismus in der Bilanz. Vor allem das Ausmaß und der Stellenwert des Rassismus bleiben erstaunlich unterbelichtet. Ahnte Lucie Varga noch nicht seine mörderischen Konsequenzen, oder unterlag sie hier – als jüdische Emigrantin – einer Art Selbstzensur? In der Tat hat man den Eindruck, daß der repressive Charakter des Regimes eher zurückhaltend dargestellt wird, so als ob dies ohnehin bekannt sei. Auf der Suche nach einer Erklärung des nationalsozialistischen Fanatismus richtet sich der Blick der Autorin nicht auf die repressive Staatsmaschinerie des ›Dritten Reiches‹ – darüber wurde in jeder (französischen) Zeitung berichtet –, sondern auf die eigentümlichen Entstehungsbedingungen der Nazi-Bewegung. Ihre abschließenden Bemerkungen zu den verschiedenen Trägerkreisen des Regimes bzw. der Opposition bleiben dabei allerdings blaß und ungenau. Oder müssen sie uns heute so erscheinen, weil wir über diese Gruppen viel mehr wissen? Denn natürlich wurde die Führungsschicht des NS-Staates ebenso wie die breite ›Masse‹ seiner Anhänger inzwischen eingehend erforscht.[200] Auch die verschiedenen Elemente des Widerstandes (ein Begriff, der bei Lucie Varga noch gar nicht auftaucht!) sind heute bekannt, so daß sowohl die damals sich aufdrängende Betonung der katholischen Opposition (1936/37 war ein Höhepunkt im Kampf des Regimes gegen die römische Kirche)[201] als auch Lucie Vargas Unterschätzung, ja Geringschätzung des Arbeiterwiderstandes korrigiert werden können.[202]

Trotz dieser Schwächen kommt der Grundtenor des Aufsatzes einer modernen sozialhistorischen Sichtweise erstaunlich nahe: Der Nationalsozialismus wird nicht als Regimewechsel zugunsten einer einzelnen Klasse begriffen, sondern als ein aus der Weimarer Gegenwart und der besonderen deutschen Entwicklung erklärbarer Krisenbewältigungsversuch, der unter Ausnutzung vorkapitalistischer und antidemokratischer Mentalitäten den deutschen Weltmachtanspruch restaurieren sollte. Wenn man bedenkt, daß sich diese – hier natürlich vergröberte – Interpretation erst nach jahrzehntelangen Debatten unter deutschen Historikern hat durchsetzen können, ist Lucie Vargas Essay, der überdies bereits Elemente einer anthropologischen Betrachtungsweise enthält, umso erstaunlicher.

Einige Fragestellungen dieses Aufsatzes werden in zwei Buchbesprechungen wieder aufgegriffen und vertieft, die im selben Heft der *Annales* erschienen:

■ *Luther, die Jugend und der Nazismus* (1937). – Die kulturgeschichtlichen Reflexionen des Kölner Anglisten Herbert Schöffler (1888-1946)[203] über die Besonderheiten der deutschen Reformation dienen Lucie Varga als Testfall dafür, ob und wie ein angesehener Gelehrter im ›Dritten Reich‹ weiterhin publizieren kann. Trotz Schöfflers offenkundiger Nähe zur völkischen Ideologie und Sprache – die Reformation gilt ihm als »die erste wichtige Geistestat der Deutschen« – fällt das Urteil milde aus: Der Autor habe keineswegs aufgehört, Historiker zu sein. Was Lucie Varga an diesem Buch besonders interessiert, ist die vergleichende religionsgeschichtliche Perspektive: Auf dem Hintergrund ihrer eigenen Interpretation des Nationalsozialismus kommen ihr Schöfflers Thesen über die Jugendlichkeit und relative Traditionslosigkeit der Reformatoren entgegen. Aber wird damit nicht auch die Respektlosigkeit der Nazis gegenüber Humanismus und Demokratie geradezu legitimiert? Während die Rezensentin dies kritisiert, hat Schöffler später seine Thesen gleichsam umgestülpt: In einer Vorlesung von 1945 wirft er dem Lutheranismus vor, langfristig erst jenes Vakuum geschaffen zu haben, in das der Nazismus als »Ersatzreligion« vorstoßen konnte.[204] Bemerkenswert ist auch der letzte Abschnitt der Rezension: Da Schöffler seine Ausführungen mit geistesgeschichtlicher Großzügigkeit an verschiedensten Vergleichsbeispielen erläutert – bis hin zu den Katharern, über die Lucie Varga selber forscht –, wendet sich die Autorin mit allem Nachdruck »gegen die ruinöse Praxis des Pseudo-Vergleichs«, die »heute, wie man weiß, bei Historikern innerhalb und außerhalb Deutschlands immer mehr in Mode« komme. »Vergleichen wir ruhig, aber nicht mit abstrakten, inhaltsleeren Begriffen jenseits der historischen Realität. Verallgemeinern wir ruhig, aber nur bei Phänomenen, die wir gründlich in ihren Formen und in ihrem Milieu untersucht (...) haben« (S. 141). Damit ist ein Anspruch formuliert, an dem Lucie Varga auch ihre eigene Arbeit messen wollte.

■ *Über die Jugend im Dritten Reich* (1937). – Das Buch des am ›Institut Catholique‹ von Paris lehrenden Germanisten Robert d'Harcourt (1881-1965) thematisiert ebenfalls den Zusammenhang von NS-Staat, Generationenkonflikt und Jugendmythos. Der Autor hat das ›neue Deutschland‹ mehrfach bereist und gilt als einer der besten französischen Kenner der nationalsozialistischen Presse.[205] In seinem Buch untersucht er z. B. die aggressive Sprache der SS-Zeitung ›Das Schwarze Koprs‹, aber auch weitverbreitete Jugendschriften und Kinderbücher, die gleichsam ein »Evangelium der Gewalt« predigen. Solche Schlagwort- und Symbol-Analysen kommen Lucie Vargas Interpretation des Nationalsozialismus als politischer Religion sehr entgegen. Allerdings verwahrt sie sich gegen die konservative Diagnose, daß der Sieg der NSDAP in hohem Maße ein Produkt der modernen Demokratie sei (d'Harcourt war bis 1926 Mitglied der ›Action Française‹ und bewahrte sich auch später gewisse antiparlamentarische Ressentiments). Interessant sind diese Anmerkungen Lucie Vargas vor allem als Ergänzungen zu ihren Ausführungen über die Jugendbünde in ihrem Aufsatz über die ›Entstehung des Nationalsozialismus‹. Gegenüber d'Harcourts pauschaler Rede von *der* ›deutschen Jugend‹ betont sie die konstitutive Pluralität der ›alten‹ Jugendbewegung, die erst durch das NS-Regime ›gleichgeschaltet‹ und damit auch als Generationenbewegung zerschlagen wurde: ›jugendliches Opponieren‹ war nunmehr passé.[206]

■ *Ein Tal in Vorarlberg – zwischen Vorgestern und Heute* (1936). – Auch Lucie Vargas volkskundliche Studien über das Montafon-Tal in Vorarlberg und das Enneberg-Tal in Ladinien nehmen auf die aktuelle politische Entwicklung Bezug. Sie beschreiben die Lebens- und Arbeitsbedingungen in diesen beiden damals noch abgelegenen Alpenregionen im Blick auf den mentalen Wandel, der durch den modernen Tourismus, aber auch die politischen Umwälzungen nach dem Ersten Weltkrieg hervorgerufen wurde. Das besondere Interesse der Autorin gilt dabei der Zurückdrängung der traditionellen Volksfrömmigkeit durch die moderne Stadtkultur und der Auseinandersetzung zwischen lokalem Katholizismus und Nationalsozialismus (in Vorarlberg) bzw. Faschismus (in Südtirol).

Beide Studien entstanden 1935 bzw. 1936 innerhalb weniger Wochen. Man darf also keine sozialgeschichtlich und empirisch ausgreifenden Arbeiten erwarten. Eher handelt es sich um Reisenoti-

zen und Reportagen, wobei die Autorin als Religionshistorikerin ihren Beobachtungen und Reflexionen eine spezifische Wendung gibt. Ihr Interesse für die Geschichte und Gegenwart dieser alpinen Mikrogesellschaften ist dabei nicht überraschend, wenn man bedenkt, daß die Siedlungs- und Wirtschaftsgeschichte, aber auch die Archäologie und Volkskunde des Alpenraums in der landeskundlichen Ausbildung bei Alphons Dopsch eine wichtige Rolle spielte.[207] Im übrigen ist Lucie Varga nicht ganz unvorbereitet nach Schruns und Gargellen gefahren. Wie gleich die erste Fußnote des Vorarlberg-Textes belegt, hatte sie ihr Projekt vorher mit einem der damals bekanntesten Ethnologen diskutiert: Bronislaw Malinowski (1884-1942).[208]
Der Begründer der Feldforschung und ›teilnehmenden Beobachtung‹ besaß seit den zwanziger Jahren ein Haus in Oberbozen (Südtirol), wo er regelmäßig mit einigen seiner Studenten die Ferien verbrachte. »Eine ganze Generation britischer Anthropologen machte [...] ausgedehnte Bergtouren und betrachtete ein Panorama, welches Malinowski als das schönste Europas bezeichnete. Aber alle Feriengespräche drehten sich um Forschungen am anderen Ende der Welt, und während man das Panorama genoß, ruhte der ethnologische Blick jenseits des Ozeans auf den schwarzen und braunen Eingeborenen der ›Dominions‹ und Kolonien des britischen Empire.«[209] Lucie Varga dagegen versuchte, die Verhältnisse im Montafon- und im Enneberg-Tal so zu betrachten, als ob es sich um Südseeinseln handelte. Dabei hatte sie den Vorteil, daß die Sprachbarriere (zumindest im Montafon) nicht so hoch war und die sie begleitenden Kinder eine leichte Kontaktaufnahme ermöglichten.[210] Mit den Augen von 1935/36 gelesen, sind ihre historisch-ethnologischen Reportagen denn auch durchaus ungewöhnlich. Zwar galten die Alpen schon seit längerem als ein »Eldorado volkskundlicher Studien«, als eine Art »Reliquienschrein alter Bräuche, Redewendungen und Geräte, die in den meisten anderen europäischen Regionen seit langem verschwunden sind« (Adolf Helbok)[211], aber die meisten dieser ›heimatkundlichen‹ Arbeiten beschränkten sich auf die Sammlung und Beschreibung einer aussterbenden Folklore. Außerdem enthielten sie fast immer eine kulturpessimistische, wenn nicht gar eine politische Spitze gegen alles Demokratische und ›Moderne‹.[212] Erst nach bzw. im Zusammenhang mit dem Zweiten Weltkrieg, der einen weiteren Umbruch der Alpengesellschaft

zur Folge hatte, entstand eine kritische ›Alpen-Anthropologie‹ mit weitergehenden, aus der außereuropäischen Ethnologie gewonnenen Fragestellungen.[213] Lucie Vargas ›Tälerstudien‹ antizipierten gleichsam diese ethnographische Entwicklung.

Ungewöhnlich sind diese Aufsätze schließlich auch im Kontext einer geschichtswissenschaftlichen und zumal einer französischen Zeitschrift, für die jene deutschsprachigen Alpentäler tatsächlich ferne, beinahe exotische Welten waren. Vor allem das zu Beginn des Montafon-Textes formulierte Konzept, bestimmte historische Quellendefizite mit Hilfe ethnologischer Forschungen ›indirekt‹ zu kompensieren, stellte eine Herausforderung der damals dominanten Geschichtsschreibung dar, deren provokativer Charakter sich heute – angesichts der allenthalben proklamierten und teilweise auch praktizierten Zusammenarbeit von Geschichte und Ethnologie – nicht mehr spontan, sondern nur noch durch Reflexion einer fünfzigjährigen Wissenschaftsgeschichte ermessen läßt.[214] Tatsächlich wurde dieser Aufsatz zu einem Zeitpunkt veröffentlicht, da ethnologische oder volkskundliche Fragestellungen im Bereich der französischen Historie (im Unterschied zur Geographie und Soziologie) noch völliges Neuland waren. Dabei erlebte die bis dahin kaum institutionalisierte Ethnologie (im Sinne von Völkerkunde) sowie auch die Volkskunde (Folklore bzw. Ethnologie française) Mitte der dreißiger Jahre einen entscheidenden Aufschwung (Gründung von Instituten, Museen usw.).[215] Die *Annales* und ihr Autoren-Umkreis (neben Febvre und Bloch sind z. B. der Geograph Albert Demangeon, die Volkskundler André Varagnac und Charles Parain, der Prähistoriker André Leroi-Gourhan oder die Ethnologen Paul Rivet und Jacques Soustelle zu nennen) waren an diesem Prozeß vielfältig beteiligt.[216] Jedenfalls hat Lucien Febvre das im Vorarlberg-Text enthaltene Plädoyer für ein Bündnis von Geschichtsschreibung und Ethnologie 1938 in einer Sendung des Pariser Rundfunks noch einmal bekräftigt, indem er erklärte[217]:

»Wo der Historiker mangels Dokumenten innehält, greift der Volkskundler ein, um die verschwundenen Zustände des kollektiven Bewußtseins wiederzuerwecken, deren Veränderung durch kein Dokument je festgehalten wurde.«

■ *Hexenglauben in einem ladinischen Tal* (1939). – Im Mittelpunkt der Enquête über das Enneberg-Tal im deutschsprachigen oder vielmehr ladinischen Teil der Dolomiten[218] steht eine bäuerliche Dorfgesellschaft mit ihren Ritualen und religiösen Überzeugungen. Vor allem interessiert sich Lucie Varga für den noch in Rudimenten erhaltenen Hexenglauben, notiert die Zaubersprüche und beschreibt die imaginäre und soziale Wirksamkeit der Hexerei als Gegenpol zur katholischen Kirche und ihren Priestern. Obwohl es sich um knappe, eher lakonische Notizen handelt, bemüht sich die Autorin, in die Welt jener Frauen ›einzutauchen‹, die aus der Dorfordnung ausgebrochen sind, und gleichzeitig die ›Funktion‹ dieser Rebellion und das relative ›Gleichgewicht‹ von Hexe und Priester zu verstehen:

»Im Alltag der Dorfgesellschaft hat der Hexenglauben seinen festen Platz. Die Materialität der bösen Mächte ist geradezu eine Erlösung! Jemand ist da, den man für Mißerfolge verantwortlich machen kann, und man kann die bösen Mächte beschwören, die das Unheil verursachen: Dadurch entsteht neue Hoffnung« (S. 178).

Als dieser Aufsatz entstand, befand sich die historische ›Hexenforschung‹ noch in den Anfängen. Das Interesse konzentrierte sich fast ausschließlich auf die Geschichte der Verfolgungen, während der Hexenglauben selbst als »obskures Wahngebilde« (Joseph Hansen) abgetan und nicht als »kulturelles Deutungsmuster« (Claudia Honegger) ernstgenommen wurde.[219] Erst seit den sechziger Jahren – angefangen mit der bahnbrechenden Studie Carlo Ginzburgs über die *Benandanti*[220] und gefördert durch das Aufkommen der sogenannten ›Frauengeschichte‹ – hat sich ein eigenes Forschungsfeld etabliert, das auch das magische Denken unserer Gegenwart umfaßt. Kulturanthropologische und psychoanalytische Fragestellungen und Erklärungsmuster spielen dabei eine wichtige Rolle.[221] Auch hier kann man sagen, daß Lucie Vargas ›Hexentext‹ von 1939 (geschrieben wurde er freilich schon 1936/37) etwas vorwegnimmt: Denn er führt den Lesern der *Annales* nicht einfach den ›Aberglauben‹ einiger Bergbauern vor, sondern skizziert die kulturelle Logik der ›Hexerei als Beruf‹, die inzwischen durch »neue Bezüge« (Lucie Varga) wie Tourismus, Stadt, Staat usw. verdrängt worden ist. Nur war der Aufenthalt der Autorin viel zu kurz, um die Rituale der Hexen und die verbleibenden Rudimente ihres symbolischen Zaubers genauer zu studieren. Wie sie ihrem vielleicht etwas überraschten Publikum humorvoll mitteilt, konnte sie deshalb auch die »Technik der

Verhexung« nicht teilnehmend erlernen: »Aber ich bezweifle nicht, daß es möglich ist« (S. 175).[221a]

Der zweite Teil der Textsammlung umfaßt Lucie Vargas Studien über die Religion der Katharer. Wie im ersten Teil der Einleitung dargelegt, handelt es sich um Vorarbeiten zu einem Buch, an dem die Autorin von ihrer Ankunft in Frankreich bis zu ihrem Tod arbeitete. Möglicherweise gab es ein fragmentarisches Manuskript, das aber nicht erhalten ist. Die drei zum Druck gelangten Aufsätze dokumentieren also nur den Einstieg in ein damals noch kaum bearbeitetes Forschungsfeld und zeigen an einem konkreten, wenn auch speziellen Beispiel, wie sich Lucie Varga die Einlösung ihres religionsgeschichtlichen Ansatzes vorstellte.

■ *Der Katharismus – ein methodisches Problem der Religionsgeschichte* (1936). – Mit dem Namen ›Katharer‹ (oder auch ›Albigenser‹) bezeichnen die Historiker die größte mittelalterliche Häretiker-Bewegung, die ab dem 11. Jahrhundert im Süden des heutigen Frankreich, aber auch in Italien und Deutschland zunächst sporadisch auftrat und dann sehr rasch Zulauf fand.[222] Ihre Anhänger kritisierten die Verweltlichung der katholischen Amtskirche und lehnten alles Materielle als unrein ab. Statt der von Rom vorgeschriebenen Sakramente praktizierten sie die ›Geisttaufe‹ und die Sündenvergebung durch Handauflegen. Als Armutsbewegung besaßen sie keine ausgefeilte und einheitliche Lehre, sondern zerfielen in unterschiedliche, regional verankerte Konfessionen. Allen gemeinsam war aber ein radikaler Dualismus: Die gesamte Schöpfungs- und Weltgeschichte war ein Kampf zwischen dem guten und dem bösen Prinzip, zwischen Gott und Satan. Nur durch die Hinwendung zum ›guten Gott‹ und den Verzicht auf alles Irdische und Fleischliche – in der Ernährung wie im Verhältnis der Menschen untereinander, einschließlich der ehelichen Fortpflanzung – konnte der Gläubige hoffen, und sei es auch nur im Angesicht des Todes, sich mit seinem Parakleten, seinem himmlischen ›Doppelgänger‹, zu vereinen, um als Engel in den Himmel zurückzukehren. Die Anhänger des Katharismus waren in zwei Gruppen geteilt: die einfachen Gläubigen *(credentes)* und die sogenannten *perfecti*, die ›Reinen‹, die ihnen als Priester dienten und die erlösenden Riten, vor allem das *consolamentum* als Taufe und letzte ›Tröstung‹, vollzogen. Im Laufe der Jahrzehnte bauten die Katharer vor allem im okzitanischen Raum – Katalonien und Languedoc –, der damals noch nicht zur Machtsphäre der französischen Könige gehörte, eine regelrechte Gegenkirche mit eigenen Diözesen auf, die sowohl beim ländlichen Adel als auch bei den städtischen Unterschichten viele Anhänger fand. Die Amtskirche stand dieser Expansion zunächst hilflos gegenüber. Allenfalls die etwa gleichzeitig und zum Teil als Reaktion auf dieselben Übelstände gegründeten Prediger- und Bettelorden der Dominikaner und Franziskaner konnten mit dem urchristlichen Armuts- und Reinheitsideal der Katharer konkurrieren. Da jedoch die Ketzerbewegung auch die politischen und ökonomischen Interessen der Kirche tangierte, indem sie Feudalherren und Untertanen gleichermaßen zur Widerspenstigkeit ermunterte, rief Innozenz III. 1209 zum Kreuzzug gegen sie auf. Dieser mit äußerster Grausamkeit geführte Krieg verwüstete die gesamte Region und unterwarf sie dem (nord-)französischen König. Die katharische Religion überlebte im Untergrund und repräsentierte nun erst recht den okzitanischen Widerstand gegen die Fremdherrschaft. Viele Ketzer konnten außerdem in die Lombardei entkommen. Daraufhin begann die 1231 gegründete Inquisition ihr Werk. Innerhalb eines knappen Jahrhunderts rieb sie den Katharismus vollständig auf.

Die historische Erforschung dieser und anderer mittelalterlichen Häresien war lange Zeit eine Domäne der protestantischen oder katholischen Theologen, d. h., sie wurde vielfach von religiösen Legitimationsbedürfnissen oder Vorurteilen begleitet bzw. behindert.[223] Erst relativ spät entstanden wissenschaftliche Arbeiten, die das Phänomen der Ketzerei ohne vorgefaßte Meinung untersuchten. Gleichzeitig setzte im südfranzösischen Raum eine lokalpatriotische Mystifizierung des Katharismus ein, die gelegentlich zu absurden ›neo-katharischen‹ Schwärmereien führte (und noch heute Anhänger findet).[224] Auch in den dreißiger Jahren, als Lucie Varga, die im Zusammenhang mit ihrer Dissertation auf das Problem des Katharismus gestoßen war, sich diesem Thema näherte, gab es solche pseudowissenschaftlichen Stilisierungen und Vereinnahmungen – sogar in deutscher Sprache. So verherrlichte z. B. ausgerechnet Alfred Rosenberg, der Theoretiker des nationalsozialistischen Rassismus, in seinem *Mythos des 20. Jahrhunderts* die Katharer als Westgoten und germanische Streiter wider die römische Priesterherrschaft.[225] Und 1933 veröffentlichte Otto Rahn, ein Deutscher, der in Südfrankreich auf den

Spuren des Katharismus wandelte und später in die SS eintrat, ein schwärmerisches Buch, in dem er eine Verbindung zwischen der Katharerburg Montségur und dem sagenhaften Montsalvat konstruierte.[226] Karl Korn, der von 1932 bis 1934 in Toulouse als Deutsch-Lektor unterrichtete, erzählt in seinen Memoiren, wie ihn die Lektüre dieses Buches faszinierte und er sich ebenfalls mit der ketzerischen Vergangenheit der Region zu befassen begann.[227]

Als Lucie Varga im Sommer 1934 in Toulouse eintraf, war der Katharismus noch immer von dieser etwas geheimnisvollen Aura umgeben. Wie aber gleich ihr erster Text zum Thema – eine kritische Besprechung der 1935 erschienenen Inquisitionsgeschichte des renommierten katholischen Historikers Jean Guiraud (1866-1953) – belegt, bemühte sie sich um einen abgeklärten, wissenschaftlichen Blick auf ihren Forschungsgegenstand. Die Stilisierung der Katharer durch Rahn und einige okzitanische Heimatforscher und der politische Mißbrauch ihrer Geschichte durch Rosenberg trugen zu dieser Nüchternheit und Skepsis sicherlich bei. Jedenfalls ergriff Lucie Varga in keinem ihrer Texte eindeutig für die Katharer Partei (wie man heute vielleicht annehmen würde) oder polemisierte gegen die katholischen Verfolger. Vielmehr betont sie ausdrücklich ihre Neutralität. Dies schließt begründete Werturteile nicht aus, wenn sie z. B. die katholische Moral und Theologie im Vergleich zur relativ grobschlächtigen Lehre der ›Albigenser‹ für differenzierter und daher für überlegen hält (S. 197).[228] Aus lauter Vorurteilslosigkeit läßt sie sich sogar dazu hinreißen, manche Vorwürfe und Mythen aus dem klassischen katholischen Repertoire zu übernehmen und den angeblichen Teufelskult der Katharer positiv zu thematisieren. Aus der Tatsache, daß das katharische System einen radikalen Dualismus von Gut und Böse unterstellte und das gesamte irdische Leben dem Satan zugeordnet war, folgert sie, daß die Menschen zwangsläufig der Versuchung anheimfallen mußten, diesen irdisch-bösen Gott auch unmittelbar anzubeten (S. 195). Allerdings muß sie zugeben: »Alles, was den Kult des bösen Gottes bei den Katharern betrifft [...] wird in der indirekten Überlieferung nicht mehr erwähnt. War dies das *secretissimum?* Oder müssen wir von einer besonderen Vorsicht der Inquisitoren ausgehen, die fürchteten, einen Punkt zu berühren, der der Häresie neue Anhänger verschaffen könnte?« (S. 238). Aus der Sicht der neueren Forschung sind solche Spekulationen sicherlich überholt; die Hypothese eines heimlichen Satanismus bei den Katharern oder bei den Templern (vgl. S. 199) gilt heute als abwegig.[229] Aber auch Irrtümer und falsche Vermutungen können als Gedankenexperimente aufschlußreich sein. Jedenfalls erliegt Lucie Varga hier keiner besonderen Faszination fürs Dämonische und Okkulte, wie sie bei manchen Zeitgenossen zu beobachten ist – Otto Rahns zweites Buch trug z. B. den Titel: ›Luzifers Hofgesind‹ (1938) –, sondern versucht lediglich, gleichsam ex negativo, die dunklen Seiten einer unterdrückten und daher auch nur negativ überlieferten Religion zu erkunden oder vielmehr zu ›erahnen‹. Daß sie sich damit aufs ›Glatteis‹ begibt und scheitert, ist eher ein Zeichen ihres Mutes und kein Indiz mangelnden Scharfsinns. Die Korrektur überholter Hypothesen entspricht dem normalen Gang der Wissenschaft – zumal wenn neue Informationen das alte Bild nachhaltig verändern.

Tatsächlich gab und gibt es für den Katharismus (wie für alle Ketzerbewegungen) ein ganz besonderes Quellenproblem, mit dem auch Lucie Varga konfrontiert war und das manche Spekulationen in ihren Texten erklärt: Da im Mittelalter nicht nur die Ketzer, sondern auch deren Schriften auf dem Scheiterhaufen verbrannt und überhaupt alle materiellen Spuren der religiösen Abweichung vernichtet wurden, haben sich nur ganz wenige Texte katharischer Herkunft erhalten. Demgegenüber entstammen die meisten Informationen, über die wir verfügen, den Polemiken der katholischen Gegenpropaganda oder den Verhörprotokollen der Inquisition, die natürlich mit größter Vorsicht zu interpretieren sind.[230] Im Falle der Katharer wurden die wichtigsten Originalquellen erst kurz vor bzw. nach dem zweiten Weltkrieg entdeckt und publiziert: Lucie Varga konnte sie also noch gar nicht kennen.[231] Statt dessen stützte sie sich in erster Linie – zumindest in ihren drei Aufsätzen – auf eine im 19. Jahrhundert durch Ignaz von Döllinger publizierte Quellensammlung mit dem Titel *Zur Sektengeschichte des Mittelalters*, die seinerzeit bahnbrechend war, aber heute als problematisch gilt.[232] Und sie zweifelte demgegenüber die Echtheit der einzigen damals bekannten katharischen Quelle an, des 1887 gedruckten *Rituel cathare* (S. 198), die heute aber als gesichert gilt.[233]

Diese extrem schwierige Quellenlage und die erheblichen methodischen Probleme, die sich daraus für die Rekonstruktion der katharischen Religion und Kultur ergeben, sind in allen drei Aufsätzen und vor allem in der Guiraud-Besprechung auf Schritt und Tritt zu spüren. Auch dokumentiert dieser erste Text im Grunde nicht mehr als die tastenden Versuche der Autorin, sich im Nebel einer noch in den Anfängen steckenden Katharismus-Forschung zu orientieren. Ihre Skizze der katharischen Mythologie entspricht in Vielem noch den überlieferten Klischees.[234] Der christliche Charakter des Katharismus wird zum Beispiel deutlich unterschätzt. Auch manche Formulierungen über die okzitanische Gesellschaft sind äußerst schematisch, muten fast wie eine Karikatur an: Der »hochentwickelten weltlichen Kultur« des Südens, »in der unvergleichlicher Luxus und unnachgiebiger Stolz herrschten«, werden die katharischen *perfecti* gegenübergestellt, die in ihrer Askese gleichsam als »Sündenböcke der Gesellschaft« dienen und von der Autorin aufgrund ihres Priesteramtes sogar als »Zauberer« bezeichnet werden (S. 194).[235] Dennoch: Dieser Aufsatz steckt nicht nur voller (eingestandener!) Spekulationen, sondern voller offener Fragen. Er referiert nicht Erträge der Forschung, sondern stellt Vorüberlegungen an, denen die Autorin »an anderer Stelle« (S. 198) nachgehen will. Und in der Tat hat sie uns zwei konkrete Studien dieser Art hinterlassen:

■ *Peire Cardenal – ein Häretiker?* (1938) – Diese umfangreiche Abhandlung behandelt auf den ersten Blick ein sehr spezielles literaturgeschichtliches Thema: die katharischen Anklänge in den Gesängen eines der berühmtesten provencalischen Trobadors. Genauer betrachtet, geht es jedoch um ein brisantes methodisches Problem, denn Lucie Varga unternimmt hier den Versuch, den Mangel an katharischen Quellen durch eine kritische Lektüre der Trobadorlyrik ein wenig zu lindern.

Peire Cardenal (ca. 1180–1278) hinterließ fast hundert Lieder und Gedichte, die in der Regel politische oder religiöse Fragen thematisieren. Über sein Leben ist nur wenig bekannt. In der Einleitung zu einer neueren Textsammlung heißt es:[236]

»Offenbar gehörte er zu jenen Rittern und Dichtern im Umkreis des Grafen von Toulouse, die weder die Herrschaft der Franzosen noch der Priester akzeptierten. In wortgewandten und kraftvollen Satiren geißelte er die Unwürdigkeit des Klerus und die Lockerung der Sitten seiner Zeit. Er war zwar gewiß ein guter Katholik, aber manchmal findet man in seinen *sirventès* [Rügeliedern] Ausdrücke und sogar Auffassungen, die darauf hindeuten, daß er in häretischen Kreisen verkehrt haben mag.«

Genau diese frappierende Nähe Cardenals zum Katharismus will Lucie Varga ausloten, indem sie im Unterschied zur vorherigen Forschungsliteratur die Katholizität des Trobadors nicht einfach als erwiesen unterstellt, sondern im Gegenteil seine Lieder mit häretischen Quellen, Formulierungen und Begriffen konfrontiert. Da aber die Katharer den katholischen Diskurs[237] mit einer Art Paralleldiskurs begleitet und durchlöchert haben, der denselben Wörtern eine andere, katharische Bedeutung gibt und mit dieser sprachlichen Verdoppelung die Möglichkeit einer geheimen Verständigung schafft, sind sehr subtile Textvergleiche nötig, um jenseits der expliziten Aussagen häretische Anspielungen oder gar Bekenntnisse zu belegen.

Zumindest in Ansätzen meint Lucie Varga, dies geleistet zu haben. Da ihr jedoch die unsichere Quellenlage bewußt ist, versieht sie ihre These mit einem vorsichtigen Fragezeichen und bezeichnet ihre Überlegungen nur als »Vorschläge für künftige Forschungen« (S. 219). Dennoch ist gerade dieser Aufsatz in der späteren Literatur über den Katharismus vielfach kritisiert und als eine undifferenzierte Verknüpfung von Trobadorlyrik und Häresie mißverstanden worden. Nachdem der Schweizer Publizist Denis de Rougemont, der Lucie Varga wahrscheinlich auch persönlich kannte[238], in seinem berühmten Buch von 1939, *L'Amour et l'Occident*, ihren Aufsatz zitierte und ihrer – von ihm noch einmal zugespitzten – These eine breite Resonanz verschaffte, entbrannte eine heftige Debatte, die auch nach dem Krieg weitergeführt wurde.[239] So griff der Katharismus-Forscher René Nelli die Argumente Lucie Vargas auf und meinte ebenfalls in Cardenals Liedern katharische Elemente zu erkennen. Besonders frappierend sei, daß manche Häretiker die Verse Cardenals auswendig lernten: »Die Verbreitung seines Werkes in einem nicht sonderlich gebildeten Milieu läßt sich nur dadurch erklären, daß er – auch wenn er selbst kein Katharer war – zumindest während seiner ersten Lebenshälfte als solcher galt.«[240] Demgegenüber erregte sich der Althistoriker Henri-Irénée Marrou darüber, daß Lucie Varga die Texte Cardenals von vornherein durch die katharische Brille gelesen und die darin enthaltenen religiösen Gemeinplätze als häretisch fehlinterpretiert habe. Die Lyrik der okzitanischen Trobadors thematisiere durchaus, ja sogar hauptsächlich die körperliche Liebe zwischen Mann und Frau und sei daher mit der katharischen Doktrin unvereinbar. Alles andere seien esoterische Spitzfindigkeiten.[241]

Inzwischen scheint ein ausgewogeneres Urteil möglich. Für Jean Duvernoy – gegenwärtig einer der bedeutendsten Katharismus-Forscher – ist Lucie Vargas Aufsatz durchaus ein innovativer Beitrag, der damals auf umfassender Quellenkenntnis basierte und wichtige Perspektiven eröffnete[242]:

»Dieser Aufsatz ist der erste Versuch, den Katharismus in seinem kulturellen Kontext zu betrachten. Bis dahin hatte niemand über die Beziehungen zwischen den beiden wichtigsten intellektuellen Polen jener Zeit nachgedacht: dem höfischen Ausdruck und dem häretischen Glaubensbekenntnis. Allerdings wurde Lucie Varga ein Opfer der traditionellen Geschichtsschreibung: Für sie gibt es nur die ›Albigenser‹. Statt dessen hätte sie dieses Thema darauf bringen müssen, daß der Katharismus mit den deutschen Minnesängern und den *trouvères* in der Champagne koexistierte. Aber ihre Analyse, die eine Vielzahl von Texten berücksichtigt, ist äußerst scharfsinnig. Es gibt zweifellos eine gemeinsame Ausdrucksform zwischen den Trobadors und den Katharern, und die Ähnlichkeit zwischen dem bei Döllinger gefundenen katharischen Gebet und dem Sirventes Peire Cardenals (›Clergues‹) mußte sie zwangsläufig zu einer positiven Schlußfolgerung führen. Sie konnte freilich nicht wissen, daß dieses sogenannte ›katharische Gebet‹ fast ein Jahrhundert jünger ist als das Werk des Dichters und daß die Übernahme in der umgekehrten Richtung erfolgte. Auch kann man im Grunde nicht von Übernahme sprechen, denn diese Formulierungen waren damals allgemein verbreitet. Dennoch bleibt diese Untersuchung fruchtbar: Denn Lucie Varga hat als erste die Ambivalenz der Begriffe festgestellt, die sowohl von katholischen wie von katharischen Hörern aufgenommen werden konnten.«

■ *Waren die Katharer Neomanichäer oder Neognostiker?* (1939). – Auch diese Untersuchung wirft schon im Titel eine Frage auf. Während die Katharer aufgrund ihres dualistischen Weltbildes traditionell in die Nachfolge der Manichäer gestellt wurden – wobei man häufig nur die Polemiken Augustins gegen diese orientalische Sekte auf den Katharismus übertrug –, will Lucie Varga die Herkunft der katharischen Religion durch Text- und Mythenvergleiche erhellen. Dabei stützt sie sich auf die Auswertung der einige Jahre zuvor gefundenen manichäischen Handschriften[243] und versucht nachzuweisen, daß die Katharer »mit dem Kult, der Liturgie und den Symbolen der Manichäer nichts zu tun haben« (S. 231). Statt dessen seien sie intellektuelle Nachfahren der christlichen Gnostiker.

Im zweiten und im dritten Teil des Aufsatzes geht es ebenfalls um intellektuelle Filiationen. Nachdem die Autorin zunächst auf die

Ähnlichkeiten und engen Kontakte zwischen den Katharern und der ein Jahrhundert früher in Bulgarien entstandenen Sekte der Bogomilen eingeht, unternimmt sie – wie schon im Falle des katharischen Satanismus – eine Art Gedankenexperiment: Da das Languedoc und Katalonien im 11. und 12. Jahrhundert einen gemeinsamen Kulturraum bildeten, sei anzunehmen, daß die gnostischen Ideen ähnlich wie das arabische Wissen nicht etwa auf dem Landweg über Italien, sondern über das Mittelmeer und Spanien nach Südfrankreich gelangt seien. Konkrete Hinweise darauf meint sie in der Lehre der Priscillianer zu erkennen, einer antiklerikalen, dualistischen Sekte, die 563 durch das Konzil von Braga verurteilt wurde: »Neben der auffälligen Ähnlichkeit der beiden Glaubensrichtungen ist es wahrscheinlich, daß es eine bekannte und vielbenutzte Verkehrsroute gab« (S. 239).

Während Lucie Vargas Abgrenzung von Katharern und Manichäern und ihre These über die gnostischen Affinitäten des Katharismus (trotz mancher Irrtümer im Detail[244]) durch die weitere Forschung bestätigt, aber natürlich auch differenziert wurde[245], haben sich für ihre Vermutungen über die Rolle der Priscillianer keine näheren Belege gefunden. Statt dessen gilt der Bogomilismus als der tatsächliche Ausgangspunkt der katharischen Doktrin, zumal inzwischen eine regelrechte Missionstätigkeit bogomilischer Prediger und Bischöfe in Westeuropa nachgewiesen ist.[246]

Worin besteht nun der gemeinsame Ansatz, die unterschwellige ›Problematik‹ dieser verschiedenen Texte Lucie Vargas? Wie unser Überblick angedeutet hat, geht es in allen Aufsätzen, trotz ihrer unterschiedlichen zeitlichen und regionalen Verortung, explizit oder implizit um Phänomene der Religiosität und der religiösen Bekehrung (im weitesten Sinne), um Orthodoxie oder Häresie, um Formen der Identifikation, der Unterwerfung, der Anpassung oder des Widerstandes. Mal fungiert der Staat als Autorität und Obrigkeit, mal die ›Bewegung‹, mal die Kirche, mal Gott oder der Teufel – und jedes Mal in Perioden der Veränderung, des Umbruchs und der Krise, der (positiven oder negativen) *Zeitenwende*.

Genauer betrachtet, sind es zwei Thematiken, die gleichsam leitmotivisch immer wiederkehren: 1. das Problem der »politischen Religionen« und der unbewußten ideologischen Systeme, die das

Verhalten der Menschen in einem gewissen Rahmen bestimmen, und 2. das Problem der Historizität dieser Phänomene, aus dem sich sowohl die Gefahr anachronistischer Interpretationen als auch die Chance komparativer Betrachtungen ergibt. Beide Thematiken – die religionsgeschichtliche Perspektive und der methodische Impuls, Gegenwart und Vergangenheit zu konfrontieren, – hängen im übrigen zusammen.

Beginnen wir mit dem auffälligen Gegenwartsbezug fast aller Texte. In den Aufsätzen zum Nationalsozialismus und in den beiden ›Tälerstudien‹ liegt er unmittelbar auf der Hand, aber er bekommt eine spezifische Wendung, indem die Autorin den Anspruch formuliert, mit Hilfe von ›Gegenwartsanalysen‹ etwas über die Vergangenheit aussagen zu können. So heißt es zu Beginn des Vorarlberg-Textes:

»Wenn wir eine Zeitlang mit den Methoden der Ethnologen das Leben einer bestimmten, relativ einfachen Menschengruppe in der Gesellschaft von heute beobachten, erhalten wir möglicherweise nützliches Material für [...] Tiefenanalysen« über die »Beziehungen zwischen Wirtschaft, Gesellschaft und Ideen« ebenso wie über den »Kontakt zwischen weniger und höher entwickelten Kulturen« (S. 146).

Und in einem anderen – hier nicht abgedruckten – Artikel schreibt Lucie Varga im Blick auf die katholische Propaganda des Mittelalters[247]:

»Der faschistische Totalitarismus und die Untersuchung totalitärer Diktaturen können dem Historiker – aufgrund von Ähnlichkeiten und Unterschieden – helfen, den mittelalterlichen ›Totalitarismus‹ zu verstehen.«

Dabei beruft sie sich ausdrücklich auf Lucien Febvre und die *Annales*[248]:

»Um die Vergangenheit zu verstehen, muß man die menschlichen Erfahrungen untersuchen, die heute gemacht werden und die sich daher leicht beobachten lassen.«

Diese Einbeziehung der »Geschichte, die sich gerade begibt« (S. 115), kann und darf aber die Kluft zwischen Vergangenheit und Gegenwart nicht aufheben. Anachronistische Projektionen und die »ruinöse Praxis des Pseudo-Vergleichs« (S. 140) sind unbedingt zu vermeiden: »Vergleichen wir ruhig«, heißt es in der Schöffler-Rezension, »aber nicht, um hinter äußerlichen Verschiedenheiten Pseudoähnlichkeiten herauszufinden, die im übrigen durch undefinierte und unscharfe Begriffe formuliert werden,

sondern um jenseits angeblicher Ähnlichkeiten die ganze Palette der Nuancen herauszuarbeiten, die sie voneinander trennen« (S. 141).
Natürlich muß dies auch in umgekehrter Richtung gelten, d. h. wenn man die Gegenwart mit Hilfe vergangener Erfahrungen erhellen will. Wie wir gesehen haben, versucht Lucie Varga, den Nationalsozialismus als Religionshistorikerin zu betrachten; dabei verweist sie gelegentlich auf Analogien zu anderen Religionen oder zur Reformationsgeschichte. Aber diese Konfrontation mit anderen Fanatismen dient nicht der Banalisierung, sondern soll einen distanzierteren, einen ›fremderen‹ Blick auf eine allzu nahe und bedrohliche Aktualität ermöglichen.
Hier liegt nun die Relevanz ethnologischer bzw. kulturanthropologischer Betrachtungsweisen. Denn vom Ethnologen, so schreibt Lucie Varga, kann der Historiker lernen es zu vermeiden, »den von ihm untersuchten ›Subjekten‹ seine eigenen Begriffe überzustülpen, auch wenn er in seiner eigenen Sprache Ausdrücke kennt, die ihren Ideen zu entsprechen scheinen«. Nur so seien »böse Anachronismen« zu vermeiden (S. 146). Die gleiche Gefahr des Anachronismus wird in einem anderen Aufsatz beschworen: In bezug auf Spätmittelalter und Renaissance, heißt es dort, werde immer wieder von »Rationalismus« gesprochen: »Ganz unwillkürlich denken wir dann an Experimente, an die modernen Methoden der Naturwissenschaft und an die üblichen Berechnungsmaßstäbe. Aber waren Naturphilosophie und Naturwissenschaft im 15. Jahrhundert schon geschieden?«[249] Nur eine genaue historische Semantik könne daher vor schiefen Problemstellungen schützen[250]:

»Wer den Versuch macht, spezifisch neuzeitliche Begriffe in der Vergangenheit wiederzufinden, jagt Irrlichtern hinterher. Statt unsere eigenen Begriffe in vergangene Jahrhunderte zu projizieren, sollten wir versuchen, dort die besonderen Kategorien des Denkens und Handelns zu ermitteln, in denen das gesellschaftliche und intellektuelle Leben unserer Vorfahren stattfand.«

Aus dem Kontext gerissen und gleichsam mit ›deutschen Augen‹ gelesen, könnte eine solche Passage zunächst wie ein Plädoyer für einen radikalen Begriffshistorismus erscheinen, der alle seine Konzepte am liebsten den Quellen entnimmt. Bekanntlich wurde ein solcher Ansatz in den dreißiger Jahren von dem Wiener Historiker Otto Brunner systematisch ausgearbeitet.[251] Auch Alphons Dopsch lehnte die Verwendung moderner theoretischer Begriffe für die Untersuchung mittelalterlicher Phänomene ab. Aber Lucie Varga schreibt hier schon als Febvre-Schülerin. Und Lucien Febvre war alles andere als ein Historist![252] Für ihn schloß sich die ständige Kritik anachronistischer Begriffsprojektionen mit dem Rekurs auf aktuelle Theorien und Problemstellungen keineswegs aus. Im Gegenteil: Sein Kampf gegen die »Todsünde« des Anachronismus *(le péché des péchés)*[253] stand nicht in der historistischen Tradition eines Ranke oder Meinecke, sondern stützte sich auf ein theoretisches bzw. ethnologisches Konzept – das der ›primitiven Mentalität‹.[254] In Anlehnung an Lucien Lévy-Bruhl (1857-1939), den er als einen seiner wichtigsten Lehrer betrachtete, ging Febvre von einer tiefen Kluft zwischen der ›primitiven‹ oder genauer: vormodernen Mentalität – z. B. der Renaissance-Menschen – und den Denkformen des 20. Jahrhunderts aus.[255] Alle Anstrengungen des Historikers mußten folglich darauf gerichtet sein, diese Kluft nicht etwa unreflektiert – durch bloße ›Einfühlung‹ – zu überwinden, sondern allererst auszuloten, um das Fremde nicht vorschnell auf Bekanntes zu reduzieren. Das von Febvre und den *Annales* begründete Konzept der Mentalitätsgeschichte folgt genau dieser Orientierung.[256]

Wie man heute weiß, ist mit diesem Konzept aber auch noch ein anderer kritischer Aspekt verbunden: die Abgrenzung zur traditionellen Geistesgeschichte.[257] Lucie Vargas Texte scheinen in dieser Hinsicht verschiedenen Genres anzugehören: Während ihre Aufsätze über den Nationalsozialismus und die Alpen-Täler das religionsgeschichtliche Leitmotiv in einem sozial- und alltagsgeschichtlichen Kontext behandeln, stellen sich die Abhandlungen über Peire Cardenal und die gnostischen Ursprünge des Katharismus als ideengeschichtliche Arbeiten dar, die von sozialgeschichtlichen Zusammenhängen völlig abstrahieren. War Lucie Varga also doch eine Geisteshistorikerin in der deutschen Tradition? Unwillkürlich denkt man hier an ihre Dissertation zurück, die ebenfalls nur eine immanente ideengeschichtliche Darstellung bot.

Ein solches Urteil wäre jedoch übereilt. Auch Lucie Vargas Arbeiten sollten im Kontext und unter Berücksichtigung der Distanz gelesen werden, die sie von heutigen Fragestellungen und ›Standarts‹ trennt. Betrachten wir ihre Dissertation: Obwohl es sich nur um eine »gute Stoffsammlung« handelt, wie damals Rudolf Stadelmann in der *Historischen Zeitschrift* schrieb[258], werden die darin ›montierten‹ Zitate durch eine Argumentation verknüpft, die uns über das ›ursprüngliche‹ Verhältnis der Autorin zur Religionskritik bzw. Religionsgeschichte informiert. Wie erwähnt, vertritt Lucie Varga in dieser Arbeit die These, daß die rationalistische Mittelalter-Kritik kurzschlüssig und im Grunde nur eine Weiterführung der mittelalterlichen Kirchenkritik oder auch umgekehrt der kirchlichen Polemik gegen die Ketzer sei. Besonders negativ fällt ihr Urteil über Voltaire aus: »Durch seinen rein rationalistischen Maßstab, den er an die Vergangenheit anlegt, kann er kein Verständnis für den Sinn und Wert einer Religion haben. Eine adäquate Würdigung der Religionsgeschichte ist daher unmöglich.«[259] Dem wird die Aufklärungskritik des jungen Herder gegenübergestellt, der den »Eigenwert des Mittelalters« postuliert und respektiert habe. Sicher bezeichnet die Autorin auch ihren eigenen Standpunkt, wenn sie an dieser Stelle von einem »modern anmutenden historischen Relativismus« spricht.[260] In einer bei Dopsch angefertigten Dissertation bedeuten solche Formulierungen natürlich ein Bekenntnis zum Historismus, wie ihn Ranke in der berühmten Maxime resümiert hat: »Jede Epoche ist unmittelbar zu Gott, und ihr Wert beruht gar nicht auf dem, was aus ihr hervorgeht, sondern in ihrer Existenz selbst«.[261] Aber dieser anti-rationalistische Impetus, diese Betonung eines irreduziblen »Eigenwerts«, ließ sich – in veränderter Form – auch im nicht-historistischen Kontext der *Annales* weiterverfolgen. Denn obwohl Febvre ein republikanischer Rationalist und Freigeist des 20. Jahrhunderts war und die ›Geschichte‹ gewiß nicht romantisch-verklärend sah, war er in seiner Mentalitätshistorie ein entschiedener Gegner jeder vulgär-rationalistischen Reduktion. Als Kenner der neuesten sozial- und wirtschaftsgeschichtlichen Literatur schrieb er ganz bewußt gegen einen sozial-ökonomischen Reduktionismus an und betonte sowohl in seinem Luther-Buch als auch in seinem Rabelais-Buch die besondere Realität mentaler Strukturen im 16. Jahrhundert. Luther sei nicht vorschnell als ›Agent‹ der Säkularisierung zu interpretieren, sondern als Prophet *in* seiner Zeit ernstzunehmen. Und der Autor des *Gargantua* sei kein moderner Atheist, sondern ein Arzt und Schriftsteller der Renaissance, dessen mentaler Horizont allererst rekonstruiert werden müsse.[262]

Kein Zweifel: Über diese Kritik eines simplen Rationalismus

konnten Febvre und seine Assistentin bzw. Schülerin sich leicht verständigen. Im Rahmen ihrer gemeinsamen Arbeit rezipierte Lucie Varga dann den mentalitätshistorischen Ansatz, und da auch Borkenau die theoretischen Interessen seiner Gefährtin unterstützte, dürfte es ihr relativ leicht gefallen sein, den diffusen »Relativismus« der Dissertation und das Paradigma des Historismus zu überwinden.[263] Die religions- und ideologiegeschichtliche Thematik, die sie schon in Wien fasziniert hatte, war damit aber keineswegs erledigt, sondern erhielt andere Dimensionen. Auch das kritische Gespür für »Schlagworte«, für »alte Metaphern« und »theoretische Vorurteile«, die die Zeitgenossen ebenso beherrschen wie die Historiker und sie daher in die Irre führen können, blieb erhalten. Lucie Vargas Satz, daß alte Schlüssel nicht auf neue Schlösser passen (S. 115), läßt sich freilich auch auf ihre eigene Entwicklung anwenden. Das heißt, eine veränderte Perspektive erforderte tendenziell neue Begriffe, um Mißverständnisse und den Eindruck einer intellektuellen Kontinuität zu vermeiden. Nun greift Lucie Varga aber überraschenderweise kaum, jedenfalls nicht systematisch auf den von Febvre und Bloch benutzten Begriff der ›Mentalität‹ oder des ›mentalen Rüstzeugs‹ *(outillage mental)* zurück. Über die Gründe läßt sich nur spekulieren. Möglicherweise war ihr das deutsche Wort aufgrund seiner pejorativen Anklänge (›Mentalität‹ haben stets nur die anderen!) so suspekt, daß sie auch im Französischen nach Alternativen suchte.[264] Vielleicht hatte sie aber auch inhaltliche Gründe, die von ihr anvisierte Untersuchungsebene anders zu bezeichnen.

Welche Formulierungen, Metaphern und Umschreibungen verwendet sie (abgesehen von allgemeinen Begriffen wie Religion, Bekehrung usw.)? In der Vorarlberg-Studie ist von »ideologischen Rahmen« die Rede (»Die alten ideologischen Rahmen zerbrechen« [S. 156]), daneben auch von »Mythen« (»Das unmoralische und verräterische Amerika: ein Mythos wie alle ›antikapitalistischen‹ Mythen oder auch die antisemitischen Theorien« [S. 151]). In den Katharismus-Texten spielen »Mythen« dann erst recht eine zentrale Rolle; ferner wird dort ein »religiöses Klima« bzw. eine »religiöse Atmosphäre« thematisiert (S. 190, 214 f., 228 f.), die ganz bestimmten Glaubensvorstellungen entspreche und mit manchen vorschnellen Interpretationen der Historiker unvereinbar sei. (»Ist es nicht erlaubt, neben den Dokumenten

auch die Klimata zu vergleichen?«). Man könnte diese Aufzählung an den Texten entlang weiterführen: Im Grunde geht es – in heutigen Begriffen gesprochen – immer wieder um ideologische Stereotypen und Kollektivsymbole, um die Konstituierung von Diskursen (im Sinne von gesellschaftlich normierten Redeweisen mit Macht- oder Widerstandseffekten) und um deren Verankerung in Ritualen sowie um die Kompatibilität oder Inkompatibilität dieser Diskurse mit früheren, gleichzeitigen oder späteren.
Gewiß: Vor allem die Katharismus-Studien bleiben weitgehend auf die diskursive Ebene fixiert, während sozialgeschichtliche Fragestellungen nur am Rande anklingen. Aber dies entspricht der damaligen Quellenlage und der von der Autorin proklamierten Priorität einer genauen Rekonstruktion des katharischen Glaubens. Außerdem hat sie ausdrücklich den »durchschnittlichen Katharer« und die regional unterschiedliche Alltagsreligion im Blick, während sie den überlieferten »Superkatharismus« (S. 206) der Theologen als ahistorisches und pseudosystematisches Konstrukt kritisiert. Eine historisch-ethnologische Studie wie sie einige Jahrzehnte später Emmanuel Le Roy Ladurie über das Katharer-Dorf Montaillou durchführte[265] (wobei er sich auf die Auswertung der inzwischen publizierten Inquisitionsprotokolle stützen konnte, die Lucie Varga nur durch die Quellensammlung von Döllinger kannte), war in den Vorkriegsjahren noch völlig undenkbar. Allerdings hat Lucie Varga sozialgeschichtliche Quellen durchaus zu ermitteln versucht, wie ihr Hinweis auf die »Testamente Toulouser Bürger« belegt (S. 198). Leider hat sie darüber nichts Genaueres mehr publiziert. Aber man darf annehmen, daß sie in ihrem geplanten Buch die schwierige und damals noch völlig ungeklärte Frage nach der sozialen Basis des Katharismus offensiv behandelt hätte. Vielleicht wollte sie auch die Ketzerkirche mit ihrem besonderen Milieu aus *perfecti* und *credentes* als ›Erlebnisgruppe‹ studieren.[266]
Aus allen diesen Gründen weisen Lucie Vargas Texte – entgegen einem ersten, oberflächlichen Eindruck – über die traditionelle Geistesgeschichte hinaus. Es geht ihnen nicht nur um Ideen und Bewußtseinsinhalte und auch nicht nur um deren Herkunft und Wirkung (was noch einer traditionellen Fragestellung entspräche), sondern um die Funktion und den Effekt von Wertungen, Empfindungen usw., die jenseits des rationalen, intentionalen Denkens liegen.[266a] Zur Charakterisierung dieser »strukturieren-

den Strukturen« (Pierre Bourdieu) wollte Lucie Varga offenbar keinen der vorhandenen Begriffe verwenden; statt dessen probierte sie verschiedene Umschreibungen aus. Eine kurze Rezension von 1934 enthält die in dieser Hinsicht vielleicht genaueste Formulierung ihres Projekts: Gegenüber einer vulgärmaterialistischen Interpretation des europäischen Mittelalters, die das Denken zum bloßen ideellen Epiphänomen erklärt, betont sie dort die Notwendigkeit und die besonderen Anforderungen einer anderen ›Geistesgeschichte‹. Dabei verwendet sie einen ungewöhnlichen Begriff, indem sie von »unsichtbaren Autoritäten« spricht, die jenseits der Leidenschaften und »Instinkte«, aber auch der theoretischen Vernunft das Verhalten der Menschen bestimmen[267]:

»Der Mensch besteht nicht nur aus Leidenschaften. Jenseits der Instinkte gibt es die Vernunft, die sie zu regeln versucht und die Wünsche diszipliniert. Schon deshalb ist der Mensch von Epoche zu Epoche verschieden: Die ›Wirklichkeit‹ eines gläubigen Christen entspricht nicht der eines ungläubigen Rationalisten. Und nach der Vernunft und nach den Leidenschaften kommt noch etwas, das im Bewußtsein der Menschen die ›unsichtbaren Autoritäten‹, die moralischen Wertsysteme, schafft. Diese unsichtbaren Autoritäten entsprechen solange den sichtbaren – Eltern, Grundherren, Könige und Päpste –, wie nichts durcheinander gerät, wie alles stabil ist, weil die Menschen mit ihrer Obrigkeit übereinstimmen. Aber in Krisenzeiten und sobald die Menschen mit ihrer Obrigkeit in Konflikt geraten, ist alles anders. Dann lehnen sich auch die unsichtbaren Autoritäten gegen die sichtbaren auf; sie sind ihr Gegenstück. Ein rein geistiges Gegenstück, das den Historiker nicht weiter zu interessieren hat? Keineswegs. Denn die unsichtbaren Autoritäten, die ›Ideen‹, führen keine unabhängige und abstrakte Existenz. Sie wirken auf die Welt und auf die Autoritäten dieser Welt ein, sie erschüttern oder verteidigen sie. Sie stammen aus der materiellen Wirklichkeit und kehren in sie zurück, um sie zu verändern.«

Diese Passage enthält *in nuce* Lucie Vargas gesamte ›Problematik‹ und verdeutlicht ihre Originalität. Zwar gibt es Gemeinsamkeiten mit dem Mentalitätsbegriff bei Febvre und Bloch, aber das Konzept der »unsichtbaren Autoritäten« vermeidet die im Mentalitätsbegriff enthaltene Gegenüberstellung von Zivilisierten und ›Primitiven‹ sowie überhaupt jede psychologische Normierung; statt dessen verweist es auf symbolische Hierarchien und Orientierungen im privaten, politischen und gesellschaftlichen Bereich, die zwar unsichtbar bleiben, aber geistige und körperliche Wirkungen haben. Insofern ist dieses Konzept – im Unterschied zum

Mentalitätsbegriff – offen gegenüber den Thesen der Psychoanalyse.[268]
Lucie Vargas Arbeiten sind aber nicht nur inhaltlich durch diese gemeinsame Problematik verbunden, sondern weisen auch einige stilistische Besonderheiten auf. Auffällig ist zum Beispiel, daß fast alle Aufsätze mit einem expliziten Exposé der Fragestellung beginnen, wodurch der jeweilige Untersuchungsgegenstand erst konstituiert und im zeitgenössischen Kontext situiert wird. In den dreißiger Jahren waren solche Aufsatzanfänge in der Geschichtswissenschaft noch keineswegs selbstverständlich, trotz des Vorbilds der Sozialwissenschaften. Auch die ›eigentlichen‹ Texte folgen nur teilweise der üblichen Form akademischer Abhandlungen. So werden z. B. nie bloß ›Forschungsergebnisse‹ oder gar ›Fakten‹ referiert, vielmehr handelt es sich – wie vor allem der Aufsatz über die Entstehung des Nationalsozialismus oder die beiden Täler-Studien zeigen – um eine Mischung aus problemorientierter Darstellung, Reportage und Essay. Diese Kombination läßt die Verwendung von rhetorischen Figuren und Stilmitteln zu, die sonst in wissenschaftlichen Arbeiten unüblich oder gar verpönt sind (wie etwa die Technik der fiktiven Rede). Lucie Varga lehnt sich hier auch an den eigentümlichen Schreibstil Lucien Febvres an, der in seinen Texten durch kurze Sätze, häufige Fragezeichen, plötzliche Tempowechsel usw. ein Höchstmaß an Lebendigkeit zu erzielen versucht.[269]
Diese ungewöhnliche Mischung der Genres gibt der Autorin die Möglichkeit, jeweils mehr auszudrucken, als es in einem einzelnen Genre möglich wäre. Insofern erleichtert diese Art des Schreibens die bereits erwähnten ›Gedankenexperimente‹, die zum Teil auch ›Schreibexperimente‹ implizieren. In Lucie Vargas Texten geht es immer wieder um Dinge, für die es keine oder kaum schriftliche Quellen gibt (oder gab): das Selbstverständnis der einfachen Nazis, die religiösen Überzeugungen von Bergbauern (Hexenglauben inklusive) oder die mysteriöse Religion der Katharer. Zugespitzt formuliert: Wer sich für ›unsichtbare Autoritäten‹ interessiert, muß sich auch auf ›unsichtbare Quellen‹ gefaßt machen, d. h., er muß sich sein Reflexionsmaterial erst mühsam erarbeiten. Dies kann durch Reisen, Feldforschungen oder Interviews geschehen (siehe die NS-Aufsätze und die Täler-Studien), aber auch durch die Neulektüre vorhandener, bisher anders gelesener Dokumente (siehe den Aufsatz über Peire Cardenal).

Damit sind freilich Risiken verbunden. Ebenso wie fast jeder Quellenfund auch eine Frage des Zufalls ist, kann die antizipierende Vermutung unbekannter Quellen unter Umständen ins Leere gehen. Wer sich für das Ungedruckte und Ungesagte interessiert, für die Praxis, die über die Theorie hinausgeht und ihr womöglich widerspricht, läuft stets Gefahr zu spekulieren. So haben sich Lucie Vargas Vermutungen über einen Teufelskult bei den Katharern inzwischen als Sackgasse erwiesen. Ihre Überlegungen zur Wirksamkeit symbolischer Hierarchien (im Falle des Nationalsozialismus oder des Hexenglaubens) weisen dagegen genau in die Richtung der neueren Forschung. Solche methodischen Risiken sind gelegentlich auch im Aufbau und in der Morphologie der Texte spürbar, wenn z. B. nach einem anspruchsvollen argumentativen Einstieg der Duktus nicht durchgehalten werden kann und der Text zerfasert. Man kann solche Schwächen auch als Zeichen von Ratlosigkeit lesen. Indem Lucie Varga über Dinge zu schreiben versucht, von denen sie nicht weiß, wo und wie sie enden, verlassen ihre Texte gelegentlich den Rahmen wissenschaftlicher Kohärenz, öffnen sich und finden schließlich kein angemessenes Ende mehr. Auf die experimentellen Passagen am Anfang des Aufsatzes über den Nationalsozialismus folgt z. B. der relativ langatmige Abschnitt über den deutschen Sonderweg – so als ob die Autorin sich gegenüber dem antifaschistischen common sense doch noch rückversichern wollte. Und ihre abschließenden Ausführungen über die Anhänger und Gegner des Regimes wirken fast zufällig, sprunghaft, haben nicht mehr die gleiche Kraft und Brillanz, wie die neuartigen, reportagehaften Skizzen des Beginns. Dadurch entsteht der Eindruck eines unfertigen Textes. Doch vielleicht war gerade diese Unabgeschlossenheit der Preis dafür, daß Lucie Varga nach neuen historiographischen Wegen suchte.

Unsichtbare – und sichtbare – Autoritäten: Lucie Varga hat symbolische Herrschaft nicht nur wissenschaftlich thematisiert, sondern auch unmittelbar erlebt: die Autorität einer Mutter (und das Fehlen eines Vaters), die Autorität eines Josef Varga, dann eines Alphons Dopsch und eines Lucien Febvre; die Autorität von Religionen und politischen Ideologien; die Autorität von Staaten und Gesetzen, die dem einzelnen seinen Namen geben und seinen Status sanktionieren: Rosa Stern, Lucie Varga, Lucie Borkenau,

Madame Robert Morin, Rosa Stern. Unsichtbare und sichtbare Autoritäten – »Eltern, Grundherren, Könige und Päpste« – unterwerfen sich die Menschen zu »Subjekten« im Sinne von Untertanen (auch wenn sich diese nicht als solche fühlen). Gleichzeitig fordern sie Widerstand heraus, der sich in Krisenzeiten zuspitzt. Dann werden immer neue »Sündenböcke« (S. 117, 141, 195) gesucht: Ketzer, Hexen oder Teufel. Im 20. Jahrhundert nennt man sie: Juden, Kommunisten, Dissidenten. Auch darüber hat Lucie Varga nicht nur geschrieben. Als Jüdin, als Historikerin und als Frau wurde sie selbst zu einem Opfer, das in der Erinnerung verschwand. Wenn wir sie heute wiederentdeckten, haben wir nichts in der Hand als ihre Texte. Aber darin ist vieles enthalten, wenn es zutrifft, wie Lucien Febvre 1944 schrieb[270], daß die *écriture* »einem Mann und vielleicht sogar noch eher einer Frau – mit ihrer Sensibilität und ihren Zwängen – es gestattet, in den Besitz einer geheimen Seele zu gelangen, einer Seele aus beschriebenem oder bedrucktem Papier«.

Anmerkungen

1 Diese Korrespondenz, die für die Jahre 1928 bis 1943 – allerdings mit teilweise erheblichen Lücken – erhalten ist, befindet sich heute im Nachlaß Marc Blochs, der in den Pariser *Archives Nationales* aufbewahrt wird. Sie ist auf drei Mikrofilmrollen (Signatur: 318 Mi 1-3) zugänglich und wird im folgenden zitiert als: *Briefwechsel Febvre/ Bloch*. Die Bloch-Briefe befinden ich auf der ersten Rolle und sind jeweils datiert. Die Febvre-Briefe dagegen, die sich auf den beiden anderen (durchpaginierten) Rollen befinden, sind in der Regel undatiert. Daher gebe ich hier auch das jeweils zitierte Blatt an. Zu beachten ist ferner, daß die derzeitige Anordnung der Febvre-Briefe auf den Rollen oftmals irreführend ist. – Eine vollständige und annotierte Edition dieser Korrespondenz wird von Bertrand Müller (Lausanne) vorbereitet.

2 Die *Annales* haben im Laufe der Zeit ihren Titel mehrfach geändert. Für die verschiedenen Folgen werden hier folgende Abkürzungen verwandt:
AHES: *Annales d'histoire économique et sociale* (1929-1938)
AHS: *Annales d'histoire sociale* (1939-1940, 1945)
MHS: *Mélanges d'histoire sociale* (1941-1944)

AESC: *Annales. Economies. Sociétés. Civilisations* (seit 1946) Zur Geschichte dieser Zeitschrift und der um sie gruppierten Historiker-›Schule‹ existiert bereits eine umfangreiche Speziallliteratur. Zur Einführung siehe: Claudia Honegger (Hg.), *Schrift und Materie der Geschichte. Vorschläge zu einer systematischen Aneignung historischer Prozesse*, Frankfurt/Main 1977; Georg G. Iggers, *Neue Geschichtswissenschaft. Vom Historismus zur Historischen Sozialwissenschaft*, München 1978, S. 55 ff.; Michael Erbe, *Zur neueren französischen Sozialgeschichtsforschung. Die Gruppe um die »Annales«*, Darmstadt 1979; Charles O. Carbonnel, Georges Livet (Hg.), *Au berceau des »Annales«*, Toulouse 1983; François Dosse, *L'histoire en miettes. Des »Annales« à la »nouvelle histoire«*, Paris 1989; Hervé Couteau-Bégarie, *Le phénomène »nouvelle histoire«*, Paris ²1989; Jacques Le Goff, Roger Chartier, Jacques Revel (Hg.), *Die Rückeroberung des historischen Denkens. Grundlagen der Neuen Geschichtswissenschaft*, Frankfurt/Main 1990; Hartmut Atsma, André Burguière (Hg.), *Marc Bloch aujourd'hui. Histoire comparée et sciences sociales*, Paris 1990.

3 *Briefwechsel Febvre/Bloch*, Bl. 454. Sämtliche französischsprachigen Zitate in diesem Buch wurden vom Verf. übersetzt.

4 Gemeint ist ein Buchprojekt Febvres, das er erst 1942 in veränderter Form unter dem Titel: *Le problème de l'incroyance au XVIe siècle. La religion de Rabelais* veröffentlichte (Neuausgabe: Paris 1968; engl. Übers. Cambridge/Mass. 1982). Zur Geschichte dieses und anderer Buchprojekte siehe weiter unten die Darstellung der Zusammenarbeit mit Lucie Varga.

5 Zu Alphons Dopsch siehe w. u. S. 19.

6 Allerdings bedeutete diese Berufung für Bloch selbst eine gewisse Enttäuschung, da er ebenfalls auf das Collège de France gehofft hatte (vgl. w. u. Anm. 104). Die Sorbonne war nicht ganz so ehrenvoll und bedeutete vor allem eine wesentlich stärkere Belastung mit Vorlesungen und Prüfungen. – Zu Blochs Biographie siehe jetzt Carole Fink: *Marc Bloch, a Life in History*, Cambridge/New York 1989.

7 Es gab allerdings Ausnahmen: Als sich Bloch in den 20er Jahren der Agrargeschichte zuwandte und Sachmittel zur fotografischen Reproduktion der Grundkarten benötigte, erhielt er einen kleinen Zuschuß des Erziehungsministeriums. Zur finanziellen und personellen Ausstattung der französischen Geisteswissenschaften und insbesondere der Historie in der Zwischenkriegszeit siehe die ungedruckte Dissertation von Olivier Dumoulin, *»Profession historien« 1919-1939. Un métier en crise?*, Paris, EHESS, 1983, sowie deren Resümee in Atsma/Burguière, *Marc Bloch*, S. 87-104.

8 Bloch hat diese Prioritätensetzung 1940 u. a. mit der Erfahrung des 1. Weltkriegs erklärt und selbstkritisch eingeräumt: »... wir waren

zwar gute Arbeiter, aber waren wir auch stets gute *citoyens?«* (M. Bloch, *L'étrange défaite,* Paris ³1990, S. 205). Siehe auch seinen Brief an Febvre v. 8. 10. 1939: »1919/20 und danach haben wir viel zu viele Dummheiten zugelassen, ohne zu protestieren. [...] Wir haben unsere Seele verkauft, um unsere Ruhe zu haben und intellektuell arbeiten zu können [...]. Wir haben versagt« *(Briefwechsel Febvre/ Bloch).*

9 Siehe dazu und überhaupt zu Blochs Arbeitsweise und Lebensstil den eindrucksvollen Bericht seines ältesten Sohnes: Etienne Bloch, *Marc Bloch, souvenirs et réflexions d'un fils sur son père,* in: Atsma/ Burguière, *Marc Bloch,* S. 23-37. Vgl. auch ders., *Marc Bloch: Father, Patriot, and Teacher,* Poughkeepsie/N. Y. 1987. Etwas hagiographischer, aber dennoch lesenswert ist die Darstellung von Fink, *Marc Bloch.*

10 Gespräch mit Henri Febvre, 7. 4. 1989.

11 Siehe eingehend Fink, *Marc Bloch,* S. 205 ff.

12 Vgl. dazu ausführlich: Guiliana Gemelli, *L'Encyclopédie Française e l'organizzazione della cultura nella Francia degli anni trenta,* in: *Passato e Presente,* Nr. 11, 1986, S. 57-89.

13 In den Jahren 1935 bis 1939 publizierte L. Varga in den *Annales* drei lange Aufsätze und sechs Rezensionen (siehe w. u. die vollständige Bibliographie). *Vor* ihr veröffentlichte nur Thérèse Sclafert einen kurzen Aufsatz über provencalische Straßen im Mittelalter (AHES, 1, 1929), ohne daß man jedoch von einer *kontinuierlichen* Mitarbeit sprechen kann. *Nach* L. Varga gelang es dann erst wieder 1947 einer Frau (Renée Doehard) in den *Annales* zu publizieren. Am Rande erwähnt wird L. Varga in Natalie Z. Davis' wichtige Studie über Historiker und Historikerinnen: *History's Two Bodies,* in: American Historical Review, 93, 1988, S. 23, sowie auch bei Fink, *Marc Bloch,* S. 162 u. 285.

14 Archiv der Universität Wien, Akte PN 10905, handschriftlicher Lebenslauf Rosa Lucie Vargas v. 13. 2. 1931. Die folgende Skizze beruht außerdem vielfach und falls nicht anders vermerkt auf schriftlichen und mündlichen Auskünften von Frau Dr. Berta Varga.

15 Auch viele andere intellektuelle Frauen haben vor und nach Lucie Varga diese 1901 gegründeten ›Schwarzwald'schen Schulanstalten‹ besucht: Helene Weigel, Hilde Spiel, Marie Jahoda usw. Im übrigen bildeten die von dieser Schule initiierten Ferienaufenthalte am Grundlsee – »eine bunte Mischung aus Ferienlager, Wanderungen, sportlichen, kulturellen und Bildungsaktivitäten« (Christian Fleck) – 1919 den Ausgangspunkt für die Gründung der ›Vereinigung Sozialistischer Mittelschüler‹. Siehe dazu Friedrich Scheu, *Ein Band der Freundschaft. Schwarzwald-Kreis und Entstehung der Vereinigung Sozialistischer Mittelschüler,* Wien-Köln-Graz 1985, sowie Christian

Flecks Einleitung zu Marie Jahoda, *Arbeitslose bei der Arbeit. Die Nachfolgestudie zu »Marienthal« aus dem Jahr 1938*, Frankfurt/New York 1989. Eine kurze Beschreibung der Schulatmosphäre findet sich bei Hilde Spiel: *Die hellen und die finsteren Zeiten. Erinnerungen 1911-1946*, München 1989, S. 56 ff.

16 Wie Berta Varga berichtet, sprach ihre Mutter nur sehr selten über ihre Krankheit. »Hilde Adelberg [eine Freundin Lucie Vargas] überbrachte mir eine Bemerkung von ihr, sie stammt aus der Pariser Zeit. Hilde machte ihr beim Kartoffelschälen den Vorwurf, daß mit dem viel zu dick bemessenen Abfall die Hälfte der Ware verloren gehe. Sie soll geantwortet haben, daß sie für so viel Kleinarbeit keine Zeit habe, sie werde doch nicht lange leben« (Brief an den Verf. v. 13. 7. 1990).
17 Archiv der Universität Wien, Akte PN 10905, handschriftlicher Lebenslauf Rosa Lucie Vargas v. 13. 2. 1931.
18 Ebenda.
19 Das 204 Seiten umfassende Manuskript wurde ein Jahr später unter dem Titel *Das Schlagwort vom »finsteren Mittelalter«* in der von A. Dopsch herausgegebenen »Veröffentlichungsreihe des Seminars für Wirtschafts- und Kulturgeschichte an der Universität Wien« im Verlag M. Rohrer, Baden bei Wien, gedruckt. Wie alle Bände dieser Reihe wurde das Buch 1978 vom Scientia-Verlag, Aalen, nachgedruckt und ist noch lieferbar.
20 Ebenda, S. 3.
21 Ebenda, S. 16.
22 Im Gutachten von Dopsch heißt es: »Die Arbeit beruht auf einer umfassenden und sehr fleißigen Quellensammlung, durch welche eine stattliche Reihe neuer Belege für die Beurteilung des hier vorliegenden Problems gewonnen wurde. Die Verfasserin hat die konstitutiven Elemente, welche die Vorstellung vom ›finsteren Mittelalter‹ schließlich zustande brachten, aus dem Mittelalter selbst abgeleitet und damit zu dem bisher in der reichen Spezialliteratur (die aber dieses Problem doch nur nebenher behandelt hat) verstreuten Material neue Gesichtspunkte hinzugewonnen« (Archiv der Universität Wien, Akte PN 10905, handschriftliches Gutachten v. 21. 2. 1931). Zur Rezeption des aus der Diss. hervorgegangenen Buches siehe w. u. Anm. 258.
23 So gehörte L. Varga bereits 1928 zu den Unterzeichnern einer dreiseitigen gedruckten »Huldigung«, welche A. Dopsch zu seinem 60. Geburtstag überreicht wurde (Teilnachlaß Alphons Dopsch, im Besitz von Prof. Heinz Dopsch, Universität Salzburg). – Welchen Stellenwert Dopsch selbst seiner Publikationsreihe beimaß, zeigt sich daran, daß er in seiner 1925 verfaßten und ca. 1937 ergänzten *Selbstdarstellung* alle Buchtitel im einzelnen aufführt und kurz resümiert

(Alphons Dopsch, *Beiträge zur Sozial- und Wirtschaftsgeschichte. Gesammelte Aufsätze*, hg. v. Erna Patzelt, Wien 1938, Nachdruck: Aalen 1968, S. 277-328). Zu L. Varga siehe dort S. 316. Der Anspruch der Buchreihe war im übrigen hochgesteckt: »Es sollten ganz besonders große, viel umstrittene Kernfragen der Wirtschafts- und Kulturgeschichte. [...] durch erneute Untersuchung geklärt werden« (S. 317).

24 Zu Dopsch und seinem Institut siehe u. a.: R. Neck, *Alphons Dopsch und seine Schule*, in: *Wissenschaft und Weltbild. Festschrift Hertha Firnberg*, hg. v. W. Frühauf, Wien 1975, S. 369-383; Hanna Vollrath, *Alphons Dopsch*, in: Hans-Ulrich Wehler (Hg.), *Deutsche Historiker*, Bd. 7, Göttingen 1980, S. 39-54; Josef Ehmer/Albert Müller, *Sozialgeschichte in Österreich. Traditionen, Entwicklungsstränge und Innovationspotential*, in: Jürgen Kocka (Hg.), *Sozialgeschichte im internationalen Überblick. Ergebnisse und Tendenzen der Forschung*, Darmstadt 1989, S. 113 f.

25 Ebenda, S. 113.

26 Sie wurde 1925 als erste Historikerin an einer österreichischen Universität habilitiert, erhielt jedoch nur eine (unbefristete) Assistentenstelle. Siehe Fritz Fellner, *Frauen in der österreichischen Geschichtswissenschaft*, in: *Jahrbuch der Universität Salzburg 1981-1983*, Salzburg 1984, S. 113 f.

27 Von den elf in den Jahren 1925 bis 1936 in der Institutsreihe publizierten Büchern stammten vier von Frauen (Anna Janda, Erna Patzelt, Lucie Varga und Hertha Hon-Firnberg). Dagegen wurde erst 1929 eine Studentin zum Studium am elitären ›Institut für österreichische Geschichtsforschung‹ zugelassen (Fellner, S. 116). Von 40 1931 in Wien angenommenen historischen Dissertationen wurden 7 von Frauen verfaßt; 1932 waren es 17 von 53 (ebenda, S. 122).

28 Neben Dopsch hatten damals vor allem Walter Vogel (Berlin), Fritz Rörig (Kiel) und Richard Koebner (Breslau) solche Kontakte. Zum komplexen Verhältnis der frühen *Annales*-Schule zur deutschen Geschichte und Geschichtsschreibung siehe meine demnächst erscheinende Studie über die *Annales* und die deutsche Geschichtswissenschaft.

29 Dopsch war von 1924 bis 1933 Vizepräsident des Internationalen Historikerkomitees. Siehe dazu ausführlich: Karl Dietrich Erdmann, *Die Ökumene der Historiker. Geschichte der internationalen Historikerkongresse und des Comité international des Sciences Historiques*, Göttingen 1987, bes. S. 97 ff.

30 Zu Blochs wissenschaftlicher Auseinandersetzung mit Dopsch und seinen Schülern, vor allem Erna Patzelt, auf die hier nicht im einzelnen eingegangen werden kann, siehe meinen Aufsatz: *Die »Annales« und ihre Beziehungen zu Österreich in den 20er und 30er Jahren*, in:

Österreichische Zeitschrift für Geschichtswissenschaften, 2, 1991 (im Druck).
31 *Briefwechsel Bloch/Febvre*, Bloch an Febvre, 18.4.1935. Das unterstrichene Wort im Original auf Deutsch. – Bloch spielt hier auf seine persönliche Begegnung mit Karl Lamprecht (1856-1915) während seines Studienaufenthalts in Leipzig (1908/09) an. In der Literatur wird Lamprecht m. E. zu Unrecht als *direkter* Vorläufer und Anreger der *Annales* vorgestellt; eine genaue Lektüre zeigt dagegen unüberbrückbare Differenzen; außerdem sind die sehr kritischen Stellungnahmen Blochs und Febvres zu Lamprecht zu berücksichtigen. Siehe auch dazu meine in Anm. 28 erwähnte Studie.
32 Noch 1941 schrieb Bloch an Febvre über Dopsch: »Als Person mag ich ihn sehr, und er hat mir meine Rezensionen auch nie übel genommen« (*Briefwechsel Febvre/Bloch*, 17.8.1941).
33 Teilnachlaß Alphons Dopsch, Brief Marc Blochs aus London an Erna Patzelt v. 29.9.1937, worin er die Übersendung des Manuskripts ankündigt; leider habe er in England keine Möglichkeit gehabt, es abtippen zu lassen. Da Bloch also keine Abschrift besaß, ist der Text heute nicht mehr erhalten. Er selbst hat ihn einmal in einer Rezension zitiert: AHES, 10, 1938, S. 329.
34 Ebenda, Brief M. Blochs an E. Patzelt v. 13.4.1938. Siehe dazu auch Heinz Dopsch, *Marc Bloch et les mélanges en l'honneur d'Alphons Dopsch*, in: Atsma/Burguière, *Marc Bloch*, S. 65-71.
35 Siehe dazu weiter unten S. 36.
36 Vgl. Erdmann, *Ökumene*, S. 129 ff.
37 Vgl. *Revue de Synthèse historique*, 41, 1926, S. 30. – Dieses ›Centre‹ wurde 1925 auf Initiative des Philosophen und Privatgelehrten Henri Berr (1863-1954) gegründet, der seit 1900 die einflußreiche *Revue de Synthèse historique* herausgab, an welcher auch Febvre und Bloch regelmäßig mitarbeiteten. Es sollte einen neuen Typus wissenschaftlicher Interdisziplinarität und internationaler Kommunikation ermöglichen. Zu seiner Geschichte siehe Guiliana Gemelli: *Communauté intellectuelle et stratégies institutionelles. Henri Berr et la fondation du Centre international de Synthèse*, in: *Revue de Synthèse*, 108, 1987, S. 225-259.
38 Briefliche Auskünfte des Wiener Stadt- und Landesarchivs v. 16.6.1989 und des Einwohnermeldeamts Baden v. 22.6.1989; ferner: Eintragung »Lucie R. Borkenau« in: *List of Displaced German Scholars*, London 1936, hg. von der Notgemeinschaft deutscher Wissenschaftler im Ausland (Nachdruck in: *Emigration. Deutsche Wissenschaftler nach 1933. Entlassung und Vertreibung*, hg. v. Herbert A. Strauss u. a., Berlin 1987), S. 41. – Nachforschungen bei der Wiener ›Urania‹ über die Themen der angebotenen Kurse blieben leider erfolglos.

39 Siehe den biographischen Abriß und die (fast) vollständige Bibliographie bei Valeria E. Russo, *Profilo di Franz Borkenau*, in: *Rivista di filosofia*, 62, 1981, S. 291-316. Vgl. außerdem, wenn auch äußerst knapp: Martin Jay, *Dialektische Phantasie. Die Geschichte der Frankfurter Schule und des Instituts für Sozialforschung 1923-1950*, Frankfurt/M. 1981, S. 34 f.; Rolf Wiggershaus, *Die Frankfurter Schule. Geschichte, Theoretische Entwicklung, politische Bedeutung*, München ²1988, S. 144 f.

40 Eintragung »Franz Borkenau-Pollak«, in: *List of Displaced German Scholars*, S. 104. Als Zeitraum des Stipendiums hat Borkenau selbst 1929-1933 angegeben.

41 Dieses Buch sollte Borkenau ursprünglich wohl als Habilitationsschrift dienen. Es ging 1932 als 4. Band der Institutsreihe bei einer deutschen Druckerei in den Satz (siehe die Ankündigungen in den Heften 3/32 und 1/33 der *Zeitschrift für Sozialforschung*), konnte aber erst 1934 im Pariser Verlag Felix Alcan (dem Vorgänger der heutigen Presses Universitaires de France) erscheinen: *Der Übergang vom feudalen zum bürgerlichen Weltbild. Studien zur Geschichte der Philosophie in der Manufakturperiode*, Paris 1934, xx + 559 Seiten (Nachdruck: Darmstadt 1971). – Zu den kontroversen Reaktionen auf dieses Buch siehe weiter unten.

42 Borkenau stand damals der linkssozialdemokratischen Gruppe ›Neu Beginnen‹ nahe, in der u. a. sein Freund Richard Löwenthal aktiv war (Gespräch mit Richard Löwenthal, 17. 4. 1989).

43 Für das 1. Kap. ihrer Dissertation hatte sie z. B. das Quellenwerk Ignaz v. Döllingers, *Beiträge zu Sektengeschichte des Mittelalters* (1890) durchgearbeitet und die zeitgenössischen antikatharischen Polemiken Moneta von Cremonas und Rainer Sacconis benutzt (*Das Schlagwort vom »finsteren Mittelalter«*, S. 20 f.).

44 *Fascisme et syndicalisme*, in: AHES, 6, 1934, S. 337-349. Als Febvre ca. im April das Manuskript erhielt, schrieb er an Bloch: »Gestern erhielt ich den Artikel von F. Borkenau: *Fascisme et syndicalisme*. Er ist gut. Natürlich habe ich vier Stunden damit verbracht, ihn ins Französische zu bringen [...], aber er ist lebendig, gut informiert, intelligent und wirft ein wichtiges aktuelles Problem auf. Einige Formulierungen habe ich abgeschwächt, um das HAUS nicht zu provozieren [gemeint ist der Verlag Armand Colin], aber er [der Artikel] ist keineswegs heiß, sondern nur eben sehr aktuell. Und nicht zu lang!« (*Briefwechsel Febvre/Bloch*, Bl. 483; vgl. auch Bl. 488 *bis*).

45 Ebenda, Bl. 530 ff. und 575 f., Febvre an Bloch o. D. (ca. Okt.-Nov. 1934). Über Borkenaus Text schrieb Febvre: »Er ist kurz, klar und meines Erachtens interessant und neu« (Bl. 530).

46 Ebenda, Bl. 532 ff. Febvre hatte die politischen Bedenken des Verlages sofort geahnt, denn er meinte schon bei der Ankündigung des

Textes gegenüber Bloch: »Man darf sich nichts vormachen, er [der Artikel] ist nicht sehr Quai d'Orsay [Sitz des Außenministeriums]; aber wir sind nicht hier, um die Politik des Quai d'Orsay zu betreiben…, vor allem wenn sie dumm ist« (Bl. 575 f.).

47 AHES, 7, 1935, S. 1-12. Dieses Pseudonym »Georg Haschek« war bislang auch den Borkenau-Spezialisten nicht bekannt. Zu seiner Auflösung siehe: *Briefwechsel Febvre/Bloch*, Bl. 738, Febvre an Bloch o. D. (Ende 1934?), wo es in bezug auf den Artikel heißt: »Borkenau bittet darum, nicht zu unterzeichnen oder ein Pseudonym zu verwenden«. Siehe auch ebenda, Bloch an Febvre, v. 26. 9. 1935. – Bekanntlich hat F. Borkenau – offenbar aus Rücksicht auf Verwandte in Wien – von diesem Mittel relativ häufig Gebrauch gemacht (vgl. die Bibliographie in: Russo, *Borkenau*).

48 *La crise des partis socialistes dans l'Europe contemporaine. Un essai d'analyse historique*, AHES, 7, 1935, S. 337-352.

49 *Briefwechsel Febvre/Bloch*, Bl. 631, Febvre an Bloch o. D. (ca. Juli 1935).

50 L. Febvre, *Fondations économiques, superstructure philosophique: une synthèse*, in: AHES, 6, 1934, S. 369-374 (erneut in: ders., *Pour une histoire à part entière*, Paris 1962, S. 743-751). Vgl. später auch ders., *Aux origines de l'esprit moderne: libertinisme, naturalisme, mécanisme*, in: MHS, 6, 1944, S. 16 (erneut in: ders., *Au cœur religieux du XVIe siècle*, Paris ²1983, S. 459 f.).

51 Febvre, *Fondations économiques*, S. 373 (bzw. S. 749). – Febvres Lob ist nicht zuletzt deshalb erstaunlich, weil Borkenau – gestützt auf ein hegelianisches Marxismus-Verständnis – mit Analogien und ›expressiven‹ Kausalbeziehungen zwischen Theoriegeschichte und sozialen Konflikten argumentierte, wie dies später ähnlich auch Lucien Goldmann in seinen ›dialektischen‹ Studien zum Jansenismus tat (*Sciences humaines et philosophie*, 1952; *Le dieu caché*, 1956). Febvre hat diesen Ansatz dann ausdrücklich kritisiert: *De la thérie à la pratique de l'histoire*, in: AESC, 8, 1953, S. 362-369.

52 L. Febvre, *Un essai sur Pareto*, in: AHES, 10, 1938, S. 280-282. (Borkenaus Buch mit dem Titel *Pareto* ist 1936 in London erschienen.)

53 Siehe Jay, *Dialektische Phantasie*, S. 35 f. Bereits die knappe und vorsichtige Herausgeber-Vorrede Horkheimers zu Borkenaus Buch signalisierte die Distanz des Instituts gegenüber dem Autor.

54 Möglicherweise kündigte er Grossmann diese Replik bereits an, denn dieser teilte Horkheimer mit, daß ihm Borkenau in einer französischen Zeitschrift antworten werde. Leider muß das Manuskript der Replik, das Febvre in Händen hielt, als verloren gelten. – Zur neueren Diskussion um Borkenaus Thesen siehe das von Christian Lazzeri und Jean-Pierre Chrétien-Goni hg. Schwerpunktheft der »Cahiers Science-Technologie-Société«: *L'esprit du mécanisme. Science et société chez Franz Borkenau*, Paris 1985.

55 *Briefwechsel Febvre/Bloch*, Bl. 697, Febvre an Bloch o. D. (Ende 1935).
56 In einem Brief an Bloch vom Herbst 1934 spricht er von den Emigranten als »armen Teufeln«, um dann hinzuzufügen: »Wenn ich arme Teufel sage, so entspricht dies keineswegs dem Habitus von B. [Borkenau] oder seiner Frau, die aus einem reichen, ja sogar sehr reichen Milieu stammen« (ebenda, Bl. 532).
57 Siehe ebenda, Bl. 461; Febvre an Bloch o. D. (ca. 18. 3. 1934).
58 Ebenda, Bl. 754 f., Febvre an Bloch o. D. (Sommer 1935).
59 Ebenda, Bl. 649, Febvre an Bloch o. D. (ca. September 1935). Febvre schreibt: »Das Gehalt reicht nicht für zwei (aber die Frau eines Professors könnte dort nicht arbeiten, das wäre ein Skandal) – außerdem ahnen Sie welches Klima dort herrscht, so daß es für Frau V. unmöglich ist, ihr kleines Mädchen mitzunehmen. Das sind ziemlich unerfreuliche Tatsachen, die aber 1935 niemanden mehr aufregen. Mache ich mir wirklich etwas vor, wenn ich denke, daß uns dies alles vor 35 Jahren völlig unerträglich vorgekommen wäre?«
60 Deutsches Exil-Archiv, Frankfurt/Main, Nachlaß Sternfeld, EB 75/ 177 (Fragebogen Hilde Borkenau). Zu dieser Panama-Episode siehe auch die Memoiren von George (= Wolfgang) Hallgarten, *Als die Schatten fielen. Erinnerungen vom Jahrhundertbeginn zur Jahrtausendwende*, Berlin 1969, S. 224, der behauptet, Borkenau habe ihm diese Stelle »weggefischt« und sich dann in Mittelamerika »mit den Behörden« angelegt. Die tatsächlichen Hergänge lassen sich wohl nicht mehr klären.
61 Ein Jahr später erschienen diese Berichte dann in Buchform: *The Spanish Cockpit. An Eye-Witness Account of the Political and Social Conflicts of the Spanish Civil War*, London 1937 (deutsche Übers.: Stuttgart 1986). Das Manuskript basiert auf den Tagebüchern zweier Spanien-Aufenthalte im August-September 1936 und im Januar-Februar 1937.
62 *Briefwechsel Febvre/Bloch*, Bl. 606, Febvre an Bloch v. 24. 6. 1935.
63 F. Borkenau hat in den folgenden Jahren viele Bücher und Beiträge veröffentlicht, deren Themen sich z. T. mit den mehr oder weniger gleichzeitig entstandenen Texten L. Vargas überschneiden (vgl. z. B. F. Borkenau, *The New German Empire*, London 1939; ders., *Austria and After?*, London 1938). An keiner Stelle werden darin Arbeiten seiner ehemaligen Lebensgefährtin erwähnt. L. Varga dagegen verweist in zwei Aufsätzen auf Publikationen Borkenaus. Der in ihrem Text über den Nationalsozialismus enthaltene Vergleich mit ethnologischem Material und der Hinweis auf die indianische Praxis des *Potlatch* (vgl. unten S. 120) erinnert außerdem an eine entsprechende Passage in Borkenaus *Pareto* (London 1936, S. 99 ff.), ohne daß diese wahrscheinliche Übernahme gekennzeichnet ist. Denkbar ist aller-

dings auch, daß die Idee zu diesem Vergleich von L. Varga stammte oder von beiden aus Malinowskis Seminar bezogen wurde. Borkenau hat dann später zumindest an einer Stelle ein wichtiges Forschungsergebnis L. Vargas – ihre These, daß die Katharer nicht als Neomanichäer, sondern als Neognostiker zu betrachten seien (vgl. unten S. 225 ff.) – sich selbst zugeschrieben: In seinen nach der Rückkehr aus der Emigration verfaßten *Drei Abhandlungen zur deutschen Geschichte* (Frankfurt/Main 1947), die er seiner damaligen (dritten) Frau Hilde widmete, gibt es längere Passagen zur okzitanischen Sprache und Kultur, die er sicher nur durch Vermittlung L. Vargas kannte, und darin heißt es: »Es sei in diesem Zusammenhang daran erinnert, daß die gerade im 11. Jahrhundert in Südfrankreich durchdringende Katharer-Religion – ob sie nun, was ich (sic!) nicht glaube, Manichäismus war oder etwas anderes – jedenfalls ein Zweig der Gnosis war, also ein von jedem voluntaristischen Prinzip weltenweit entferntes religiöses Empfinden ausdrückte« (S. 44). – Zu Borkenaus Lebensweg nach der Trennung von L. Varga siehe im übrigen Russo, *Borkenau*, sowie Richard Löwenthals Einleitung zu Franz Borkenau, *Ende und Anfang. Von den Generationen der Hochkulturen und der Entstehung des Abendlandes*, Stuttgart 1984, S. 12-45.

64 Febvre hielt sich in den 20er Jahren mehrfach zu Vorträgen in Köln und Mainz auf. Außerdem veröffentlichte er 1928 und 1931 zwei Bücher, die sich weitgehend mit Fragen der deutschen Geschichte befaßten: *Martin Luther, un destin*, Paris 1928 (Neuauflage: 1966; die dt. Übers., Frankfurt/M.–Berlin–Wien 1976, ist leider sehr fehlerhaft); *Le Rhin. Problèmes d'histoire et d'économie*, Straßburg 1931 (erweiterte Neuauflage: Paris 1935; eine dt. Übers. ist in Vorbereitung).
65 Gespräch mit Henri Febvre v. 7. 4. 1989.
66 Dies gilt z. B. für Maurice Baumont (1892-1981), der in den ersten Jahrgängen der *Annales* über die aktuelle deutsche Entwicklung berichtete.
67 *Briefwechsel Febvre/Bloch*, Bl. 510, Febvre an Bloch o. D. (ca. Juli 1934).
68 Es handelt sich um: Bernhard Laum, *Die geschlossene Wirtschaft*, Tübingen 1933, 500 S. Die von Febvre allein unterzeichnete Rezension ist Ende 1934 unter dem Titel *Autarkie romantique* in den *Annales* erschienen (AHES, 6, 1934, S. 498-499). Weder das Manuskript noch das Exzerpt sind erhalten.
69 *Briefwechsel Febvre/Bloch*, Bl. 461 f., Febvre an Bloch o. D. (ca. 18. 3. 34). Im gleichen Brief erwähnt Febvre, daß er Borkenau, der in London sei, gebeten habe, Material über Deutschland zu besorgen.
70 Günther Franz, *Der deutsche Bauernkrieg*, München, 1933; mehrere Neuauflagen, zuletzt: Darmstadt 1975. (Das von L. Varga benutzte

Exemplar befindet sich heute in der Bibliothek der Maison des Sciences de l'Homme in Paris.) Das nicht gezeichnete Manuskript von der Hand L. Vargas umfaßt 36 Seiten (Nachlaß [fortan: NL] Febvre, Dossier ›Guerre des paysans‹). Febvres Rezension ist erschienen in: AHES, 6, 1934, S. 390-392 (erneut in: ders., *Pour une histoire à part entière*, S. 455-458). Im gleichen Dossier finden sich außerdem von L. Varga angefertigte Auszüge aus: Günther Franz/Otto Merx (Hg.), *Akten zur Geschichte des Bauernkriegs in Mitteldeutschland*, 2 Bde., 1923 u. 1934. – Febvre dachte damals daran, für eine von Marc Bloch bei Gallimard herausgegebene Reihe einen Band über Reformation und Bauernkrieg zu schreiben (*Briefwechsel Febvre/Bloch*, Bl. 610 ff., Febvre an Bloch o. D., ca. 1934).

71 Zwar monierte L. Varga die Schlußpassage des Buches, wo es heißt: »Allerorten ist der Bauer im Aufbruch und stellt sich einmütig hinter den Führer unseres Volkes, der die ewigen Werte von Blut und Boden erkannt und dem Leben unseres Volkes dienstbar gemacht hat« (S. 481), aber sie las dies offenbar nur als Schutzbehauptung. Zur Rolle von G. Franz im ›Dritten Reich‹ siehe Helmut Heiber, *Walter Frank und sein »Reichsinstitut für die Geschichte des neuen Deutschlands«*, Stuttgart 1966, S. 180 ff.

70 NL Febvre, Rezensionsexemplar von Karl Keuck, *Historia. Geschichte des Wortes und seiner Bedeutungen in der Antike und in den romanischen Sprachen*, Diss. Münster, Emsdetten 1934, mit einem handschriftlichen Konspekt L. Vargas (6 S.), das v. a. die rein begriffsgeschichtliche Ausrichtung des Buches moniert. Febvres Rezension ist erschienen in: AHES, 8, 1936, S. 301 ff.

73 Siehe dazu Bertrand Müllers Bemerkungen in der Einleitung zu seiner Febvre-Bibliographie: *Bibliographie des travaux de Lucien Febvre*, Paris 1990, S. 15 ff.

74 NL Febvre, Dossiers ›Histoire postale‹, ›XVIe siècle‹, ›Hérésies‹, ›Sorcellerie‹ usw.

75 Ebenda, Brief Pierre Tissiers, des Geschäftsführers der *Encyclopédie Française*, an Febvre v. 11. 1. 37, wonach L. Varga für den Index zu Bd. XVII zuständig sei. In dem betreffenden Bd. findet sich allerdings kein entsprechender Hinweis. Möglicherweise hat L. Varga nur aushilfsweise daran mitgearbeitet.

76 So übersetzte L. Varga ein deutsches Manuskript des schwedischen Historikers Gunnar Mickwitz (erschienen in: AHES, 7, 1936, S. 21-28) und später einen Aufsatz des nach Jerusalem emigrierten Mediävisten Richard Koebner (AHES, 9, 1937, S. 548-569). Siehe *Briefwechsel Febvre/Bloch*, Bl. 731, Febvre an Bloch o. D. (Ende 1935); Bloch an Febvre, 7. 5. 1937.

77 In einem Brief an den Archivar und *Annales*-Mitarbeiter Georges Espinas v. 8. 7. 1934 klagte Febvre gerade in jenen Monaten, daß es

ihm das französische Universitätssystem unmöglich mache, »Schüler« zu haben: »Ohne falsche Romantik und ganz ehrlich gesprochen, ist dies mein größtes Problem: Ich habe nie Schüler gehabt, und ich weiß auch nicht, wie man bei uns welche finden könnte« (Nachlaß Espinas; im Besitz von Pierre Toubert, Paris).

78 L. Varga, *Moyen Age et Renaissance*, in: *Revue de Synthèse*, 7, 1934, S. 129-132. Febvre war als stellvertretender Direktor der *Revue de Synthèse* für die historischen Rezensionen zuständig. Zu seiner intensiven Rezensionstätigkeit in dieser Zeitschrift siehe Jean-Paul Aguet/ Bertrand Müller, *»Combats pour l'histoire« de Lucien Febvre dans la Revue de synthèse historique (1905-1939)*, in: *Schweizerische Zeitschrift für Geschichte*, 35, 1985, S. 389-448.

79 Siehe w. u. die Bibliographie der Veröffentlichungen Lucie Vargas.

80 Febvre erwähnt dieses Exposé in einem Brief an Bloch, o. D., aber ca. v. 20. 6. 34 (*Briefwechsel Febvre/Bloch*, Bl. 502-504). Der Nachlaß Henri Berrs und das Archiv des ›Centre International de Synthèse‹ werden zur Zeit geordnet, sind aber der Forschung bisher nicht zugänglich. Laut Auskunft der Bearbeiterin, Jacqueline Pluet, befinden sich darin keine Unterlagen über das erwähnte Buchprojekt. Zu Berr und seiner ab 1910 als Gegenstück zur Propyläen-Weltgeschichte geplanten Buchreihe siehe v. a. Gemelli, *Communauté intellectuelle*, S. 253.

81 So werden z. B. auf der Innenseite des 1939 erschienenen Buches von M. Bloch, *La société féodale*, Bd. 1, Paris, Albin Michel, 1939, insgesamt sieben »in Vorbereitung befindliche« Bände L. Febvres für die Reihe *L'évolution de l'humanité* angekündigt: Bd. 49: *L'apparition du Livre* par L. F.; Bd. 51: *Les grands courants intellectuels au temps de la Renaissance*, par L. F.; Bd. 52: *Religions et vie religieuse au XVIe siècle*, par L. F. et L. Varga; Bd. 53: *Monarchies et Empire au XVIe siècle (Espagne et Europe)*, par L. F.; Bd. 54: *Argent et Bourgeoisie*, par L. F. et x...; Bd. 59: *Les Eglises et le monde moderne*, par L. F.; Bd. 63: *La vie économique et les transformations sociales*, par L. F. – Wohl im Blick auf die geplanten Bde. 51 bis 54 spricht M. Bloch während des Krieges von Febvres »triple ou quadruple (quadruple j'espère) XVIème siècle« (*Briefwechsel Febvre/Bloch*, Postkarte an Febvre v. 13. 4. 1942).

82 Siehe den in Anm. 80 zit. Brief, in dem offenbar von einem zusätzlichen Buch die Rede ist. Die in Anm. 81 zit. spätere Verlagsankündigung führt dagegen nur ein gemeinsames Buch von Febvre und L. Varga auf; vermutlich sollte also deren Darstellung der Periode vor 1600 in einen Band über das 16. Jahrhundert integriert werden.

83 Von Febvres w. o. erwähnten sieben Buchprojekten sind nur drei in stark modifizierter Form realisiert worden: Als Bd. 53 erschien Febvres *Le problème de l'incroyance au XVIe siècle. La religion de Rabe-*

lais (1942); Bd. 49 wurde von Henri-Jean Martin unter Verwendung eines Vorworts und der Vorarbeiten von Febvre verfaßt: *L'apparition du Livre* (1957); schließlich folgte 1961 auch Bd. 52 unter dem neuen Titel: *Introduction à la France moderne (1500-1640). Essai de Psychologie historique*, verfaßt von Robert Mandrou, dem damaligen Redaktionssekretär der *Annales*, der Febvres Nachlaß verwaltete. Siehe dazu w. u. S. 51.
84 *Briefwechsel Febvre/Bloch*, Bl. 502-504, Febvre an Bloch o. D. (ca. 20.6.34).
85 Siehe Anm. 37 u. 80.
86 Ebenda (wie Anm. 84). 87 Ebenda.
88 Einmal gestand Bloch seine Scheu sogar ein: »Ich wäre fast bei Ihnen vorbeigekommen, statt zu schreiben. Aber dann habe ich doch befürchtet Sie zu stören« (ebenda, Bloch an Febvre, 22. 6. 1938). Noch 1943, als Bloch bereits für die Résistance arbeitete, bat er Febvre vor einem Besuch in dessen Landhaus in Saint-Amour um die Reservierung eines Hotelzimmers. Alle anderen Freunde Febvres pflegten bei ihm zu wohnen (ebenda, Bloch an Febvre v. 8. 4. 1943).
89 So duzte sich Febvre z. B. mit dem Mediävisten Louis Halphen (»mon vieux compagnon d'armes«), den Bloch als Intimfeind und Konkurrenten betrachtete. Er selbst schonte dagegen ausdrücklich seinen Lehrer Charles Seignobos, den wiederum Febvre als Inbegriff der ›alten Sorbonne‹ ablehnte.
90 Febvre verwendet diesen Ausdruck *(pudeur sentimentale)* in bezug auf Bloch in seinem *Nachwort* zu dessen Schrift: *Apologie pour l'Histoire ou Métier d'historien*, Paris 1949, S. 107. Auch Etienne Bloch benutzte kürzlich diese Formulierung: »Il avait une telle pudeur de ses sentiments« *(Marc Bloch,* S. 25).
91 *Briefwechsel Febvre/Bloch*, Bloch an Febvre, 7. 5. 1941.
92 Ebenda, Bl. 887, Febvre an Bloch v. 19. 4. 1941.
93 Ebenda, Bl. 881 ff., Febvre an Bloch v. 13. 4. 1941. Diese Ehemetapher war zwischen ihnen nicht neu: Schon in einem Brief v. 12. 3. 1929 hatte Febvre die *Annales* als »notre progéniture selon l'ésprit« bezeichnet (ebenda, Bl. 110ff.). Für eine subtile Interpretation dieses Existenzkonflikts der *Annales* siehe jetzt Natalie Z. Davis, *Censorship, Silence, and Resistance: The ›Annales‹ During the German Occupation of France*, Vortrag auf der Tagung *Les Annales – Hier et Aujourd'hui*, Moskau, Okt. 1989 (im Druck).
94 Ebenda, Bl. 76, Febvre an Bloch o. D. (Ende 1935).
95 *Revue Historique,* 170, 1932, S. 345. Einige Spuren von Lucie Vargas Buch tauchen noch heute in Blochs ›Zettelkasten‹ auf (Archives Nationales, NL Marc Bloch, 1¹, 15).
96 Febvre schrieb darüber an Bloch: Auf der Rückreise von London sei Madame Varga durch Deutschland gefahren und habe sich auch

»einige Stunden in Straßburg [aufgehalten]. Aber sie wagte es nicht, Sie zu besuchen, wofür ich sie ausgeschimpft habe, denn für Sie wäre es interessant gewesen« (*Briefwechsel Febvre/Bloch*, Bl. 369).

97 Diese Frage bedürfte einer sorgfältigen Prüfung, z. B. anhand der vielen Blochschen Rezensionen. Bei aller Hochachtung vor Bloch oder Febvre ist es ja eher unwahrscheinlich, daß sie als Männer ihrer Zeit nicht auch die damals übliche akademische Mysogynie geteilt hätten. Bloch war im übrigen ein viel zu luzider Beobachter, um die zunehmende Präsenz von Frauen in ›Männerberufen‹ nicht zu bemerken: »*natura facit saltus*«, meinte er dazu (AHES, 5, 1933, S. 430). Seine spätere Rezension der Dissertation von Hertha Hon-Firnberg (einer Kommilitonin von Lucie Varga) zeigt, daß er auch dieser nicht gerecht wurde (MHS, 1942, 1, S. 105-106).

98 Vgl. Etienne Bloch, *Marc Bloch*, S. 23 ff. Den gleichen Ruf hatte Bloch bei seinen Straßburger Studenten (Gespräch mit Henri Brunschwig, 24. 11. 1987). Als Fernand Braudel ab 1937 in den Umkreis der *Annales* trat, machte er dreimal den Versuch, mit Bloch in engeren Kontakt zu treten, aber die Gespräche verliefen so, daß er »nicht weiter insistierte« (Gespräch mit Paule Braudel, 26. 3. 1990).

99 Entsprechende Nachforschungen waren vergeblich. Das Archiv der ›Notgemeinschaft‹ wurde größtenteils im Bombenkrieg auf London vernichtet (Auskunft von Claus-Dieter Krohn, 24. 5. 1989). Die Rockefeller-Stiftung hat die Unterlagen abgewiesener Anträge in der Regel nicht aufbewahrt (Auskunft des Rockefeller Archive Center v. 30. 5. 1989).

100 Zwar bezeichnete sich Lucie Varga gegenüber der ›Notgemeinschaft‹ als »Assistentin am Collège de France« (*List of Displaced German Scholars*, S. 41), entsprechende Nachforschungen konnten dies aber nicht bestätigen. Sie wurde also offenbar von Febvre privatissime beschäftigt und möglicherweise aus dem Budget der *Encyclopédie* bezahlt.

101 *Briefwechsel Febvre/Bloch*, Bl. 652, Febvre an Bloch o. D. (ca. Ende August 1935).

102 Zu Berr siehe oben Anm. 37.

103 Anatole de Monzie (1876-1947) hatte 1932 als Erziehungsminister L. Febvre zum Direktor der *Encyclopédie Française* ernannt (vgl. Anm. 12) und beide standen seither in enger Verbindung. Außerdem betrieb de Monzie eine relativ aufgeschlossene Politik gegenüber den emigrierten Intellektuellen (vgl. Jean-Philippe Mathieu, *Sur l'émigration des universitaires*, in: Gilbert Badia u. a., *Les bannis de Hitler. Accueil et luttes des exilés allemands en France (1933-1939)*, Paris 1984, S. 148 ff.).

104 *Briefwechsel Febvre/Bloch*, Bloch an Febvre v. 11. 9. 1935. Das Empfehlungsschreiben selbst ist dem Brief nicht mehr beigefügt. Die An-

spielung am Schluß bezieht sich auf Blochs vergebliche Bewerbungen um einen Lehrstuhl am Collège de France 1929 und 1935. Generell spielen Berufungsfragen in diesem Briefwechsel eine zentrale Rolle, wobei Bloch auf Febvres akademische Unterstützung sichtlich angewiesen ist – ihm also auch seinerseits entgegenkommen muß.

105 Die Rockefeller-Stiftung finanzierte vorzugsweise sozialwissenschaftliche und ethnologische, aber keine historischen Projekte. (Zu ihrer Politik siehe jetzt Brigitte Mazon, *Aux origines de l'Ecole des hautes études en sciences sociales. Le rôle du mécénat américain (1920-1960)*, Paris 1988, S. 51 ff.) Blochs Gutachten fiel offenbar kaum ins Gewicht. Ende September 1935 schrieb ihm Febvre: »Hat die arme Frau Varga Ihnen bereits geschrieben, um sich [für das Gutachten] zu bedanken? Sie hatte es jedenfalls vor. Aber nach der brutalen und kategorischen Ablehnung durch Kittledge, den Vertreter Rockefellers, ist sie äußerst niedergeschlagen. Zwar hat er administrative Vorwände angeführt, aber sie verbergen nur die Gedankenfaulheit eines Mannes, der lieber eine große Summe an Kretins von der Sorbonne vergibt (die sie dann verschleudern) als selber auszuwählen.« (*Briefwechsel Febvre/Bloch*, Bl. 658). – L. Vargas zweiter, an die ›Notgemeinschaft‹ gerichteter Stipendienantrag wird im Briefwechsel später nicht mehr erwähnt, woraus sich auf eine Ablehnung schließen läßt.

106 *Briefwechsel Febvre/Bloch*, Bl. 528, Febvre an Bloch o. D. (ca. Sept. 1934). – Karl Jelusic, geb. 1910, promovierte 1934 bei Alphons Dopsch. Seine Dissertation, *Die historische Methode Karl Friedrich Eichhorns*, erschien 1936 in der Buchreihe des Instituts und wurde in den *Annales* von Henri Brunschwig rezensiert (AHES, 9, 1937, S. 618 f.). Nach dem Studium war Jelusic als Bibliothekar und Lehrer tätig. Er lebt heute in Wien. (Gespräch mit Karl Jelusic, 17. 10. 1989).

107 *Briefwechsel Febvre/Bloch*, Bl. 502 ff., 510, 528, drei Briefe Febvres an Bloch o. D. (ca. Juni, Juli u. Sept. 1934). – Ulrich Noack (1899-1974), ein Schüler Friedrich Meineckes, habilitierte sich 1929 in Frankfurt mit einer Arbeit über Lord Acton und lebte als Gegner des Nationalsozialismus eine Zeitlang in London, später in Oslo. Während des Krieges war er jedoch für die deutsche Regierung tätig. Nach 1945 lehrte er in Greifswald und Würzburg; zugleich war er ein politisch engagierter Liberaler und Pazifist. Vgl. den biographischen Abriß von Heinrich Euler in: *Ein Leben aus freier Mitte. Beiträge zur Geschichtsforschung. Festschrift für Ulrich Noack zum 60. Geburtstag*, Göttingen 1961, S. VII-XXXII.

108 *La noblesse autrichienne: avant et après la guerre*, in: AHES, 8, 1936, S. 355-365. Siehe auch ebenda, S. 238-242, die allg. Präsentation der Enquête. Jelusics Aufsatz wurde durch Febvre bearbeitet (*Briefwechsel Febvre/Bloch*, Bl. 591, Febvre an Bloch o. D., ca. März 1935).

109 Ebenda, Bl. 510.
110 Ebenda, Bl. 528.
111 Ebenda, Bl. 624.
112 Ebenda, Bl. 634. Am 25. Juli 1935 wurde der österreichische Bundeskanzler Dollfuß bei einem nationalsozialistischen Putschversuch ermordet.
113 Ebenda, Bl. 696.
114 Ebenda, Bl. 369. Vgl. auch Bl. 697.
115 Zu diesem von der Regierung geförderten Prestigeunternehmen vgl. w. o. Anm. 12.
116 Laut Einladungskarte behandelte der erste Vortrag »Paris in der französischen Geschichte«, der zweite die neue *Encyclopédie Française* (Archiv der Österreichischen Akademie der Wissenschaften, Wien, 207/1935).
117 *Briefwechsel Febvre/Bloch*, Bl. 595 f., Febvre an Bloch o. D. (April 1935).
118 Im Original Deutsch.
119 L. Febvre reiste mit seiner Frau.
120 *Briefwechsel Febvre/Bloch*, Bl. 635, Febvre an Bloch o. D. (ca. Januar 1935).
121 Siehe Neck, *Dopsch-Schule*, S. 377.
122 *Briefwechsel Febvre/Bloch*, Febvre an Bloch o. D. (März 1935). Febvre erwähnt, daß Henri Pirenne, das große Vorbild der *Annales*-Herausgeber und Dopschs prominentester wissenschaftlicher Kontrahent, sich vergeblich für seinen österreichischen Kollegen eingesetzt habe. Sicher hat diese Geste Febvre und Bloch zusätzlich motiviert, etwas zu unternehmen.
123 Gernot Heiß, *Von Österreichs deutscher Vergangenheit und Aufgabe. Die Wiener Schule der Geschichtswissenschaft und der Nationalsozialismus*, in: ders. u. a. (Hg.), *Willfährige Wissenschaft. Die Universität Wien 1938-1945*, Wien 1989, S. 39-76, S. 65. Zu Dopsch' Karriere und seinem stets regierungskonformen Verhalten siehe auch Günter Fellner, *Ludo Moritz Hartmann und die österreichische Geschichtswissenschaft*, Wien–Salzburg 1985, S. 301 ff.
124 Siehe dazu den Aufsatz von Heiß sowie Robert Jütte, *Zwischen Ständestaat und Austrofaschismus. Der Beitrag Otto Brunners zur Geschichtsschreibung*, in: *Jahrbuch des Instituts für deutsche Geschichte in Tel Aviv*, 13, 1984, S. 237-262.
125 *Briefwechsel Febvre/Bloch*, Bl. 689 ff. Febvre an Bloch o. D. (Ende 1935). Kursivierte Wörter im Original auf Deutsch.
126 Bd. 177, 1936, S. 34-50. Eine deutsche Fassung, die den ursprünglich vorgesehenen Publikationsort nicht erwähnt, erschien in: Dopsch, *Beiträge* (wie Anm. 23), S. 205-223.
127 L. Febvre, *Un grand seigneur de l'histoire*, in: AESC, 8, 1953, S. 568 f.

128 L. Febvre, *L'Autriche*, in: *Encyclopédie Française*, Bd. x, 1925, S. 10-88-1 bis 10-88-5. Drei Jahre später hat Febvre diesen Text überarbeitet und erweitert: *L'Autriche jusqu'à l'Anschluss*, in: *Revue trimestrielle de l'Encyclopédie Française*, Nr. 4, 1939, S. 10-88-1 bis 10-88-5.

129 L. Varga, *La littérature viennoise*, in: *Encyclopédie Française*, Bd. XVII, 1936, S. 17-48-8 bis 17-48-9. Der Redaktionsschluß des Beitrags ist mit »Dezember 1935« angegeben.

130 Henri Brunschwig entstammte einer elsässisch-jüdischen Familie und hatte in Straßburg u. a. bei Bloch und Febvre studiert. 1931 ging er als Stipendiat an das *Institut Français* in Berlin (wo sich damals auch Sartre und Raymond Aron aufhielten), um Material für seine *Thèse* über Preußen im 18. Jahrhundert zu sammeln (siehe: *Gesellschaft und Romantik in Preußen im 18. Jahrhundert*, Frankfurt/Main–Berlin–Wien 1975). Auf diese Weise konnte er den Aufstieg und die Machteroberung der Nazis als Augenzeuge miterleben. 1935 kehrte er nach Frankreich zurück und wurde Geschichtslehrer am renommierten Lycée Henri IV in Paris. Von da an schrieb er regelmäßig über deutsche Fragen in den *Annales* (Gespräch mit Henri Brunschwig am 24. 11. 1987).

131 NL Febvre, Bestand Encyclopédie Française, Brief Febvres an de Monzie v. 25. 4. 1936. – Brunschwigs Beitrag erschien dann unter dem Titel *Le national-socialisme en 1937* in der *Revue trimestrielle de l'Encyclopédie Française*, Nr. 1, 1937, S. 10-86-6 bis 10-86-16, verbunden mit der Aufforderung, damit die entsprechenden Seiten in Bd. x der *Encyclopédie* zu ersetzen. (Deren Bindung ermöglichte solche Auswechslungen.)

132 *Briefwechsel Febvre/Bloch*, Bl. 777 ff., Febvre an Bloch, 7. 9. 1936. Dieser Aufsatz ist ein Jahr später erschienen u. d. T.: *Le destin des classes et les vicissitudes du pouvoir dans l'Allemagne entre les deux révolutions: un essai d'interprétation* (AHES, 9, 1937, S. 570-601).

133 *Briefwechsel Febvre/Bloch*, Bloch an Febvre, 20. 9. 1937. In diesem Brief deutet Bloch an, daß dieses Heft inhaltlich nicht ganz seinen Wünschen entsprochen habe.

134 Von Richard Koebner ist soeben eine Sammlung seiner bisher unveröffentlichten geschichtstheoretischen Arbeiten erschienen: *Geschichte, Geschichtsbewußtsein und Zeitwende*, Gerlingen 1990 (mit einer Einleitung von Hans D. Schmidt und einer vollständigen Bibliographie).

135 Die Verfasser waren: Marc Bloch, Charles-Edmond Perrin, Henri Brunschwig, Lucien Febvre, Maurice Halbwachs, Paul Leuillot, Albert Demangeon – und immer wieder Lucie Varga.

136 AHES, 9, 1937, S. 529-546. Deutsche Übers. im vorl. Band.

137 Siehe *Briefwechsel Febvre/Bloch*, Bloch an Febvre, 20. 9. 1937. Of-

fenbar hatte der konservative Verlag im Sinne der Ausgewogenheit die Veröffentlichung eines *pro*-nazistischen Artikels gefordert, was Febvre und Bloch strikt ablehnten. Ab Januar 1939 erschienen die *Annales* dann mit verringertem Seitenumfang (448 statt bisher 640 Seiten) im Eigenverlag. Dies erklärt die Titeländerung in *Annales d'histoire sociale*.
138 AHES, 9, 1937, S. 570: »Wie man sofort bemerken wird, stimmt die hier [von H. Mougin] vorgeschlagene Interpretation der Nazi-Revolution mit der weiter oben von Frau Varga gegebenen keineswegs überein. Wir meinen jedoch, daß diese unterschiedlichen Standpunkte als solche durchaus lehrreich sind.«
139 AHES, 9, 1937, S. 212.
140 Offiziell gab es neben den Herausgebern und dem Redaktionssekretär auch ein Redaktionskomitee, dem einige prominente Professoren oder Archivare angehörten. Aber dieser Kreis scheint als solcher nie zusammengetreten zu sein. Daher forderte Bloch 1938 eine Änderung und v. a. auch Verjüngung der Redaktion, in die nun u. a. Fernand Braudel, Henri Brunschwig, Georges Friedmann und Ernest Labrousse eintraten. »En tous cas du sang frais. Pas rien que des bonzes« (Bloch). Natürlich gab es weiterhin in der Redaktion keine einzige Frau.
141 *Briefwechsel Febvre/Bloch*, Bloch an Febvre, 20. 9. 1937.
142 Wissenschaft und Liebe: Was bei Künstlern – Schauspielern, Musikern, Malern oder Schriftstellern – in jeder Biographie akzeptiert wird, gilt für die Lebensgeschichte von Wissenschaftlern bis heute als nicht zum Thema gehörig. Außerdem ist es den noch lebenden Angehörigen verständlicherweise unangenehm, wenn private Probleme oder gar Dramen plötzlich von Dritten wieder ›aufgewühlt‹ werden. Daher möchte ich unterstreichen, daß es mir im folgenden nicht um den familieninternen ›Skandal‹ geht, den ich unerwähnt gelassen hätte, wenn er von nur sekundärer Bedeutung gewesen wäre. Seine Implikationen und Folgen waren aber so schwerwiegend, daß man ihn nicht verschweigen kann, ohne die Geschichte zu verfälschen.
143 Der Psychologe Henri Wallon, der Schriftsteller Léon Werth und der Indologe Jules Bloch gehörten seit den gemeinsamen Studienjahren an der Ecole Normale Supérieure zu Febvres engsten Freunden.
144 *Briefwechsel Febvre/Bloch*, Bl. 515, Febvre an Bloch o. D. (Sommer 1934).
145 Ebenda, Bl. 754 f., Febvre an Bloch o. D. (Ende 1935).
146 Ebenda, Bl. 768, Febvre an Bloch o. D. (ca. April 1936). – Marcel Prenant lehrte Biologie an der Sorbonne und war ein bekannter marxistischer Intellektueller.
147 Ebenda, Bl. 652, Febvre an Bloch o. D. (Anfang September 1935).
148 Gespräch mit Henri Febvre, 7. 4. 1989.

149 *Briefwechsel Febvre/Bloch*, Bl. 646, Febvre an Bloch o. D. (ca. 20. 9. 1935).
150 Er antwortete: »Ein Varga-Manuskript? Ja, ich würde es gerne lesen und nur Vorteile darin sehen, es für uns zu annektieren. Wir könnten dann Henri einen wunderschönen Sonderdruck schenken« (ebenda, 26. 9. 1935).
151 Ebenda, Bl. 728, Febvre an Bloch o. D. (Herbst 1935).
152 AHES, 8, 1936, S. 1-20. Deutsche Übers. im vorl. Band.
153 AHS, 1, 1939, S. 121-132. Deutsche Übers. im vorl. Band.
154 *Briefwechsel Febvre/Bloch*, Bl. 646, Febvre an Bloch o. D. (ca. 20. 9. 1935).
155 Ebenda, Bl. 775 f., Febvre an Bloch o. D. (Anfang August 1936). Bloch hatte um Lucie Vargas Adresse gebeten, um ihr für die Zusendung eines Sonderdrucks ihres ersten Katharismus-Aufsatzes zu danken (ebenda, Bloch an Febvre, 4. 8. 1936).
156 Ebenda, Bl. 777, Febvre an Bloch, 7. 9. 1936.
157 Febvre, *Combats pour l'histoire*, S. 16.
158 In den Jahren nach Febvres Tod 1956 zerstörte Suzanne Febvre – obwohl sie selbst Historikerin und also auch Archivarin war – fast alle von Febvre in zwei Wandschränken gesammelten Korrespondenzen. Febvres Briefe an Lucie Varga gingen im Krieg verloren. Weshalb von dem Briefwechsel mit Bloch zwischen März 1937 und März 1938 nur ein einziger Brief erhalten ist (und auch nur vereinzelte Briefe Blochs an Febvre), läßt sich nicht mehr klären, aber es ist möglich, daß Bloch (oder einer der späteren Besitzer der Korrespondenz?) alle Briefe, die von Febvres Familienkonflikt handelten, als nicht für die Nachwelt bestimmt vernichtet hat.
159 In einem kurz nach seiner Abreise, am 22. 8. 1937, auf dem Schiff geschriebenen Brief heißt es pathetisch: »Seit mehreren Monaten habe ich an den *Annales* praktisch nicht mehr mitgearbeitet. So kann es nicht weitergehen. Wir müssen einen Weg finden, uns häufiger, länger und unter produktiveren Bedingungen zu sehen. Wenn man den Abgrund an Dummheit bedenkt, der uns umgibt, wenn man fühlt, was das Wort ›Geschichte‹ für die meisten bedeutet, die sich angeblich damit befassen, muß man wohl zugeben, daß der Kampf für das, was ich den Geist der Annales nenne, noch bei weitem nicht gewonnen ist. Daher dürfen wir nicht abrüsten. Zwei sind sicher nicht zuviel, um gegen dieses Meer an Dummheit zu kämpfen, das uns umschwappt« (*Briefwechsel Febvre/Bloch*, Bl. 789 ff.). Dies ist der einzige für den Konfliktzeitraum erhaltene Brief.
160 Ebenda, Bl. 795 ff., Febvre an Bloch o. D. (ca. Mai 1938).
161 Fernand Braudel, *Ma formation d'historien* (1972), in: ders. *Ecrits sur l'histoire* II, Paris 1989, S. 14. 1949 gab Braudel seinem berühmten Mittelmeer-Buch die Widmung: »A Lucien Febvre, en témoignage de reconnaissance et de filiale affection«.

162 Weder Briefe noch Aufzeichnungen sind für diese Zeit erhalten. Die folgende Darstellung stützt sich daher, sofern nicht anders vermerkt, auf Auskünfte von Berta Varga sowie auf ein Gespräch mit Albert Mentzel v. 10.7.1990.
163 Berta Varga, Brief an den Verf. v. 7.1.1990.
164 Zur französischen Politik gegenüber den Emigranten aus Deutschland und Österreich siehe: Badia, *Les bannis de Hitler;* ders. u. a., *Les barbelés de l'exil. Etudes sur l'émigration allemande et autrichienne (1938-1940)*, Grenoble 1979 (bes. S. 11-97); Karel Bartosek u. a., *De l'exil à la résistance. Refugiés et immigrés d'Europe Centrale en France 1933-1945*, Paris 1989.
165 *Un problème de méthode en histoire religieuse: le catharisme*, in: *Revue de Synthèse*, 11, 1936, S. 133-143. Deutsche Übers. im vorl. Band. – Febvre schrieb damals an Bloch: »Bekomme gerade von Frau Varga einen Artikel über die Katharer von Guiraud, den ich für gut, nützlich und differenziert halte, aber ich würde ihn eher für die [Revue de] Synthèse nehmen [als für die *Annales*], erstens, weil wir gerade etwas Varga veröffentlicht haben, und zweitens, weil die Diskussion dort besser aufgehoben ist« (*Briefwechsel Febvre/Bloch*, Bl. 369, ca. Ende 1935).
166 *Peire Cardinal était-il hérétique?* und *Les cathares sont-ils des néomanichéens ou des néognostiques?*, in: *Revue de l'histoire des religions*, 59, 1938, S. 205-231 und 60, 1939, S. 121-132. Deutsche Übers. im vorl. Band.
167 Berta Varga, Brief an den Verf. v. 7.1.1990. Tatsächlich sah die Planung der *Encyclopédie* zwei von Febvre betreute historische Bände (*Les étapes de l'humanité* und *Les legs du passé au présent*) sowie einen Band über *Religions et philosphies* vor, die alle nie erschienen sind.
168 Vgl. Etienne Bloch, *Marc Bloch*, S. 28.
169 Zu deutsch: »Wie ein hundertprozentiger Nazi entsteht. Szenen aus dem deutschen Leben. Geschichte des »Hitlerjungen« Hermann Gierlich, erzogen zur Verachtung des Gehirns und zur Verehrung der Muskeln, Aufmärsche und Soldatenlieder.«
170 *Comment se fabrique l'hitlérien 100%* (13. und letzte Folge), *L'Œuvre* v. 30.5.1938.
171 Berta Varga, Brief an den Verf. v. 7.1.1990.
172 Ebenda.
173 Ebenda.
174 Gespräch mit Albert Mentzel am 10.7.1990. – Nach dem Krieg wurde Mentzel unter dem Künstlernamen ›Albert Flocon‹ als Graphiker, Kupferstecher und Autor bekannt. 1964 erhielt er eine Professur an der Ecole Nationale des Beaux-Arts in Paris, wo er heute lebt und arbeitet. Von seinen Veröffentlichungen siehe bes. *Traité du*

Burin, Paris 1952 (mit einem Vorwort von Gaston Bachelard), erw. Neuausgabe 1982; *Suites expérimentales*, Wien–Berlin 1983 (darin S. 7-13: »Rückblick«); *Die kurvenlineare Perspektive: vom vorgesehenen Raum zum konstruierten Bild*, Berlin–Wien 1983.
175 Berta Varga, Brief an den Verf. v. 7.1.1990.
176 Gespräch mit Albert Mentzel am 10.7.1990.
177 Etat civil de Toulouse und Etat civil de Pibrac, Eintragungen v. 26.4.1941.
178 Nach dem Krieg studierte sie Medizin und wurde Neurologin. Sie lebt und arbeitet heute in Budapest.
179 L. Febvre, *Quelques nouvelles personelles*, in: MHS, 1, 1942, S. 88.
180 NL Febvre, Manuskript eines Vortrags in Lausanne v. 1946. – Der Mediävist André Déléage (gest. 1944) war ein Schüler Marc Blochs.
181 L. Febvre, Redaktionelle Vorbemerkung zu: Gilbert Gadoffre, *Education nazie et civilisation autrichienne*, in: AESC, 2, 1947, S. 4. – Henri Hauser (1866-1946) war der Vorgänger Marc Blochs auf dem Lehrstuhl für Wirtschafts- und Sozialgeschichte an der Sorbonne. Zu seinen Schülern gehörte F. Braudel. Hauser war ein Förderer der *Annales* und Mitglied des Redaktionskomitees.
182 L. Febvre, Vorbemerkung zu: Jean Sigmann, *En lisant les revues allemandes. Deux articles de la ›Historische Zeitschrift‹*, in AESC, 5, 1950, S. 278.
183 Febvre, *Quelques nouvelles personelles*, S. 88.
184 *Introduction à la France moderne*, S. 12.
185 Helene Maimann, *Sprachlosigkeit. Ein zentrales Phänomen der Exilerfahrung*, in: Wolfgang Schieder/Wolfgang Frühwald (Hg.), *Leben im Exil. Probleme der Integration deutscher Flüchtlinge im Ausland 1933-1945*, Hamburg 1981, S. 31-38.
186 Hedwig Hintze, die 1911 den wesentlich älteren, bereits berühmten Berliner Historiker Otto Hintze (1861-1940) geheiratet hatte, habilitierte sich 1928 mit einer umfangreichen Arbeit über den französischen Föderalismus im 18. Jahrhundert (*Staatseinheit und Föderalismus im alten Frankreich und in der Revolution*, neu hg. v. Rolf Reichardt, Frankfurt/Main 1989). Aufgrund dieser Spezialisierung und ihrer vielfältigen Kontakte zu französischen Historikern – freilich nicht zu den *Annales!* – wäre zu erwarten gewesen, daß sie nach ihrer Entlassung durch die Berliner Universität 1933 in Paris hätte Fuß fassen können. Eine Zeitlang bekam sie dann auch tatsächlich Forschungsaufträge am ›Centre de documentation internationale contemporaine‹ in Vincennes (bei Paris). Aber eine Integration in den Pariser Wissenschaftsbetrieb mißlang. Hedwig Hintze emigrierte daher 1939 weiter nach Holland. Ein Ruf an die New School of Social Research in New York erreichte sie zu spät. Im Juli 1942 nahm sie sich das Leben. Zu ihrer Biographie und ihrem Werk siehe Brigitta

Oestreich, *Hedwig und Otto Hintze*, in: *Geschichte und Gesellschaft*, 11, 1985, S. 397-419; Robert Jütte, *Hedwig Hintze (1884-1942). Die Herausforderung der traditionellen Geschichtsschreibung durch eine linksliberale jüdische Historikerin*, in: Walter Grab (Hg.), *Juden in der deutschen Wissenschaft*, Tel Aviv 1986, S. 249-279.

187 Im Vergleich zu Hedwig Hintze, die erst mit 39 Jahren promovierte, mit 43 Jahren habilitierte und dann noch etwas mehr als zehn Jahre wissenschaftlich arbeiten konnte, hatte Lucie Varga also nur sehr wenig ›Zeit‹. Ihre Texte entstanden ohne jahrelange Forschungen. Auch dies gilt es bei derLektüre zu berücksichtigen.

188 Siehe Pierre Ayçoberry, *La question nazie*, Paris 1979, sowie Ladislas Mysyrowicz, *L'image de l'Allemagne national-socialiste à travers les publications françaises des années 1933-1939*, in: *Les relations franco-allemandes 1933-1939*, Paris 1976, S. 117-136. Die besondere Problematik der Faschismus-Analyse sozialdemokratischer Theoretiker einerseits und der ›Frankfurter Schule‹ andererseits behandeln: Helga Grebing, *Auseinandersetzung mit dem Nationalsozialismus*, in: Wolfgang Luthardt (Hg.), *Sozialdemokratische Arbeiterbewegung und Weimarer Republik*, 11, Frankfurt/Main 1978, S. 259-379; Helmut Dubiel/Alfons Söllner, *Die NS-Forschung des Instituts für Sozialforschung – ihre wissenschaftsgeschichtliche Stellung und ihre gegenwärtige Bedeutung*, in: Max Horkheimer u. a., *Wirtschaft, Recht und Staat im Nationalsozialismus*, Frankfurt/Main 1981, S. 7-31.

189 Vgl. Ian Kershaw, *Der NS-Staat. Geschichtsinterpretationen und Kontroversen im Überblick*, Reinbek 1988; Bernd Faulenbach, *NS-Interpretationen und Zeitklima. Zum Wandel in der Aufarbeitung der jüngsten Vergangenheit*, in: *Aus Politik und Zeitgeschichte*, 1987, Nr. 22, S. 19-30.

190 Auch Bloch und Febvre sprachen damals hinsichtlich der deutschen Entwicklung von einer ›Revolution‹. (Vgl. z. B. AHES, 9, 1937, S. 610; AHS, 1, 1939, S. 427). Dagegen wird diese Kategorie, die der pseudo-egalitären Propaganda des NS aufsitzt, in der neueren wissenschaftlichen Literatur ausdrücklich kritisiert. Vgl. den Bericht bei Kershaw, *NS-Staat*, S. 261 ff., sowie im Blick auf das zeitgenössische Urteil der Historiker: Bernd Faulenbach: *Die »nationale Revolution« und die deutsche Geschichte*, in: Wolfgang Michalka (Hg.), *Die nationalsozialistische Machtergreifung*, Paderborn u. a. 1984, S. 357-371.

191 Vgl. Lucie Varga, *Les luttes sociales en Allemagne et la genèse de la Réforme*, in: *Science. L'encyclopédie annuelle*, 2, Nr. 14, Juni 1937, S. 57a. (Bei dieser Publikation handelt es sich um eine von Henri Berr hg. Wochenzeitung, die das Ziel hatte, die vom ›Centre international de Synthèse‹ gesammelten Forschungsergebnisse zu popularisieren. Vgl. dazu Gemelli, *Communauté intellectuelle*).

192 Vgl. Hanns Kerl (Hg.), *Reichstagung in Nürnberg 1936. Der Parteitag der Ehre*, Berlin 1937; Robert Ley, *Durchbruch der sozialen Ehre. Reden und Gedanken für das schaffende Deutschland*, hg. v. Hans Dauer, Berlin 1937. (Ley war der Chef der ›Deutschen Arbeitsfront‹.)
193 Zur Ideengeschichte des Ehrbegriffs (freilich kaum zu seiner symbolischen und mentalen Bedeutung) siehe Friedrich Zunkel, Art. *»Ehre, Reputation«*, in: Otto Brunner u. a. (Hg.), *Geschichtliche Grundbegriffe*, Bd. 2, Stuttgart 1975, S. 1-63, hier bes. S. 61 f. Zum Begriff in der Anthropologie vgl. Julian Pitt-Rivers, *Anthropologie de l'honneur. La mésaventure de Sichem*, Paris 1983 (engl. 1977).
194 Varga, *Luttes sociales en Allemagne*, S. 57b: »Die Bauern fühlten sich in ihrer Lage – ihrer ›sozialen Ehre‹ – bedroht. Sie wurden zerrieben zwischen den Rittern einerseits, die sie zu mehr Frondiensten und Abgaben zwingen wollten, und den Gemeinden und Klöstern als mächtigen Grundherren andererseits. Ihre Klagen richteten sich vor allem gegen den Rechtsmißbrauch, die Aufhebung der Bauerngerichte, die enormen Kosten einer fernen Gerichtsbarkeit [...]. Demgegenüber forderten sie ihre ›alten Rechte‹ wie das Jagd-, Fisch- und Allmenderecht: Damit waren wirtschaftliche Vorteile verbunden, aber zugleich handelte es sich auch um Symbole mit althergebrachter sozialer Bedeutung.«
195 Vgl. bes. die Schriften von George L. Mosse wie: *Die Nationalisierung der Massen. Politische Symbolik und Massenbewegungen in Deutschland von den Napoleonischen Kriegen bis zum Dritten Reich*, Frankfurt/Main–Berlin 1976. Resümierend und aktualisierend auch: Saul Friedländer, *Kitsch und Tod. Der Widerschein des Nazismus*, München ²1986. Speziell im Blick auf die nie ganz gelungene ›Bändigung‹ der Arbeiterschaft: Alf Lüdtke, *Wo blieb die »rote Glut«? Arbeitererfahrungen und deutscher Faschismus*, in: ders. (Hg.), *Alltagsgeschichte. Zur Rekonstruktion historischer Erfahrungen und Lebensweisen*, Frankfurt/Main–New York 1989, S. 224-282; ders., *»Ehre der Arbeit«: Industriearbeiter und Macht der Symbole. Zur Reichweite symbolischer Orientierungen im Nationalsozialismus*, in: Klaus Tenfelde (Hg.), *Arbeiter im 20. Jahrhundert*, Stuttgart 1990 (dort auch die übrige Literatur).
196 Vgl. in diesem Sinne den zwei Jahre später entstandenen philosophischen Text von Erich Voegelin: *Die politischen Religionen*, Stockholm 1939 (erneut in ders., *Political Religions*, Lewiston/N. Y. 1986). – Interessante Analysen zur ›szenischen‹ Umsetzung religiöser Symbolik durch die Nazis bietet Klaus Vondung: *Magie und Manipulation. Ideologischer Kult und politische Religion des Nationalsozialismus*, Göttingen 1971.
197 Vgl. Bernd Faulenbach, *Der »deutsche Weg« aus der Sicht des Exils*.

Zum Urteil emigrierter Historiker, in: *Exilforschung*, 3, 1985, S. 11-30; Ilja Srubar, *Das Bild Deutschlands in den Werken der sozialwissenschaftlichen Emigration 1933-1945*, in: ders. (Hg.), *Exil, Wissenschaft, Identität. Die Emigration deutscher Sozialwissenschaftler 1933-1945*, Frankfurt/Main 1988, S. 281-298.

198 Vgl. Bernd Faulenbach, *Ideologie des deutschen Weges. Die deutsche Geschichte in der Historiographie zwischen Kaiserreich und Nationalsozialismus*, München 1980.

199 Zur Sonderweg-Problematik vgl. bes. David Blackbourn/Geoff Eley, *Mythen der deutschen Geschichtsschreibung*, Frankfurt/Main u. a. 1980; Helga Grebing/Doris von der Brelie-Lewien/Hans-Joachim Franzen, *Der »deutsche Sonderweg« in Europa 1806-1945*, Stuttgart u. a. 1986 (dort weitere Literatur). Resümierend: Jürgen Kocka, *Deutsche Geschichte vor Hitler. Zur Diskussion über den »deutschen Sonderweg«*, in: ders., *Geschichte und Aufklärung*, Göttingen 1989, S. 101-113.

200 Siehe u. a. Michael Kater, *The Nazi Party. A Social Profile of Members and Leaders 1919-1945*, Oxford 1983; Martin Broszat, *Zur Struktur der NS-Massenbewegung*, in: *Vierteljahreshefte für Zeitgeschichte*, 31, 1983, S. 52-76; Christoph Schmidt, *Zu den Motiven der »alten Kämpfer« in der NSDAP*, in: Detlev Peukert/Jürgen Reulecke (Hg.), *Die Reihen fast geschlossen*, Wuppertal 1981, S. 21-43.

201 Siehe dazu w. u. L. Vargas Text *Über die Jugend im Dritten Reich* sowie Georg Denzler/Volker Fabricius, *Die Kirchen im Dritten Reich*, 2 Bde., Frankfurt/Main 1984 (mit Dokumenten und weiterer Literatur).

202 Eine Bilanz der neueren Forschung bietet: Jürgen Schmädecke/Peter Steinbach (Hg.), *Der Widerstand gegen den Nationalsozialismus*, München 1985 (mit weiterer Literatur). Zum konfliktreichen Alltag ›unterm Hakenkreuz‹ siehe Detlev Peukert, *Volksgenossen und Gemeinschaftsfremde. Anpassung, Ausmerze und Aufbegehren unter dem Nationalsozialismus*, Köln 1982.

203 Zu Schöfflers Biographie und seinem Verhältnis zum NS-Regime (er war nie Parteimitglied, schmiegte sich aber dem Regime wie die meisten »Normalprofessoren« [H. Heimpel] durchaus an; 1940 wurde er von Köln nach Göttingen ›strafversetzt‹) siehe Hermann Heimpel, *»Zur Lage«. Eine Vorlesung des Professors der Englischen Philologie, Herbert Schöffler, gehalten im Oktober 1945*, in: Hartmut Bookmann/Hermann Wellenreuther (Hg.), *Geschichtswissenschaft in Göttingen*, Göttingen 1987, S. 364-399.

204 Ebenda, S. 367. Die Thematik ›von Luther zu Hitler‹ hat dann in der ›Vergangenheitsbewältigung‹ der Nachkriegszeit eine Zeitlang Konjunktur gehabt.

205 Vgl. Jacques Prévolat, *Robert d'Harcourt: un catholique devant la*

montée du nazisme, in: *Revue d'Allemagne*, 19, 1987, S. 411-426 sowie Mysyrowicz, *L'image de l'Allemagne national-socialiste*, S. 127 ff.

206 Zum Forschungsstand vgl. Arno Klönne, *Jugend im Dritten Reich. Die Hitler-Jugend und ihre Gegner*, München ²1990 (mit weiterer Literatur).

207 Alphons Dopsch hat auch selbst zu diesem Thema publiziert. Vgl. z. B. seine Schrift: *Die ältere Wirtschafts- und Sozialgeschichte der Bauern in den Alpenländern Österreichs*, Oslo 1930.

208 Wie erwähnt, nahm Borkenau 1935 in London an Malinowskis Seminar teil. Er vermittelte seiner Frau also diesen Kontakt.

209 John W. Cole, *Anthropology Comes Part-Way Home: Community Studies in Europe*, in: *Annual Review of Anthropology*, 6, 1977, S. 350.

210 Berta Varga erinnert sich, daß ihre Mutter während dieser Ferienaufenthalte ständig mit Einheimischen im Gespräch war. Durch kleine Hilfsdienste habe sie deren Vertrauen gewonnen. Überhaupt habe sie die Fähigkeit besessen, sehr schnell Kontakte herzustellen und die Menschen ›zum Sprechen‹ zu bringen. Es ist auch auffällig, daß Lucie Varga in beiden Texten an verschiedenen Stellen sich als Beobachterin einbringt und problematisiert, indem sie ihre begrenzten Kenntnisse und Verständnismöglichkeiten thematisiert.

211 Zit. nach Pier Paolo Viazzo, *Upland Communities. Environment, Population and Social Structure in the Alps since the Sixteenth Century*, Cambridge 1989, S. 50.

212 Vgl. z. B. die Arbeiten des oben zit. nationalsozialistischen Historikers A. Helbok, der 1935 die Leitung des von Karl Lamprecht gegründeten ›Instituts für Kultur und Universalgeschichte‹ an der Universität Leipzig übernahm (*Vorarlberger Heimatforschung*, Wien/Leipzig 1935).

213 Siehe Viazzo, *Upland Communities*, S. 49-66; Cole, *Anthropology*, S. 349-378. Vgl. exemplarisch: ders./Eric R. Wolf, *The Hidden Frontier. Ecology and Ethnicity in an Alpine Valley*, New York u. a. 1974.

214 Dazu programmatisch: Hans Medick, »*Missionare im Ruderboot*«? *Ethnologische Erkenntnisweisen als Herausforderung an die Sozialgeschichte*, in: *Geschichte und Gesellschaft*, 10, 1984, S. 295-319; verändert u. erweitert in: Lüdtke, *Alltagsgeschichte*, S. 48-84; dort auch umfangreiche Literaturangaben zur Geschichte dieser interdisziplinären Annäherung.

215 Zur vergleichenden Geschichte der französischen und deutschen Volkskunde siehe Isac Chiva/Utz Jeggle (Hg.), *Deutsche Volkskunde – Französische Ethnologie: Zwei Standortbestimmungen*, Frankfurt/Main–New York 1987.

216 Neben der Zeitschrift selbst siehe Bd. VII der von L. Febvre hg. *Ency-*

clopédie Française (1936), der teilweise der Ethnologie und Volkskunde gewidmet ist.
217 Einführung zur Sendereihe »Arts et traditions populaires de la France«, in: *Les cahiers de Radio-Paris*, 1938, Nr. 5, v. 15. 5. 1938, S. 431.
218 Zur linguistischen und geographisch-politischen Sonderstellung dieses Landstrichs siehe Franz Hutter, *Die Ladinerfrage*, in: ders. (Hg.), *Südtirol. Eine Frage des europäischen Gewissens*, Wien 1965, S. 55-67 (mit weiterer Literatur). Eine neuere sozialgeschichtliche Fallstudie bietet Luciana Palla, *I Ladini fra Tedeschi e Italiani. Livinalongo del Col di Lana: una communità sociale (1918-1948)*, Venedig 1986.
219 Vgl. einführend Claudia Honegger (Hg.), *Die Hexen der Neuzeit. Studien zur Sozialgeschichte eines kulturellen Deutungsmusters*, Frankfurt/Main 1978; Richard von Dülmen (Hg.), *Hexenwelten. Magie und Imagination vom 16.-20. Jahrhundert*, Frankfurt/Main 1987 (beide Bücher mit weiterer Literatur), sowie zuletzt das von Wolfgang Schieder hg. Heft 1/1990 der Zeitschrift *Geschichte und Gesellschaft*.
220 Carlo Ginzburg, *Die Benandanti. Feldkulte und Hexenwesen im 16. und 17. Jahrhundert*, Frankfurt/Main 1980 (ital. 1966). Siehe auch die Fortführung dieser Ansätze in einem europäisch vergleichenden Maßstab: ders., *Hexensabbat. Entzifferung einer nächtlichen Geschichte*, Berlin 1990.
221 Vgl. exemplarisch: Jeanne Favret-Saada, *Die Wörter, der Zauber, der Tod. Der Hexenglaube im Hainland von Westfrankreich*, Frankfurt/Main 1979 (franz. 1977). Weitere Literatur in den oben zit. Sammelbänden von Honegger und v. Dülmen.
221a L. Varga befaßte sich damals (1936/37) auch eingehender mit der frühneuzeitlichen Hexerei. Sie exzerpierte z. B. für Febvre die Quellensammlungen von Joseph Hansen (*Quellen und Untersuchungen zur Geschichte des Hexenwahns im Mittelalter*, 1901) und Fritz Byloff (*Hexenglaube und Hexenverfolgung in den österreichischen Alpenländern*, 1934). In Febvres Dossier »sorcellerie, occultisme, magie« findet sich außerdem eine dreiseitige (undatierte) Notiz von der Hand L. Vargas, in der sie – wie in ihrem Ladinien-Text – die Hexerei bzw. den »Teufelspakt« als psychologisches Phänomen sui generis ernst zu nehmen versucht. Es heißt dort: »*Waren Magie und Teufelspakt für die Angeklagten eine Realität oder nicht?* Was mich angeht, so bin ich davon überzeugt, daß es im 15. und zu Beginn des 16. Jahrhunderts viele Menschen gab, die nicht verrückt waren, aber dennoch glaubten, den [Hexen-]Sabbat besucht und mit dem Teufel einen Pakt geschlossen zu haben. Als mächtige Autorität ersetzte der Teufel die alten erschütterten Autoritäten. Als schwarze und revolutionäre Autorität versprach er Gold und sexuelle Freiheit. Darüber gibt

es Beichten von Menschen, die nicht gefoltert wurden, und andere Berichte. Heute leben wir in einer rationalisierten Welt. Um an den Teufel zu glauben, muß ein Teil der Persönlichkeit zerstört sein, weil der Teufelsglauben allzuweit von unserer Wirklichkeit entfernt ist. Aber wir dürfen nicht vergessen, daß das frühe 16. Jahrhundert noch nicht rationalisiert war und daß der Teufel seinerzeit zur Wirklichkeit und zu den ›rationalistischen‹ Welterklärungen gehörte. Allerdings glaube ich, daß im Laufe des 16. Jahrhunderts und vor allem im 17. Jahrhundert, also auf dem Höhepunkt der paranoiden Hexenverfolgungen, die Hexerei kaum noch ausgeübt wurde. Es gab weniger Geständnisse und erst nach schweren Folterungen. Die Angeklagten wehrten sich heftig gegen die Beschuldigungen, deren Inhalt nicht mehr ihrem Weltbild entsprach. Auch die Verfolger wurden ersetzt. An die Stelle des Inquisitors trat der Gerichtsbeamte...« Wie wir gleich noch sehen werden, hat L. Varga die gleiche Thematik auch in bezug auf die Katharer interessiert.

222 Die besten Gesamtdarstellungen des Katharismus sind: Arno Borst, *Die Katharer*, Stuttgart 1953 (trotz einer ärgerlichen Identifikation mit den ›Siegern der Geschichte‹), und Jean Duvernoy, *Le catharisme*, 2 Bde., Toulouse 1976/1979. Eine erfrischend geschriebene Einführung und noch etwas mehr bietet Lothar Baier, *Die große Ketzerei. Verfolgung und Ausrottung der Katharer durch Kirche und Wissenschaft*, Berlin 1984. Vgl. ferner das Resümee bei Daniela Müller, Art. »Katharer«, in: *Theologische Realenzyklopädie*, Bd. 18, 1989, S. 22-30. Die Forschungslage wird durch zwei Bibliographien erschlossen: Herbert Grundmann, *Bibliographie zur Ketzergeschichte des Mittelalters (1900-1966)*, Rom 1967; Carl T. Berkhout/Jeffry B. Russel, *Medieval Heresies. A Bibliography (1960-1979)*, Toronto 1981. Über neuere Arbeiten informiert laufend die Zeitschrift *Heresis. Revue d'hérésiologie médiévale*, 1983 ff.

223 Zur Geschichte der Katharismus-Forschung siehe Borst, *Katharer*, S. 1-58, sowie den Sammelband: *Historiographie du catharisme*, Toulouse 1979 (= Les Cahiers de Fanjeaux, Nr. 14).

224 Vgl. ausführlich Jean-Louis Biget, *Mythographie du catharisme (1870-1960)*, in: *Historiographie du catharisme*, S. 271-342.

225 *Der Mythos des 20. Jahrhunderts* (zuerst: 1930), München 1942, S. 88 f.

226 *Kreuzzug gegen den Gral*, Freiburg 1933, Neuaufl. Stuttgart 1974. Rahns Phantastereien stießen damals auf eine breite Resonanz und fanden schon 1935 Eingang in den ›Großen Brockhaus‹ (15. Aufl., Bd. 20, S. 434). Allerdings wurden sie *auch* von der deutschen Fachhistorie zurückgewiesen: Theodor Heinermann, *Mythen um den Ort der Gralsburg*, in: *Die Welt als Geschichte*, 8, 1942, S. 164-168. Zu Rahn als geheimnisvoller Außenseiterfigur vgl. Baier, *Ketzerei*, S. 185 ff.

227 Karl Korn, *Lange Lehrzeit. Ein deutsches Leben*, München ²1979, S. 152 ff. Korn wurde im Mai 1934 aufgrund einer unbedachten politischen Äußerung aus Frankreich ausgewiesen.
228 Vgl. in diesem Sinne auch schon ihren Rezensionsaufsatz von 1934: *Moyen Age et Renaissance*, S. 130.
229 Vgl. Gerhard Rottenwöhrer, *Unde malum? Herkunft und Gestalt des Bösen nach heterodoxer Lehre von Markion bis zu den Katharern*, Bad Honnef 1986, bes. S. 357 ff. Zu den Folgen dieses unterstellten Satanismus siehe auch: Daniela Müller, *Albigenser – die wahre Kirche? Eine Untersuchung zum Kirchenverständnis der »ecclesia Dei«*, Würzburg 1986, S. 232 f.
230 Vgl. allgemein: Alexander Patschovsky, *Probleme ketzergeschichtlicher Quellenforschung*, in: *Mittelalterliche Textüberlieferung und ihre kritische Aufarbeitung. Beiträge der Monumenta Germaniae Historica zum 31. Deutschen Historikertag*, Mannheim 1976, S. 86-91 (mit weiterer Literatur).
231 Dies gilt v. a. für das katharische *Liber de duobus principiis* aus dem 13. Jahrhundert, das 1939 von dem Dominikanerpater Antoine Dondaine in der Florentiner Bibliothek entdeckt und bald darauf publiziert wurde. Siehe dazu Borst, *Katharer*, S. 53 f. und 254-318, sowie Yves Dossat, *La découverte des textes cathares: le Père Antoine Dondaine*, in: *Historiographie du catharisme*, S. 343-359.
232 Vgl. Borst, *Katharer*, S. 40 u. 46, sowie Jean Duvernoy, *Une source familière de l'hérésiologie médiévale: le tome II des »Beiträge« de Döllinger*, in: *Revue de l'histoire des religions*, 183, 1973, S. 161-177.
233 Vgl. Borst, *Katharer*, S. 24. Guiraud gab in dem rezensierten Buch eine längere Liste der im Laufe der Zeit verschwundenen häretischen Manuskripte (S. XI-XV). Lucie Varga ging also davon aus, daß so gut wie keine katharischen Primärquellen mehr erhalten waren.
234 So Jean Duvernoy in einem Brief an den Verf. v. 11. 3. 1990.
235 Ähnliche Formulierungen finden sich bereits in der Rezension des Schöffler-Buches (S. 141) sowie in: *Moyen Age et Renaissance*, S. 130.
236 René Nelli (Hg.), *Ecrivains anticonformistes du moyen âge occitan*, Bd. I, Paris 1977, S. 279. Vgl. auch ebenda, Bd. II, S. 269-285, sowie René Lavaud (Hg.), *Poésies complètes du troubadour Peire Cardenal (1180-1278)*, Toulouse 1957; Charles Camproux, *Présence de Peire Cardenal*, in: ders., *Ecrits sur les troubadours*, Bd. I, Montpellier 1984, S. 87-111.
237 Zu dem hier im Anschluß an Michel Foucault verwendeten Begriff des Diskurses vgl. meine Aufsätze: *Mentalitäten, Ideologien, Diskurse. Zur sozialgeschichtlichen Thematisierung der »dritten Ebene«*, in: Lüdtke, *Alltagsgeschichte* (wie Anm. 195), S. 85-136, und: *Sozialgeschichtliches Paradigma und historische Diskursanalyse*, in: Jürgen

Fohrmann/Harro Müller (Hg.), *Diskurstheorien und Literaturwissenschaft*, Frankfurt/Main 1988, S. 159-199.
238 Auskunft Berta Vargas, Brief an den Verf. v. 7.1.1990.
239 Vgl. Denis de Rougemont, *Die Liebe und das Abendland*, Köln 1966 (Neuausgabe: Zürich 1987), S. 86-124, 398 f. Rougemont vergleicht übrigens den Einfluß des Katharismus auf die Trobadors mit dem der Psychoanalyse auf die Surrealisten. Zur Rezeption der französischen Originalausgabe siehe Michel Winock, *Histoire politique de la revue »Esprit« 1930-1950*, Paris 1975, S. 155.
240 René Nelli, *Les cathares vu à travers les troubadours*, in: *Cahiers de Fanjeaux*, Nr. 3, 1968, S. 187. Vgl. zuvor ders., *De l'amour provençal*, in: *Le génie d'Oc et l'homme méditerranéen*, Marseille 1943, S. 44-68; Déodat Roché, *Le catharisme*, Toulouse ²1948, S. 135 ff.
241 Henri-Irénée Marrou, *Les troubadours*, Paris ²1971 (zuerst 1961), S. 145-149. Da Marrou die gesamte Katharismus-Forschung für einen Tummelplatz verschrobener Esoteriker hält, erklärt er ausdrücklich seine Verwunderung darüber, daß Lucie Vargas Aufsatz von der »ernsten« *Revue de l'histoire des religions* gedruckt worden sei. Vgl. daneben die nüchternere Kritik bei Borst, *Katharer*, S. 107 f., Lavaud, *Cardenal*, S. 661, und Suzanne Thiolier-Méjean, *Les poésies satiriques et morales des troubadours du XIIe siècle à la fin du XIIIe siècle*, Paris 1978, S. 380 f.
242 Brief an den Verf. v. 11.3.1990.
243 Siehe dazu Henri-Charles Puech, *Le manichéisme*, in: ders. (Hg.), *Histoire des religions*, Bd. II, Paris 1972, S. 637 ff., sowie Geo Widengren, *Der Manichäismus. Kurzgefaßte Geschichte der Problemforschung*, in: Barbara Aland (Hg.), *Gnosis. Festschrift für Hans Jonas*, Göttingen 1978, S. 278-318 (mit weiterer Literatur).
244 So weist Jean Duvernoy (Brief an den Verf. v. 11.3.1990) darauf hin, daß L. Vargas Interpretation des Gnosis (vgl. S. 230 f.) irreführend sei: »Offensichtlich war sie in der Geschichte der christlichen Dogmen nicht sehr bewandert. (...) Denn es gibt weder ein Urchristentum, das den Gott des Alten Testaments annimmt, noch eine Gnosis, die ›durch christliche Themen erobert‹ worden ist. Aber auf beiden Seiten gibt es eine Ökonomie des Heils mit der gleichen zeitlichen Dimension. Auf der einen Seite haben wir einen Erlöser mit rein alttestamentarischen Zügen, der Adams Sünde zurückkauft, und auf der anderen Seite einem Erlöser, der den himmlischen Ursprung des menschlichen Geistes und dessen Verbannung in eine niedere Welt offenbart: Erlösung gegen Offenbarung. L. Vargas Schlußfolgerung lautet: ›Die Katharer sind die letzten Abkömmlinge der letzten Ausläufer eines evangelisierten Gnostizismus‹. Sie kommt aber nie auf den Gedanken, daß das Evangelium (des Johannes) und bestimmte Paulus-Briefe schon zu Beginn des Christentums gnostisch waren

(was heute nicht mehr zweifelhaft ist), und daß der Katharismus insofern das Resultat einer zwar extremen, aber durchaus klassischen Hermeneutik war, *per auctoritates et rationes,* wie dies die Entdeckungen von Dondaine und eine genauere Lektüre der *Summa* der katholischen Polemiker gezeigt haben.«

245 Vgl. Borst, *Katharer,* S. 63 f. und Hans Söderberg, *La religion des cathares. Etude sur le gnosticisme de la basse antiquité et du moyen âge,* Uppsala 1949.

246 Vgl. Borst, *Katharer,* S. 66 ff. und 143 ff.; Duvernoy, *Catharisme,* Bd. 1, S. 313 ff., sowie Henri-Charles Puech, *Catharisme médiéval et bogomilisme,* in: ders., *Sur le manichéisme et autres essais,* Paris 1979, S. 395-427 (S. 397 f. auch ein Hinweis auf die Hypothese L. Vargas).

247 L. Varga, *La recherche historique et l'opposition catholique en Allemagne 1936,* in: *Revue de Synthèse,* 13, 1937, S. 55.

248 Ebenda, S. 51 f. In der Tat hatte Febvre kurz zuvor in seiner Vorlesung am Collège de France von 1935/36 mit dem Titel »L'Histoire dans la vie contemporaine« die These vertreten, daß die »Analyse der Gegenwart« eine Art »Kompaß« für historische Forschungen biete (NL Febvre, Dossier »Clio VII«, Vorlesungsmanuskript, 3. Vorl.).

249 Varga, *Moyen âge et renaissance,* S. 130.

250 Ebenda, S. 131.

251 Siehe v. a. sein Hauptwerk: *Land und Herrschaft. Grundfragen der territorialen Verfassungsgeschichte Südostdeutschlands im Mittelalter,* Baden bei Wien 1939. Vgl. dazu Otto Gerhard Oexle, *Sozialgeschichte – Begriffsgeschichte – Wissenschaftsgeschichte,* in: *Vierteljahresschrift für Sozial- und Wirtschaftsgeschichte,* 71, 1984, S. 303-341, und den in Anm. 124 zit. Aufsatz von Jütte.

252 Auch wenn dies in letzter Zeit häufiger behauptet wurde: vgl. z. B. Ulrich Raulff, *Nachwort* zu: Lucien Febvre, *Das Gewissen des Historikers,* Berlin 1988, S. 249 ff.; Alain Boureau, *Histoires d'un historien: Kantorowicz,* Paris 1990, S. 117.

253 Febvre, *Le problème de l'incroyance,* S. 15. Für ein früheres Beispiel vgl. auch Febvres 1927 publizierten Aufsatz: *De Linné à Larmarck et à Georges Cuvier,* in: ders., *Combats pour l'histoire,* bes. S. 334.

254 Vgl. Lucien Lévy-Bruhl, *La mentalité primitive* (zuerst: 1922), hg. und mit einer nützlichen biographischen und problemgeschichtlichen Einleitung versehen von Louis-Vincent Thomas, Paris 1976.

255 Siehe Febvre, *Le problème de l'incroyance,* S. 17 u. 404 ff. Vgl. auch ders., *Amour sacré, Amour profane. Autour de l'Heptaméron* (zuerst: 1944), Paris 1971, 281 ff.

256 Vgl. dazu u. a. meinen Aufsatz: *Mentalitäten, Ideologien, Diskurse* (mit weiterer Literatur).

257 Vgl. ebenda, S. 87 u. 120. Um diese Abgrenzung sprachlich festzuhalten, ist es unerläßlich, daß die französischen Ausdrücke ›mentalité‹

und ›mental‹ im Deutschen durch die entsprechenden Fremdwörter wiedergegeben werden. Jeder Rückgriff auf das alte Vokabular der Geistesgeschichte reduziert dagegen das Fremde erneut auf allzu Bekanntes.

258 *Historische Zeitschrift*, 146, 1932, S. 373. Zur weiteren Rezeption des Buches siehe auch: Jürgen Voss, *Das Mittelalter im historischen Denken Frankreichs*, München 1972, S. 16 (»kann wertvolles Material zur Geschichte des Topos vom finsteren Mittelalter vorlegen«); Uwe Needermeyer, *Das Mittelalter in der deutschen Historiographie vom 15. bis zum 18. Jahrhundert*, Köln–Wien 1988, S. 5 (sei »einseitig«, weil nur auf die Lichtmetaphern beschränkt); Carlo Ginzburg, *Vom finsteren Mittelalter bis zum Blackout von New York – und zurück*, in: *Freibeuter*, 18, 1983, S. 30f. u. 34 (»gibt nur eine Zitatensammlung, die den entsprechenden Kontexten entnommen, aber nicht analysiert sind«).

259 Varga, *Schlagwort* (wie Anm. 19), S. 125.

260 Ebenda, S. 132 f. Vgl. auch S. 67.

261 Leopold von Ranke, *Über die Epochen der neueren Geschichte* (1854), Darmstadt 1965, S. 7.

262 Zu Febvres Rabelais-Interpretation aus der Sicht der neueren Renaissance-Forschung siehe: David Wooton, *Lucien Febvre and the Problem of Unbelief in the Early Modern Period*, in: *Journal of Modern History*, 60, 1988, S. 695-730. Zur widerständigen Dimension dieses Buches im historischen Kontext von 1940/41 siehe: Natalie Z. Davis, *Rabelais among the Censors (1940s, 1540s)*, in: *Representations*, 32, 1990, S. 1-32.

263 Wie weit sie sich vom Historismus entfernt hat, zeigt auch der Beginn der Guiraud-Rezension, wo sie dem Autor vorwirft, sein »bequemer und unverdächtiger Relativismus« verberge eine Apologie der Inquisition (S. 189).

264 Zur Geschichte des Wortes *mentalité* siehe Ulrich Raulff, *Die Geburt eines Begriffs. Reden von ›Mentalität‹ zur Zeit der Affäre Dreyfus*, in: ders. (Hg.), *Mentalitäten-Geschichte*, Berlin 1987, S. 50-68. Eine analoge Untersuchung der pejorativen Anklänge des deutschen Fremdworts wäre wünschenswert.

265 *Montaillou, village occitan de 1294 à 1324*, Paris 1975 (die dt. Übers. Frankfurt/Main–Berlin–Wien 1980 ist leider unzulässig gekürzt).

266 Daß Lucie Varga auch die soziale Basis des Katharismus untersuchen wollte, belegt u. a. Febvres oben zit. Brief, in dem er von einer Untersuchung »über den Katharismus und die soziale Struktur des Languedoc« spricht (S. 33).

266a L. Febvre benutzte Ende der 30er Jahre im gleichen Zusammenhang den Begriff der *sensibilité*. In seinem 1938 entstandenen Beitrag: *La sensibilité dans histoire: les »courants« collectifs de pensée et d'action*

(in: *La sensibilité dans l'homme et dans la nature. Dixième semaine internationale de synthèse*, Paris 1943, S. 77-100) forderte er programmatisch eine »Sensibilitäten-Geschichte«. Vgl. z. B. auch ders., *La sensibilité et l'histoire*, in: AHS, 3, 1941, S. 5-20; erneut in: ders., *Combats pour l'histoire*, S. 221-238. Eine direkte ›Beeinflussung‹ Febvres durch L. Varga ist hier durchaus denkbar. Wahrscheinlicher ist freilich eine wechselseitige Anregung. Besonders deutlich ist diese intellektuelle Nähe in Febvres Rezension eines Buches über den Nationalsozialismus von 1939 (*Sur la doctrine national-socialiste: un conflit de tendances*, in: AHS, 1, 1939, S. 426-428; dt. Übers. in: ders., *Das Gewissen des Historikers*, S. 109-112). In Anlehnung an L. Vargas NS-Aufsatz von 1937 – den er jedoch nicht zitiert! – wendet er sich gegen eine ideengeschichtliche ›Ableitung‹ der NS-Bewegung und fordert statt dessen unter Hinweis auf Freikorps, Jugendbünde usw. eine Geschichte der »animalischen« und »sentimentalen« Ursprünge des Regimes.
267 L. Varga, *Matérialisme, idéalisme ou réalisme historique?*, in: *Revue de Synthèse*, 9, 1935, S. 154-155.
268 Zu den Schwierigkeiten Febvres und Blochs mit der Psychoanalyse vgl. vorläufig meinen Aufsatz: *Mentalitäten, Ideologien, Diskurse*, S. 88 ff.
269 Natürlich ist anzunehmen, daß Febvre die Aufsätze seiner Mitarbeiterin vor dem Druck stilistisch durchgesehen hat.
270 *Amour sacré, amour profane* (wie Anm. 255), S. 42. – Ähnlich wie L. Vargas Zeitungsroman über den ›Hitlerjungen‹ Hermann Gierlich kann man dieses letzte große Buch L. Febvres *auch* unter autobiographischen Gesichtspunkten lesen. Febvre widmete es 1944 seiner Frau Suzanne, die ihm in den Kriegsjahren mutig beistand. Aber es handelt von einer *schreibenden* Frau (Margarete von Navarra), und Suzanne Febvre hat nie etwas veröffentlicht. Darüber hinaus handelt es vom ›Doppelleben‹ der Menschen im 16. Jahrhundert – zwischen Liebe und Ehe. Und mehr als einmal hat sich L. Febvre ironisch als ein »Mann des 16. Jahrhunderts« bezeichnet.

Vorbemerkung zur Übersetzung

Alle Texte wurden nach den französischen Druckfassungen übersetzt. Offensichtliche Druck- oder Zitierfehler wurden stillschweigend korrigiert. Literaturangaben wurden so weit wie möglich überprüft und der heutigen Zitierweise angepaßt. Der jeweilige Tonfall der Texte wurde möglichst beibehalten, auch wenn z. B. der Telegrammstil an einigen Stellen etwas ungewöhnlich klingen mag. Nur an wenigen Stellen wurden im Text oder in den Anmerkungen Einfügungen gemacht, die dann durch eckige Klammern hervorgehoben sind. Auf inhaltliche Ergänzungen oder Randbemerkungen wurde dagegen bewußt verzichtet, selbst wenn einzelne im Text geäußerte Auffassungen aus heutiger Perspektive überholt oder falsch sind. Für eine entsprechende Kommentierung und Situierung der Texte sei statt dessen auf die Einleitung verwiesen.

Kursiv gesetzte und mit einem Sternchen* versehene Ausdrücke oder Begriffe stehen im Originaltext in Deutsch.

Im zweiten Teil (»Studien zur Religion der Katharer«) werden zwei historische Quellenwerke mit folgenden Abkürzungen zitiert:

MPL = J. P. Migne (Hg.), *Patrologiae cursus completus...*
    Series latina..., 221 Bde., Paris 1844-1865.
MPG = J. P. Migne (Hg.), *Patrologiae cursus completus...*
    Series graeca..., 167 Bde., Paris 1857-1876.

Erster Teil
Deutschland und Österreich zwischen den Weltkriegen

Die Entstehung des Nationalsozialismus
Sozialhistorische Anmerkungen

Ganz in der Nähe ist eine Welt zu Ende gegangen. Eine neue Welt entsteht mit bisher unbekannten Konturen. Verfügen wir nicht über alle Mittel, sie zu verstehen? Der Historiker kann jetzt die Geschichte, die sich gerade begibt, aus nächster Nähe beobachten. Er kann sich viele Dokumente aus erster Hand besorgen. Und er kann, wenn er will, an Ort und Stelle gehen, beobachten und Gespräche führen. Mehr noch: Er kann in dem Land, das er untersucht, leben, um es in seinen Denkgewohnheiten und Verhaltensmustern zu begreifen. Aber dennoch fällt es außerordentlich schwer, die Gegenwart richtig zu interpretieren. Wie viele Erklärungen des nationalsozialistischen Deutschlands erklären überhaupt nichts! Viel zu häufig sind wir nämlich Gefangene alter Metaphern oder theoretischer Vorurteile. Die alten Schlüssel passen nicht auf die neuen Schlösser.

I

Da haben wir als erstes den marxistischen Schlüssel: Die Geschichte bestünde aus einem Zusammenprall von Klassen mit gegensätzlichen ökonomischen Interessen. Was folgt daraus? Der Nationalsozialismus gilt dann nur als eine »Attrappe«, als Kriegslist, als eine Höllenmaschine der Kapitalisten und reaktionären Kräfte – von den Industriellen und Bankiers bis hin zu den Großgrundbesitzern. Eine sehr plumpe Sichtweise, wie man zugeben wird. Hier eine etwas differenziertere Variante: Das Kleinbürgertum habe die nationalsozialistischen Ideen übernommen, um auf diese Weise in den Kreis der einflußreichen Gesellschaftsklassen aufzurücken und zwischen ihnen eine eigenständige Position einzunehmen. Aber auch das ist zu simpel. Daher hat man es noch komplizierter formuliert: Die Anhänger des Nationalsozialismus seien »Deklassierte aller Klassen«, verarmte Handwerker, Intellektuelle ohne Zukunft, Soldaten, die plötzlich ihre Privilegien verloren haben, kleine Beamte ohne Aufstiegschancen usw. Aber

überschreitet man nicht schon die Grenzen der Orthodoxie, wenn man behauptet, daß Deklassierte oder Klassenlose eine Revolution machen könnten – eine jener Revolutionen, von denen es sonst immer heißt, daß sie nur von *einer* Klasse gemacht werden können und daß allein sie in der Lage sei, eine Gesellschaft von Grund auf umzuwälzen? Hinzu kommt, daß sich diese gesellschaftlich Deklassierten, diese zersprengten Partikel nur schwer zu einheitlichen Aktionen zusammenführen lassen.
Passen die nicht-marxistischen Schlüssel also besser? Abgesehen von der allzu einfachen Theorie der »Massenpsychose« liegt uns dazu bisher nur ein Aufsatz von Toynbee vor: »Der Staat als moderne Religion«.[1] Der Nationalsozialismus wird darin als eine moderne Form der Religion bezeichnet. Nun gut, aber ist das nicht etwas vage und dunkel ausgedrückt? Und wenn es sich um eine Religion handelt, wie hat man sich dann zu ihr bekehrt? Auf welcher historischen Grundlage?
Einige liberale Historiker haben demgegenüber versucht, den Nationalsozialismus allein aus der Geschichte zu erklären. Sein Programm sei keine neue Erfindung, sondern ein Gemisch aus alten Ideen, die man überall aufgelesen habe. So entwerfen sie einen wunderbaren Stammbaum der nazistischen Ideen. Aber trotz dieser vielen ideologischen Vorfahren, die sich bereits die Nationalsozialisten selbst herausgesucht und ausdrücklich erwähnt haben, ist der Nationalsozialismus etwas ganz und gar Neues, das sich nicht einfach mit Hilfe eines Programms oder eines Systems von »Ideen« beschließen läßt. Denn was bedeuteten für Hitler und seine Männer schon Nietzsche, Pareto oder gar Chamberlain, als sie ihren Kampf begannen? Welchen Anteil hatte die Geschichte an der Entstehung des Nationalsozialismus – und war es tatsächlich eine Geschichte von Ideen?

Was können wir tun, wenn uns weder die »Klassen« noch die »Ideen« hinreichende Erklärungen liefern? Lassen wir die theoretische Soziologie hier beiseite und wenden wir uns den Fakten zu – und zwar nicht den allgemeinen und abstrakten, sondern den individuellen und konkreten. Vor uns liegt ein Stapel Akten über die ersten Anhänger des Nationalsozialismus der Jahre 1922 bis 1932: Öffnen wir sie.
Da haben wir zum Beispiel den Ingenieur eines großen Unternehmens; er stammt aus einer Kleinstadt und einer *deutschnationa-*

*len** Familie. Er wurde in dem Glauben erzogen, daß die kapitalistische Welt gut und gerecht sei. Wem der Erfolg in ihr versagt bleibt, ist wertlos. Zwischen 1923 und 1927 läuft alles noch gut. Dann kommt die Wirtschaftskrise: Entlassung, Arbeitslosigkeit, eine Ablehnung nach der anderen. Wohin soll er sich wenden? Zum Sozialismus oder zum Kommunismus? Niemals. Alte Familientradition, Klassendünkel, ungebrochene Solidarität mit den »anständigen Leuten«, den ordentlich gekleideten Bürgern. Außerdem verfügt er über keinerlei »linke« Erinnerungen – jede Bekehrung läßt sich aber wenigstens teilweise aus einer Transponierung von Erinnerungen erklären. Eines Abends findet eine Nazi-Versammlung statt. Unser Mann tritt durch die Tür und ist ergriffen. Hier wird der Schuldige benannt, der Verantwortliche für all das Unglück, unter dem er leidet, jenes Wesen, in dem sich das blinde Schicksal verkörpert, durch das er sich ebenso wie viele andere zertreten fühlte, ohne es identifizieren zu können. Dieses Wesen ist der Jude.

Was für eine Erleichterung! »Ihr glaubt gegen geheimnisvolle, mysteriöse und verborgene Mächte zu kämpfen. Und verzweifelt sagt ihr: Wie kann man dem widerstehen, was man nicht benennen kann? Nur Mut! Der Feind hat einen Namen, wir werden ihn Euch liefern. So läßt sich das Unerklärbare erklären und das Unfaßliche vergegenständlichen. Der Jude ist es, der das deutsche Blut aussaugt und verhindert, daß die Welt schön und gut ist! Verjagen wir ihn aus Deutschland! Unser Sieg wird auch der Eure sein!« – Was für ein Glück, endlich wieder einen Sündenbock zu haben, den man verfluchen kann. Unser Mann ist erleichtert, befreit und erobert. Er denkt keineswegs: »Hitler und die Seinen werden uns retten.« Sondern er sagt: »Wenn uns irgend jemand retten kann, dann ist es Hitler – und ich werde ihm dabei helfen.« Die Partei führt ihn mit Kameraden zusammen. Sie sorgt dafür, daß er nicht verhungert. Inzwischen ist er Chefingenieur einer rheinischen Maschinenfabrik. Sein Bruder dagegen hatte ein ganz anderes Schicksal: Von der Front zurückgekehrt, geriet er zufällig nach Holland, wo er sich niederließ. Als Rechtsanwalt und Finanzberater mehrerer Amsterdamer Großbanken verachtet er den Nationalsozialismus als eine abstoßende Erfindung von Verzweifelten.

Ein anderes Bekenntnis: »Wie oft bin ich durch die Straßen gelaufen, ohnmächtig, zermürbt, einsam! Die Marxisten waren mir zuwider. Mein Vater war ein verarmter Adliger. Früher wurde ich mit ›Herr Baron‹ angesprochen, jetzt war ich nur noch ein Handlungsreisender. Das Leben war sinnlos geworden. Die paar Groschen, die ich verdiente – weil ich noch eine Krawatte binden konnte – gab ich für Vergnügungen aus, ich ging tanzen oder verbrachte einen nostalgischen Tag auf irgendeinem Schloß ... Eines Abends ging ich nur aus Spaß zu einer Versammlung. Als ich wieder herauskam, hatte es mich gepackt. Es waren Nationalsozialisten. Bei ihnen fielen die gleichen Worte, die ich früher von meinem Vater hörte: Pflichterfüllung, Verantwortung, Disziplin. Vor meinen Augen stand plötzlich die Vision eines siegreichen Deutschlands – Deutschland nach der Schlacht bei Sedan –, und wie meine Vorfahren bin auch ich dem Ruf der flatternden Fahne, dem Trommelwirbel und dem Appell der Trompete gefolgt. Die Bewegung war damals noch nicht sehr groß, aber wir marschierten für ›unser‹ Deutschland ...«

Es gibt noch eine ganze Serie solcher Biographien (Serie, ein häßliches Wort, weil es sich um Menschen handelt, aber hier trifft es eben zu): heimgekehrte Soldaten, kleine Schlageters[2], die von der Front kamen und sich im bürgerlichen Leben nicht mehr zurechtfanden. Sie hatten unter dem Krieg so gelitten – und nun war ihr Opfer umsonst gewesen. Sie hatten den Krieg so genossen, er war ihnen ins Blut und unter die Haut gegangen – und nun verlangte man von ihnen, das Kriegshandwerk aufzugeben und nur noch verächtlich und mit schlechtem Gewissen daran zurückzudenken. Viele schlossen sich deshalb den Freikorps an. Rossbach, Oberlandt, die Brigade Erhardt. Von Zeit zu Zeit taten sie so, als ob sie eine Arbeit suchten, aber ohne ernste Absicht. Als 1921 polnische Banden in Schlesien auftauchten, ließen die »Kameraden« des Freikorps Oberlandt auf ein Zeichen hin alles stehen und liegen und sammelten sich. So wie sie waren, nahmen sie den nächsten Zug, ein paar Heidelberger Studenten hatten noch ihre *Mützen** auf.

Man sollte nichts stilisieren: Ein solches Abenteuer verlangte zwar vielleicht mehr Heroismus, aber ganz sicher weniger Mut als ein geregeltes bürgerliches Leben in diesen schwierigen Zeiten. Allerdings lösten sich die Freikorps bald auf. 1923 war ihre große Zeit vorüber. Sie lebten in Verbänden weiter, von denen einige sehr mächtig wurden. Ihr Standort war klar umrissen: militaristisch, antisozialistisch und antibürgerlich. Zwar wurden ihre Positionen nirgendwo programmatisch formuliert, aber sie basierten auf einer ganz bestimmten Erfahrung: dem Krieg und der festen Absicht, ihn in »Aktionen« weiterzuführen. Eine andere Schwäche dieser Kampfverbände bestand darin, daß sie sich mangels Programm auf rein persönliche Gefolgschaften beschränkten. Als ihre Führer an ihrer Mission zu zweifeln begannen, standen Hitler und die SA schon bereit und traten ihre Nachfolge an.

Hinzu kamen noch die ganz Jungen, wie Horst Wessel oder Maikowski[3], die damals noch zur Schule gingen. Alle die Ungeduldigen, die möglichst schnell Erfolg haben wollten. Aber ihre Zukunft sah immer düsterer aus. Man erzählte ihnen von Opfern, die man bringen, von Symbolen, für die man in den Tod gehen, und von einem Führer, dem man folgen müsse. Sie sollten eine Uniform tragen, die sie herausheben und von der Masse unterscheiden würde; dieser Waffenrock würde sie zu neuen Menschen machen, unpersönlich wie Priester. So wurden sie initiiert. Man öffnete ihnen ein Aktionsfeld. Die schlimmen Stunden einer endlosen Pubertät waren vorüber. Eine grausame Wirklichkeit nahm sie auf, aus dem Soldatenspielen wurde Ernst. Sport und Politik, Vergnügen und Pflicht, Abenteuer und Berechnung: Aus dieser Mischung entstand für diese Männer eine teuflische Verführung. Viele von ihnen waren deklassiert oder von der Deklassierung bedroht. Aber das war nicht immer der Fall, denn es gab zum Beispiel auch den Amtsrichter aus der Provinz, der als letzter Abkömmling einer langen Reihe von Amtsrichtern seine gesicherte Laufbahn absolvierte und den niemand hätte entlassen können. Oder es gab den Beamten, Abkömmling einer langen Ahnenreihe von Beamten, der unkündbar hinter seinem Schreibtisch saß. Es gab den Volksschullehrer und den *Oberlehrer** sowie den Fabrikanten und leitenden Ingenieur, die zwar alle nicht in der ersten, aber in der »zweiten Stunde« beigetreten sind und weder im Elend lebten (ökonomischer Aspekt), noch von der Gesellschaft zurückgestoßen wurden (sozialer Aspekt). Aber die Inflation hatte auch ihre Ersparnisse aufgefressen. Ihre familiale Situation war bedroht. Der Großvater hatte noch daran denken können, ein Grundstück oder ein Haus zu erwerben, seine Söhne auf die Universität zu schicken und seinen Töchtern eine reiche

Aussteuer zu geben. Der Vater dagegen konnte nur noch seinen Sohn studieren lassen, während die Töchter fast leer ausgingen. Was aber sollte aus dem Sohn jetzt werden? Welche Zukunft konnte er seinen Kindern noch bieten? Eine diffuse Gefahr bedrohte ihn. Wer würde seine Kinder beschützen? Sollte er sie in eine unbekannte, fremdbestimmte Welt entlassen, ohne selbst die Möglichkeit zu haben, in sie einzugreifen?

Schließlich gab es auch noch die Kleinhändler und die vielen Provinzler, die sich aus der Kultur der Großstädte und Ballungsgebiete ausgeschlossen fühlten, die ihre Traditionen, Gewohnheiten und Bräuche bedroht sahen – bedroht sowohl von den Großbetrieben als auch von den neuen antiautoritären Ideen der Hauptstadt. Eine ökonomische Bedrohung und mehr noch eine soziale Bedrohung.

Wir haben von »wirtschaftlicher und gesellschaftlicher« Erschütterung gesprochen. Versuchen wir, dies im Lichte der bisher skizzierten Fakten zu präzisieren: Geht es um die Wirtschaft oder um die Gesellschaft? Wenn wir uns all diese Biographien vor Augen führen, können wir dann nicht sagen: Nicht die ökonomische Misere, die häufig nur zu einem Rückzug und einer eingeschränkten Lebensweise führt, sondern der Verlust der »sozialen Ehre« wird als psychischer Einschnitt empfunden?

»Soziale Ehre«: Dieser Begriff ist den Ethnologen wegen seiner Bedeutung und Wirksamkeit in primitiven Gesellschaften wohl bekannt. Erinnert sei nur an den Brauch des »potlatch«, bei dem sich zwei Stämme so lange gegenseitig mit Geschenken übertrumpfen, bis sie schließlich beide verarmt sind. Aber gibt es nicht auch in unseren Gesellschaften ein solches Gefühl der »sozialen Ehre«[4]? Die Angst, seinen Rang zu verlieren, das Gefühl, keine gute Figur mehr zu machen, nicht mehr zu zählen und keinen Platz mehr zu haben, der Ärger und Groll darüber, überflüssig oder überzählig zu sein, zunehmend verdrängt und verstoßen zu werden – all das schürt Haß und Mißgunst. Warum benutzen wir diesen Begriff nie in historischen Darstellungen? In Wahrheit geht es weniger um die ökonomische Situation im engeren Sinne als um die soziale Situation. Zwar ergibt sich die soziale Lage in einer bürgerlichen Gesellschaft (und zwar *nur* in einer bürgerlichen Gesellschaft) aus der ökonomischen Lage im engeren Sinne, aber was dabei in erster Linie das Bewußtsein prägt, ist der Wunsch, das Bedürfnis, der leidenschaftliche Wille, eine soziale Auslese, einen sozialen Einfluß und eine soziale Stellung zu bewahren, die sich weder in Zahlen noch in Geld ausdrücken lassen. In jeder tiefgreifenden Revolution, in jeder Revolution, die eine neue Lebensweise hervorbringt, gehören die gewalttätigsten Extremisten nicht zu den aufsteigenden, sondern zu den absteigenden Klassen.[5]

Bilden aber diese Deklassierten und Bedrohten tatsächlich eine Klasse? Nein. Nicht einmal eine Gruppe bewußt miteinander verbundener Menschen. Nur wir erkennen bei ihnen eine Gemeinsamkeit der Antipathien. Nur wir können sagen: Indem man die Biographien der ersten Nazis miteinander vergleicht, erkennt man ihren gemeinsamen Nenner: Das Gefühl, den Boden unter den Füßen zu verlieren, die Angst und die vorrevolutionäre Verzweiflung, die man sowohl am Vorabend der Reformation wie auch in den Anfängen des Nationalsozialismus findet. In beiden Fällen handelt es sich um eine kleine Gruppe von verzweifelten Menschen. Wie Religionshistoriker seit langem wissen, bildet eine solche Verzweiflung die wichtigste Voraussetzung jeder Bekehrung und jeder neuen Religion. Für solche verzweifelten Menschen hat das Leben in den alten Bahnen und mit den alten Wertmaßstäben jeden Sinn verloren. Verzweiflung und Einsamkeit gründen auf der Utopie eines goldenen Zeitalters, auf der Sehnsucht nach einem verlorenen Paradies. Eine solche Verzweiflung entsteht in jeder Epoche der Auflösung und Veränderung, sie steht hinter jeder sozialen Erschütterung, die nicht nur eine einzelne gesellschaftliche Gruppe erfaßt, sondern eine vollständige Umorganisation der Gesellschaft postuliert.

Den vielen Verzweifelten bieten sich zahlreiche Auswege. Eine Konkurrenz der Religionen entsteht. Im vorhitleristischen Deutschland gibt es unzählige *Bünde**, Vereine und Sekten im engeren Sinne, die verschwommenen buddhistischen oder christlichen Reminiszenzen folgen, die friderizianische oder bismarckianische Ursprünge haben – ganz zu schweigen von den extremen Parteien, dem Gewimmel der Gruppen und Untergruppen, die alle davon träumen, Deutschland – und später der ganzen Menschheit – ihre Wahrheit aufzuzwingen. Somit drängt sich die Frage auf, welche dieser vielen lebendigen und einander ausschließenden Religionen den Sieg davontragen wird.

Wird es die »höchste« und beste sein? Waren denn in moralischer und intellektueller Hinsicht die Religionen des ersten Jahrhunderts dem Christentum wirklich unterlegen? Hatten [Reformatoren wie] Wesel, Bucer oder Zwingli theoretisch weniger zu bieten als Luther? Die Zukunft gehört nicht jeweils der »besten« Lehre, sondern derjenigen, die am stärksten mit sozialer Dynamik aufgeladen und am ehesten geeignet ist, eine sich auflösende Gesellschaft zu »organisieren«. Genauer: die am sparsamsten mit den vorhandenen Energien umgeht. Jede Revolution bedeutet Verengung, Rückzug, Reduktion. Man vergleiche nur die frühchristliche Kultur mit der Kultur der Antike; oder die Nacktheit der protestantischen Reformation des 16. Jahrhunderts mit der üppigen Pracht der katholischen Kathedralen; oder eben die Armut des Nationalsozialismus mit dem intellektuellen Reichtum der liberalen Ära in Deutschland.

Eine Revolution? Das heißt Eliminierung all dessen, was nicht unmittelbar dem Kampf und dem Sieg dient. Revolution, das heißt alles vereinfachen und überall Dualismen durchsetzen: Freund oder Feind, Kampfgenosse oder Kampfgegner, Stärke oder Schwäche, Du oder Ich, Jäger oder Gejagter ... Darüber erhebt sich ein blinder, fanatischer Glaube an den Führer und die Lehre, eine totale Aufopferung, eine restlose Aufgabe all dessen, was man ist und was man hat ... Für den Verzweifelten, der das Gefühl hat, jeden Tag etwas tiefer zu rutschen, ist dies ein wunderbarer Rettungsanker – endlich hat sein Leben einen Sinn! Um die Wirtschaftskrise zu überwinden, waren ungeheure Anstrengungen und ganz besondere »Fähigkeiten« erforderlich, die der Nationalsozialismus sofort mit einer gleichsam religiösen Aura umgab: Aktionsbereitschaft, Kampfgeist, Kraft und Geschicklichkeit, körperlicher Mut und gnadenlose Brutalität – Heldentum. Alles andere ging über Bord: Gelehrsamkeit, Wissenschaft, Intellektualität in allen ihren Formen, Differenzierungsvermögen, Feinsinn und Vorsicht – all dies wurde als bürgerlich verworfen. In der Krise hat Deutschland von allen, die es verändern wollten, eine Anspannung, eine Art Mut der Verzweiflung in der täglichen Anstrengung gefordert, der zunehmend nachließ und nur durch die Mobilisierung der schrecklichsten Aggressionen und durch eine totale, absolute und jederzeitige Bindung an den Führer wiederhergestellt werden konnte. Dies ist das Werk des Nationalsozialismus mit seinem blinden Glauben an ein kindliches Weltbild, seiner Aufopferung des Individuums für höhere Ziele und seiner Eschatologie, die zugleich irdisch und metaphysisch ist.

Soziale Deklassierung und Besorgnis erzeugen, wie gesagt, Verzweifelte und bereiten das Terrain für Konvertiten. Zunächst ist es nur eine Handvoll, ein kleiner Kern von Anhängern und Fanatikern: Menschengruppen, die vor ihrer Bekehrung ganz verschiedenen Milieus mit unterschiedlichen wirtschaftlichen Bedingungen angehörten. Aber nach ihrer Bekehrung verbindet sie die Erfahrung der Verzweiflung, die sich als das allen gemeinsame Bindeglied erwiesen hat, sowie die Erfahrung der neuen Möglichkeiten, die sich nun abzeichnen. Bevor sie eine Gemeinschaft bildeten, waren sie nur soziale Atome; nun aber sind sie zu Trägern einer Revolution geworden. Im Deutschen könnte man sie als *Erlebnisgruppen** bezeichnen, ein Begriff, für den es im Französischen keine Entsprechung gibt. Bei solchen *Erlebnisgruppen** handelt es sich um psychologische Phänomene, wie sie die Religionshistoriker untersuchen: Jede religiöse oder politische Bekehrung muß die gleichen psychologischen Etappen durchmachen, auch wenn es sich nicht um eine Religion im engeren Sinne handelt. Zunächst gibt es ein Gefühl der Leere, eine mehr oder weniger große Verzweiflung, dann kommt es zu ersten Begegnungen, und schließlich wird der Schlüssel zur Welt gefunden: Man opfert sich, weiht sich ganz der neuen Lehre, welche die bereits Eingestimmten in einem Ausmaß überzeugt, das sich nicht durch Logik, Symbole, Mythen oder Heilige Bücher erklären läßt. Die verschiedenen *Erlebnisgruppen** unterscheiden sich voneinander sowohl durch die Intensität ihrer Erfahrung als auch durch den Inhalt ihrer Antworten; aber wenn die Doktrin mächtig genug ist, kann sie einen modellierten Menschentypus hervorbringen – einschließlich der äußeren Erscheinung –, der einem bestimmten Lebensplan folgt.

II

Wodurch werden ökonomische Erschütterungen oder soziale Umbrüche verursacht? Entstehen sie aus völlig beliebigen und undefinierbaren Gründen, oder werden sie – wenn auch nicht als Programm und besondere Doktrin, so doch als gesellschaftliche Haltung – durch die jeweilige Landesgeschichte diktiert, ja determiniert? Zwar wurden die Thesen des Nationalsozialismus gewiß nicht aus den philosophischen Ideen des 19. Jahrhunderts abgeleitet, aber dennoch läßt sich der Nationalsozialismus kaum ohne die Geschichte des 19. Jahrhunderts verstehen. Welche historischen Fakten muß man also bei seiner Erklärung berücksichtigen?
An erster Stelle ist die relativ schwache Stellung der deutschen Bourgeoisie innerhalb des gesellschaftlichen Gefüges zu nennen. Sie hat nie eine Magna Charta erkämpft. Und auch kein 1789. Als »Dritter Stand« hat sie nie den Sieg errungen. Vor 1848 gab es zwar eine Revolution, aber sie blieb rein »ideologisch« und »geistig«. Marx beschrieb sie 1846 mit folgenden Worten: »Wie deutsche Ideologen melden, hat Deutschland in den letzten Jahren eine Umwälzung ohnegleichen durchgemacht. Der Verwesungsprozeß des Hegelschen Systems, der mit Strauß begann, hat sich zu einer Weltgärung entwickelt, in welche alle ›Mächte der Vergangenheit‹ hineingerissen sind ... Es war eine Revolution, wogegen die französische ein Kinderspiel ist, ein Weltkampf, vor dem die Kämpfe der Diadochen kleinlich erscheinen. Die Prinzipien verdrängten, die Gedankenhelden überstürzten einander mit unerhörter Hast, und in den drei Jahren 1842-1845 wurde in Deutschland mehr aufgeräumt als sonst in drei Jahrhunderten.«[6]
Alle Versuche einer politischen und wirtschaftlichen Befreiung sind im Grunde ziemlich kläglich gescheitert. Wie aber läßt sich eine verpaßte Revolution nachholen? Für Deutschland hatte dies ungeheure Folgen. Denn so entstand eines der Grundmerkmale des gesellschaftlichen Lebens: ein sozialer Dualismus, der bis heute fortbesteht. Es gab eine Bourgeoisie, aber sie stand immer im Schatten des Hofes. Die gesellschaftliche Hierarchie basierte im 19. Jahrhundert auf anderen Werten, als sie im westlichen Europa üblich waren. Ganz oben auf der Stufenleiter der sozialen Ehre standen der Adlige, der Offizier und der Beamte; erst viel weiter unten kamen Fabrikanten, Bankiers und Kaufleute. Was

der deutschen Bourgeoisie in einem solchen Klima also fehlte – von wenigen Ausnahmen abgesehen – war ein solides Selbstvertrauen. Für die industrielle, kaufmännische und mittlere Bourgeoisie bedeuteten Fabriken, Großhandelskontore oder Banken weder Ansehen noch Aufsehen, es sei denn es handelte sich um die allergrößten Betriebe. Der Kontakt zu materiellen Dingen, zu Geld und Volkswirtschaft brachte im Gegenteil eine Art Schuldgefühl mit sich. Wenn sich der Sohn oder die Enkel über die gesellschaftliche Stellung der Vorfahren erheben wollten, schlugen sie die Offizierslaufbahn oder die akademische Laufbahn ein: Der Geist wirkte reinigend. Die Universität war ein Tempel, die *Herren Professoren** waren Priester und die Studenten Eingeweihte. Auf diese Weise ist ganz Deutschland durch eine geheime Kluft in *Gebildete** und *Ungebildete** geteilt. Diese Begriffe sind unübersetzbar, weil die entsprechenden französischen Ausdrücke – *cultivés* und *non cultivés* – nicht den gleichen tieferen Beiklang haben. Es handelt sich um eine formalistische intellektuelle Kultur, die der von den Universitäten verliehene Titel *Herr Doktor** zum Ausdruck bringt. *Gebildet** oder *ungebildet**, eingeweiht oder verdammt – dieses moralische und gesellschaftliche Urteil fällt die Bourgeoisie über sich selbst. Darin folgt sie bürgerlichen Werten, obwohl ganz andere Werte in Deutschland den Kurs bestimmen.

In Deutschland hat die *Bildung** eine lange Geschichte, die es zu schreiben lohnen würde. Sie ist ebenso eine Übertragung und ein Aspekt des deutschen Protestantismus, wie es eine Beziehung zwischen industriellem Fortschritt und englischem Puritanismus gibt. Im 18. Jahrhundert hatte sie außerdem noch eine andere Funktion zu erfüllen: Das in viele Kleinstaaten zersplitterte Deutschland war nur durch seine gemeinsame *Bildung** als Nation sichtbar. Deutschland existierte nur als *Kulturnation**. Inmitten des politischen Elends und gegen das politische Elend gab es eine geistige Regierung. Und zu Beginn des 19. Jahrhunderts war die *Bildung**, wie wir gesehen haben, ein Ersatz für den Sieg der Bourgeoisie.
Die Schwäche der deutschen Bourgeoisie läßt sich aber nicht nur aus der gescheiterten Revolution erklären. Andere Ursachen kommen hinzu. Vor allem die Geschwindigkeit und das Ausmaß ihres enormen materiellen Erfolges in den letzten Jahrzehnten des

19. Jahrhunderts. Damals holte sie nicht nur den Rückstand gegenüber den englischen und französischen Bourgeoisien auf, sondern überholte diese sogar. Und zwar in einem rasenden Tempo. Im Jahr 1800 befand sich Deutschland fast noch im Mittelalter: 78% der Bevölkerung lebte auf dem Land, und 80% war in der Landwirtschaft beschäftigt. Nur 17 Städte zählten mehr als 10 000 Einwohner. In den Städten gab es noch Zünfte, auf dem Land die *Erbuntertänigkeit**, die den Bauern an die Scholle band, sowie eine weitgehend autarke Bewirtschaftung. Unzählige Kleinstaaten umgaben sich mit einem Schutzwall an Steuern und Zöllen, und jeder von ihnen hatte noch seine eigenen Maße und Gewichte. Ab 1807 werden die *Erbuntertänigkeit** und fast überall auch die Zünfte abgeschafft. 1834 schließen sich 18 Staaten zum Zollverein zusammen. 1835 entsteht die erste Eisenbahnstrecke zwischen Nürnberg und Fürth. 1845 umfaßt das Schienennetz 2300 km, 1850 sind es 6000 km, 1871 20 000 km und 1905 56 000 km. Die Entwicklung der Schiffahrtswege folgt mit ähnlicher Geschwindigkeit. Und die Industrie? Im Jahr 1800 arbeitete sie noch ganz ohne moderne Maschinen – und nur die Baumwollindustrie erlebte unter den napoleonischen Bedingungen einen plötzlichen Aufschwung. 1837 lieferten die Dampfmaschinen eine Kraft von 7000 PS; nach 1850 gab es dann eine triumphale Steigerung der Dampfkraft. Während die deutsche Eisenproduktion 1840 noch an vierter Stelle hinter England, Frankreich und Belgien rangierte, stand sie im Jahr 1900 an der Spitze aller europäischen Länder. Nach 1871 und aufgrund der [durch den Sieg über Frankreich] bedingten Goldzufuhr wurde eine Stahlindustrie und eine Farbstoffindustrie im großen Maßstab aufgebaut. Zu diesem Zeitpunkt entstand der Export, also das »Made in Germany«.

Ein so rapider und bedeutender wirtschaftlicher, industrieller und technischer Aufschwung erfordert rasche gesellschaftliche Anpassung, eine Umorganisation der gesamten Lebensumstände, denen es dadurch zwangsläufig an Stabilität fehlt. Es kommt zur plötzlichen Auflösung alter Traditionen und Konventionen, zu einer massenhaften Umsiedlung und einem Sturm auf die Städte; das kleine Provinzbürgertum steigt auf; die ländliche mittlere Industrie verlagert sich in die Städte. All dies löst gesellschaftliche Erschütterungen aus. Und im Ergebnis führt es zu einer Schwächung des »bürgerlichen Geistes« in diesem äußerst traditionsreichen Land, wo immer noch viele Überreste ehemals florierender Gesellschaftsschichten bestehen, die nie völlig besiegt wurden. Gerade der Erfolg, der sich aus dem schier unglaublichen Vormarsch der deutschen Industrie an die Weltspitze ergibt, hat jene geistige Schwächung bewirkt: Wenn man auf eine andere wirtschaftliche und gesellschaftliche Ebene überwechselt, geht dies nicht ohne Schaden für die alten Traditionen ab.

Der deutschen Bourgeoisie, die so vieles geschaffen hat, ist es in der Tat nie gelungen, ihrem Land ihre eigene Ideologie aufzuprägen. Trotz aller Anstrengungen gab es weite Kreise, die ihrem Einfluß widerstanden. Deren gesellschaftliches Prestige und deren politische Autorität waren der ihren überlegen; nicht der wohlhabende Bürger der Reichshauptstadt, sondern der Offizier und der adlige Gutsherr bildeten das gesellschaftliche Vorbild. In den Zeiten des *Vormärz** besaßen diese reaktionären Kreise bedeutende Theoretiker: Haller, Adam Müller, Stahl, Radowitz usw. Nach 1848 besaß die Reaktion ihre konservativen Opponenten wie Paul de Lagarde. Im politischen Alltag bildeten sie einflußreiche Gruppierungen, denen es nicht an Vitalität fehlte. Aus diesem Milieu kam auch Bismarck. Dort herrschte ein eigentümliches geistiges Klima. Und wenn man sich in den Annalen des 19. Jahrhunderts umschaut, wenn man in den Memoiren, Biographien und Zeitungen blättert, begegnet man allzuoft auch dem Nationalsozialismus. Man stößt auf typische Begriffe und Losungen. Ich denke z. B. an den Tonfall antisemitischer Gruppierungen wie des *Preussischen Volksvereins** gegen 1860 oder anderer Vereine in den Jahren 1873 bis 1893; ich denke an die *Soziale Reichspartei**, die bereits 1880 einen rassistischen Antisemitismus vertrat, Kongresse organisierte, Broschüren und Flugblätter herausgab. Zur selben Zeit versuchten der Hofprediger Adolf Stoekker und der Landtagsabgeordnete von Hammerstein mit ihrer *Kreuzzeitung** die antikapitalistischen oder vielmehr antimaschinistischen Elemente zu sammeln. Meist stammten sie aus dem ländlichen Adel und Klerus; sie lehnten den Wirtschaftsliberalismus ab und hatten Angst vor der gigantischen Industrialisierung Deutschlands. Ihnen folgte ein Großteil der Bauern, so etwa in Hessen. Denn auch sie erlebten ungefähr seit 1880 die Tücken des Geldes und haßten aus tiefster Seele ihre »gnadenlosen« Gläubiger. Auch Teile der »rückständigen« Handwerkerschaft, die die Aufhebung der letzten Zunftüberreste 1869 verunsichert hatte, schlossen sich den Antisemiten an. Und schließlich folgten ihnen die Beamten und die Studenten, die von einem anderen Sozialgefüge träumten und stets Kapitalismus und Judentum im gleichen Atemzug ablehnten. Schon Stoecker beherrschte die heute von den Nazi-Rednern praktizierte Kunst, die Stimmung einer Versammlung zu steigern, indem er ihr Fragen über die Juden entgegenschleuderte. Ich zitiere: »Man sagt, wir hetzen (...). Wer hetzt, so frage ich in diese Versammlung hinein, wer hat in Berlin gehetzt? (Ruf: Die Juden!) Meine Herren, wer hat Jahrzehnte gehetzt? (Ruf: Die Juden!) Wer hat im Kulturkampf gehetzt? Wer hat gegen die Pastoralkonferenzen gehetzt? Gegen die Kirche? Gegen das Christentum? Gegen jeden Einzelnen, der es wagte, Deutschland wieder als christlich zu reklamieren? (Ruf: Die Juden!)«[7] Dann kam es zu Schlägereien und Tumulten. Aber Stoecker – der im übrigen ein durchaus ehrlicher Politiker und talentierter Organisator war – griff am Ende sogar Bleichröder an, den jüdischen Hofbankier: Da setzte der Kaiser seinen lärmenden Feldzügen ein Ende. Stoecker fiel in Ungnade (1892). Dennoch ging der Kampf insgeheim weiter und wurde eher noch bösartiger und rachsüchtiger.

Angesichts dieses feudalen Dualismus und dieser merkwürdigen vorkapitalistischen Ideenwelt in einem so stark industrialisierten Land schien sogar die Bourgeoisie bereit, solche antibürgerlichen Ideenströmungen aufzunehmen. Hatte sie nicht zu Beginn des Jahrhunderts ein gefährliches Erbe eingebracht? Und hatte sie sich nicht schon 1813 Gedanken angeschlossen, die kaum zu einer bürgerlichen Revolution führen konnten? Diese ganze turbulente Leidenschaft und mittelmäßige Sentimentalität – man denke nur an den pantheistischen Kult der Natur, der Jugend, des Gefühls, der Undeutlichkeit und des Drangs, wie er sich im *Wartburgfest** und später auch im *Hambacher-Fest** von 1832 äußerte, sowie überhaupt im Kampf gegen Napoleon und sein Werk, gegen die tyrannische Vernunft schlechthin – war das etwa kein verhängnisvolles Erbe? Und wie viele Vorkämpfer eines antibürgerlichen Verhaltens waren selbst durchaus Angehörige der Bourgeoisie? Von diesen in Frankreich nahezu Unbekannten sei hier nur Julius Langbehn mit seinem Buch *Rembrandt als Erzieher** (1890) erwähnt. Für den Autor ist Rembrandt der typische Vertreter des Niederdeutschen. Und Niederdeutschland, das bedeutet Herzensbildung, Rechtsgefühl, Ehrlichkeit und Fröhlichkeit; zwar auch eine gewisse Roheit, vor allem aber Widerstandskraft. Und Langbehn predigt daher die Enthaltsamkeit, wettert gegen Kaffeehäuser und Konzerte und entfaltet in seinem Buch ein wirres Gemisch aus Rassenmystik und arischer Schädelkunde. Das Ganze wird noch mit antidemokratischen Theorien, Angriffen gegen die Philister sowie Reverenzen vor dem Adel aufgeputzt. Gewiß, als Person ist dieser gescheiterte Sohn eines Schulmeisters nicht weiter bedeutend; aber bedeutsam ist sein Einfluß. Und was ist mit Nietzsche? Nietzsche, der Herold des heldischen Lebens, einer stets aggressiven und gespannten Existenz ohne gesicherte Zukunft, Nietzsche, der Antiphilister, wird an der Wende zum 20. Jahrhundert zum Apostel der revoltierenden intellektuellen Jugend gegenüber Schule, Familie und Autorität. Und man muß hier auch die Verbände dieser Jugend erwähnen, die Wandervogel-Bewegung, in der sich all jene zusammenfanden, die der Schule entfliehen wollten oder gegen das Elternhaus rebellierten. Sie hatten kein öffentliches Programm, aber dafür umso tiefer sitzende soziale Antipathien. Und Vorbehalte, aus denen ein antischulisches Programm wurde. Gemeinsam verehrte man das verlorene »einfache Leben« und das unschuldige Bewußtsein. Hinzu kam die Wiederentdeckung der *Volkskunst**, des *Volksliedes** und der *Laute**, während jede gekünstelte Toilette, jedes Raffinement der Kleidung verachtet wurden. In sich war diese Bewegung keineswegs einheitlich; es gab viele Richtungen, Fraktionen und Nuancen. Aber die Gesamtzahl ihrer Anhänger ist beeindruckend: 1913, auf dem Höhepunkt der Entwicklung, zählten die Jugendbünde 40 000 Mitglieder.[8] Sogar die Mitglieder der akademischen Jugend, die dem Adel oder dem gehobenen Bürgertum entstammten und später einmal als leitende Beamte, als Ärzte und Rechtsanwälte tätig sein würden, sogar diese Privilegierten, nahmen in ihren *Corps** während ihrer Studienjahre eine antibürgerliche Haltung ein, die sie aus der Tradition der revolutionären *Burschenschaften** der Romantik übernahmen. Bekanntlich bildeten diese Studentenkorps Schulen der Disziplin und der wirksamen Abrichtung – neben den Universitäten und mit anderen Wertvorstellungen.

Wie schmal war also die demokratische und liberale Tradition in Deutschland, d. h. die bürgerliche Tradition im eigentlichen Sinne! Wie schwer mochte sie wiegen im Vergleich zu jener anderen Tradition, auf die sich der Nationalsozialismus stützen konnte: der doppelten Tradition des Antiliberalismus einerseits – mit seinem reaktionären und konservativen Untergrund und verknüpft mit ausdrücklich vorkapitalistischen Nostalgien – und der Antibürgerlichkeit andererseits, die sogar die Bürger zu »maschinenfeindlichen« Träumereien verleitete. Im Bereich der Literatur äußerte sich beides in neoromantischen Schüben und im Bereich der Philosophie in den verschiedenen »Schulen« der *Lebensphilosophie**.

III

Versuchen wir nun, uns von Deutschland und seiner Gesellschaft drei Jahre nach dem Machtantritt des Nationalsozialismus ein möglichst genaues Bild zu machen. Dazu müssen wir zunächst einige Fragen formulieren, denen entscheidende Bedeutung zukommt. Nach welchen Prinzipien schließen sich die Unzufriedenen und die Zufriedenen zusammen? Stimmen diejenigen, die ökonomisch am meisten vom Nationalsozialismus profitieren, auch am stärksten mit ihm überein? Und kann man die Abweichenden als Mitglieder einer bestimmten Klasse oder einer bestimmten Kategorie identifizieren?

Auch hier haben wir es in Wirklichkeit mit einer Reihe von *Erlebnisgruppen** zu tun, die der Nationalsozialismus äußerst geschickt für seine Zwecke ausnutzt. So gibt es noch immer einen Kern aus Fanatikern der ersten Stunde und der ersten Generation. Diese »Reinen unter den Reinen« werden vom Nationalsozialismus verehrt, indem er sie gleichsam wie Mitglieder eines religiösen Ordens behandelt. Man hat ihnen Beamtenstellen besorgt – nicht allzu bedeutende freilich –, und sie haben hohe Ränge in der SA. Aber dort trifft sich auch die Opposition: ehemalige alte Kämpfer, die um ihr gesellschaftliches Ansehen und – erneut – um ihre soziale Ehre fürchten. Sie fühlen sich durch den 30. Juni 1934[9], die Einrichtung der zweijährigen Wehrpflicht und den Ausbau der regulären Armee bedroht. Vor allem aber bedroht sie das Wort des *Führers**, wonach die Revolution jetzt »zu Ende« sei. Was denn? Sollte ihre Stunde bereits vorbei sein, werden sie, die »Angreifer«, die Handlanger und Sturmtruppen der Bewegung, schon nicht mehr gebraucht? Schlägt nun die Stunde der

Organisatoren, der Techniker, Spezialisten, Ingenieure und Polizisten? Niemals! Daß die Feinde im Innern überwältigt sind und der Kampf zu Ende ist, kann einfach nicht sein. Daß die Kampferlebnisse und die Angriffe mit der »blanken Faust« vorüber sind, darf einfach nicht sein. Trotzig, ungezähmt und verbohrt wiederholen die alten Kämpfer ihre Losung: »Die Revolution geht weiter...«

Diesen Kern aus Fanatikern der ersten Stunde versucht der Nationalsozialismus ganz bewußt zu stärken, zu vergrößern und zu perpetuieren, indem er ihm möglichst die Stellung von Richtern, Zeitungsdirektoren und Redakteuren, von Professoren und überhaupt von hohen Beamten reserviert. Die Armatur der Staatsbeamten wird so zum Rückgrat des Regimes – eine Art »deutscher Orden«, der langsam mit dem Staat verschmelzen soll. Die gesamte nationalsozialistische Erziehung innerhalb und mehr noch außerhalb der Schule – also in der Hitler-Jugend – verfolgt nur ein Ziel: neue Fanatiker heranzuziehen, hundertprozentige Gefolgsleute, die dazu ausgebildet und abgerichtet sind, nationalsozialistische Fanatiker zu sein. Die Rationalisierung des Fanatismus und seine Stabilisierung werden zur höchsten Kunst entwickelt.

Außerhalb des Staatsapparates haben diese Männer allerdings nur wenig zu gewinnen. Denn sie werden in der Hauptsache mit Ehrungen bezahlt. Ihr Leben erfüllt sich darin, im Mittelpunkt, im Herzen der Nation zu stehen; das macht sie stolz und mehr als zufrieden. Daneben gibt es jedoch noch einen zweiten Kreis, dem die angehören, die der Nationalsozialismus zwar angezogen, aber nicht wirklich »erweckt« hat und denen das Regime nun alle kleinen oder großen Organisationsaufgaben anvertraut. Diese *Fachleute** und »Techniker«, die im allgemeinen hochqualifiziert sind, arbeiten mit der ganzen Begeisterung von Dilettanten. Meist sind es Aufsteiger, die zwar ihre Arbeit beherrschen, aber sich den Einfallsreichtum von Autodidakten bewahrt haben: Sie schlagen sich durch, halten die Augen weit offen für die Realität, lassen sich leicht von Zahlen und Mengen beeindrucken und reproduzieren den intellektuellen Typus des amerikanischen Ingenieurs. Man findet sie überall: in den Büros, in den *Siedlungsgesellschaften**, im *Reichsnährstand**, in der *Arbeitsfront**, in der *Reichskulturkammer**, im *Arbeitsdienst** und anderswo. Natürlich sind sie gute Nationalsozialisten; aber vor allem sind sie Techniker, die ihre Technik beherrschen, Fachleute, die das ihnen anvertraute Spezialgebiet kennen. In diesem Rahmen sind sie gleichsam Fanatiker des »Dienstes«, denen die Pflichterfüllung über alles geht. Sie wollen um jeden Preis erfolgreich sein und alle Probleme lösen. Was das Übrige angeht, was die Weltanschauung angeht, so wende man sich an Rosenberg und Goebbels: Jedem seine Arbeit. Der Boden wird gerodet, die Siedler treffen ein, die Autobahnen vervielfachen sich, die Arbeitslosigkeit geht zurück, die Hochöfen brennen wieder. Alles ist also wieder in Ordnung, Deutschland marschiert, Deutschland macht Fortschritte, nur darauf kommt es an. Sie haben lange genug als Taxifahrer oder Kellner, als Fabriklehrling oder Gutsknecht dahinvegetiert – Deutschland hat ihren Wert erkannt, sie herausgehoben und an ihren eigentlichen Platz gestellt: Also Schluß mit der Vergeudung von Menschen, wie sie vor Hitler üblich war! Das nationalsozialistische Deutschland ist daher das wahre demokratische Deutschland. Kein Wunder: Es gibt keine Diktatur, die nicht bestimmte Kasten abschaffen und bestimmte Gruppen befreien würde. Unter jeder Tyrannei können die »treuen Diener« unabhängig von Geburt und sozialer Tradition Karriere machen. Das galt für die persönlichen »Vertrauten« der Tyrannen des Altertums; und es gilt auch heute für die bewährten Mitglieder der Partei in den faschistischen Regimen.

Schließlich gibt es noch die passiven Nazis. Die breite Masse also. Jene, die gleich nach der Geburt in das Räderwerk einer riesigen Maschine zur Verteilung der Manna geraten – eine Maschine, die sie bis zu ihrem Tod nie wieder freigeben wird. Wollen sie heiraten? Die totalitäre Partei verschafft ihnen einen Ehekredit. Haben sie Kinder? Dann erhalten sie *Kinderbeihilfe**. Wollen sie verreisen? Dann stehen ihnen Sonderfahrkarten und Ermäßigungen zur Verfügung, Pauschalreisen, Spiele, Sport und Veranstaltungen jedweder Art. Man bildet sie aus. Man stützt sie. Man begleitet sie. Man verschafft ihnen Arbeit. Auch gibt es in Deutschland keine Krankenkasse, die nicht zugleich ein Instrument der Propaganda ist und Kontrolle ausübt. Um auf alle diese lebenswichtigen Vorzüge zu verzichten (denn wer Widerstand leistet, bekommt natürlich nichts), muß man ein wirklicher Held sein ...

Heldentum ... Eine kleine Gruppe von Menschen in Deutschland verhält sich tatsächlich heldenhaft. Es sind Menschen, die zutiefst gläubig oder zumindest religiös sind.

An erster Stelle sind die überzeugten Katholiken zu nennen. Man kann sie natürlich nicht einer »Klasse« zuordnen. In den katholischen Gegenden stammen sie aus allen Schichten, vom Landpfarrer und seinen bäuerlichen Gemeindemitgliedern bis hin zum Universitätsprofessor und großen Gelehrten. Daneben gibt es Protestanten, die über die Pietätlosigkeit der Nazi-Führer, ihre Mißachtung aller heiligen Dinge, das Neuheidentum der Nazis, ihren antichristlichen Kult der Jugend, der physischen Schönheit und des männlichen Körpers schockiert sind. Nicht jeder kann sich mit Leib und Seele dem Regime verschreiben, wie dies der »Reichsbischof« tut. Solche Protestanten lehnen sich vor allem gegen die Abschaffung der synodalen Kirchenverfassung auf und wollen kein *Führerprinzip** in ihren Gemeinden. Sie haben die *Deutschen Christen** schon verlassen, bevor sich diese dem Regime anschlossen.¹⁰ Statt dessen haben sie sich als *Bekennende Kirche** konstituiert, die jeden Pakt mit dem Teufel und seiner Regierung ablehnt und ihr Heil in einer engen und strengen Bibelauslegung sucht. Auch diese Protestanten haben bereits ihre Märtyrer – viele Pastoren wurden verhaftet oder abgesetzt – und mehrere berühmte Emigranten: Karl Barth, Fritz Liepete und andere. Sie alle und auch die Mitglieder zahlreicher Sekten in ganz Deutschland stehen vor dem gleichen Problem: der totalitären politischen Religion des Nationalsozialismus eine göttliche totalitäre Religion entgegenzusetzen.¹¹ Daher gibt es heute wieder einen religiösen Eifer, den man seit langem für erloschen hielt.
Neben diesen Menschen des Glaubens sind die ehemaligen Liberalen zu erwähnen. Sie wurden nicht umgebracht. Sie wurden nicht zur Emigration gezwungen. Manchmal sind sie sogar in ihren Ämtern geblieben, haben die Stellungen behalten können, die sie »vorher« innehatten. Aber das Leben, das sie jetzt führen müssen, entspricht dem einer Schnecke in ihrem Gehäuse oder, wenn man so will, eines Toten auf Abruf (diese Vergleiche verwenden sie selbst immer wieder, sobald man ihr Vertrauen gewonnen hat). Alte vergessene Lehrer (sieh an, der ist noch nicht tot?), ehemalige Berühmtheiten, die keiner mehr beachtet, elende Verlierer, denen alles und alle Tag und Nacht beweisen, daß ihre Zeit vorbei ist, das sie der Vergangenheit angehören, einer verschwundenen, zusammengebrochenen und beerdigten Epoche – der Epoche des bürgerlich-demokratischen Liberalismus.
Ähnlich isoliert sind die unzufriedenen »Profiteure« und Förde-

rer des Nationalsozialismus, die Junker und Großindustriellen. Der Junker hatte den ihm angebotenen Kredit mit Freude angenommen: War man es nicht ihm oder seiner Stellung schuldig? Aber er erträgt nur ungeduldig die Überwachung dieses Kredits, die drakonischen Vorschriften, die ihm für Ackerbau und Viehzucht auferlegt werden, den Verlust seines grundherrschaftlichen Prestiges und sein gesunkenes soziales Ansehen. Als »Reaktionär« eingestuft, genießt er weniger Einfluß und Beachtung im Staat als zuzeiten der Weimarer Republik. Außerdem muß er wehmütig zusehen, wie sich seine eigenen Söhne gegen ihn und seine Ideen wenden, wie sie der pädagogischen Propaganda der Nazis folgen, der Bewegung beitreten, mit Leib und Seele in ihr aufgehen.

Das gleiche gilt für die Welt der Industrie. Die Fabriken arbeiten mit staatlichen Krediten. Aber auch diese Kredite müssen bezahlt werden. Dafür gibt es genaue, exakte, ja kleinliche Kontrollen – unerträglich. Mit jedem Tag wird der gesetzliche Rahmen für diese Leute enger gezogen. Alles wird diktiert, vorgeschrieben, befohlen: was man an Rohstoffen kaufen muß, welche Arbeiter man beschäftigen muß, wieviel man ihnen zahlen muß, zu welchen Preisen verkauft werden muß (siehe den letzten Konflikt mit der chemischen Industrie) und welchen Profit man behalten darf (maximal sechs Prozent, der Rest muß zwangsweise auf der *Golddiskontbank** deponiert werden, zur Verfügung des Staates). Wer nicht spurt, wird abgesetzt.

Junker und Großindustrie: Bleibt noch der dritte große Förderer der Nazis, die Reichswehr. Sie ist zwar eine vorsichtige Verbündete des Regimes, aber verfügt über eine deutliche Sonderstellung. Sie ist eine Verbündete voller Bedenken, die auf die Nazis als militärische Autodidakten voller Verachtung herabblickt. Denn sie haben den Soldatenberuf und die Uniform demokratisiert. Früher war die Uniform für den Offizier ein Merkmal seiner Kaste, seiner Überlegenheit, seiner Distinktion. Das braune Hemd dagegen, die nationalsozialistische Uniform, hat eine ganz andere Funktion. Sie symbolisiert nicht die sozialen Unterschiede der Geburt, der Erziehung usw., sondern verwischt sie. Und wenn sie unterscheidet, bzw. früher einmal unterschieden hat, so geschah dies auf einer ganz anderen Ebene.

Unzufriedene gibt es auch unter den Bauern, deren ganzes Leben durch das neue Regime verändert wurde, durch die strikte Organisierung des Warenverkaufs, durch eine Gesetzgebung, mit deren Auslegung 1500 Gerichte in Deutschland beschäftigt sind: Unzufriedene, die im stillen grummeln, aber zunächst einmal versuchen, sich so gut es geht in der neuen Welt durchzuschlagen. Und schließlich gibt es die unzufriedenen Arbeiter. Gewiß, sie haben Arbeit, aber ihre Löhne sind erbärmlich. Wieder Arbeit zu haben, man ahnt kaum, was für ein Wunder das für sie war, nachdem sie so lange auf der Straße standen! Aber dann kam der Schock. Es reicht kaum für einen elenden Lebensunterhalt. Ein guter Metallarbeiter verdient ungefähr 30 Reichsmark in der Woche – und hat auch nur für drei Wochen Arbeit im Monat. Bei Opel verdient ein Lackierer 65 Pfennig die Stunde, ein Chassisarbeiter 80 Pfennig. Die Ersparnisse sind längst aufgebraucht. Wer welche besaß, hat sie meist in den Einkaufsgenossenschaften, den *Konsumvereinen**, angelegt, aber all das ist nun verloren, denn diese *Vereine** wurden vom Regime erdrosselt. Die Lebensmittel sind teuer. Der Gaspreis steigt. Der Lohn wird durch unzählige Steuern beschnitten. Nur einige Illuminierte, meist Kommunisten, setzen ihr Leben in Einzelaktionen aufs Spiel, während die Masse vegetiert und nur daran denkt einigermaßen durchzukommen.

Fassen wir zusammen. Der Hinweis auf »die Krise« ist allzu vage: Damit erklärt man alles und nichts. Denn diese Krise ist eine allgemeine und internationale Tatsache, die nicht nur Deutschland trifft. Spezifisch sind nur die verschiedenen Antworten, die darauf gegeben werden. Sie stehen jeweils in enger und notwendiger Beziehung zu den tieferen Traditionen der verschiedenen Länder. In diesem Sinne bildet der Nationalsozialismus gewiß eine spezifisch deutsche Antwort. Er steht in einem engen Verhältnis zur deutschen Geschichte, die eine zeitlang mit der westeuropäischen zu verschmelzen schien – aber von der sich dann zeigte, daß sie eine ganz andere Richtung nahm.

Der Nationalsozialismus war etwas anderes und mehr als nur ein Wechsel der Aushängeschilder zugunsten einer Klasse. Weder wurden seine Geldgeber gesellschaftlich belohnt, noch waren die Träger der Bewegung zugleich Mitglieder einer bestimmten Klasse, die als solche handelte. Am Anfang standen verzweifelte und bedrohte Individuen, die der Weimarer Republik feindlich gesonnen waren; für Liberalismus und Demokratie empfanden sie nur Haß und Verachtung; die Entwicklung des modernen

Kapitalismus lehnten sie ab, statt dessen träumten sie von einer vorkapitalistischen Welt. Eine geschickte Propaganda appellierte an ihr Gefühl und fand in ihren Herzen gewaltige Resonanz. Erst nach ihrer Bekehrung zum Nationalsozialismus bildeten diese Einzelgänger eine Gruppe – eine revolutionäre und illuminierte Sturmabteilung.

Nach 1933 mußten die vorkapitalistischen Träume liquidiert werden. Nun galt es, nicht mehr rückwärts zu gehen, sondern Deutschland im internationalen ökonomischen Wettbewerb wieder an seinen Platz zu stellen: durch eine gewaltige Produktionssteigerung, durch eine gelenkte Wirtschaft, durch Rationalisierung und äußerste Zentralisierung. Kein »Sozialismus« mehr im Nationalsozialismus. Seine Verfechter, die Brüder Strasser, wurden vernichtet. Der eine wurde ermordet, der andere lebt heute im Prager Exil. Sogar die alten Vorbehalte gegen die »Bürgerlichkeit« werden in den Dienst eines immer stärker mechanisierten und industrialisierten Staates gestellt. Denn man appelliert weiterhin an den *heldischen Menschen** – gegen den *Raffer** und *Bürger**. Darin liegt eine besondere Geschicklichkeit des Nationalsozialismus: Um die wirtschaftlichen und administrativen Probleme zu lösen, die sich aus der Führung eines modernen Staates unweigerlich ergeben, nutzt er skrupellos die uralten Antipathien aus, die in Deutschland gegen Liberalismus und Demokratie bestehen.

Anmerkungen

1 A. Toynbee, *International Affairs*, 1935. [Diese Literaturangabe ließ sich nicht verifizieren, d. Hg.]
2 [Albert Leo Schlageter: Ehemaliger Freikorpssoldat, der 1923 von der französischen Besatzungsmacht wegen eines Anschlags auf eine Eisenbahnlinie hingerichtet wurde. Von den Rechtsparteien und bes. von der NSDAP als »Märtyrer« aufgebaut, Anm. d. Hg.]
3 [Horst Wessel: junges NSDAP-Mitglied, das 1930 bei einem Eifersuchtsdrama getötet wurde. Hans Eberhard Maikowski: junges SA-Mitglied, das 1933 bei Zusammenstößen während des Fackelzuges aus Anlaß der »Machtergreifung« umkam. Beide wurden anschließend von der NS-Propaganda zu »Blutzeugen der Bewegung« stilisiert, Anm. d. Hg.]

4 Die Nazis selbst haben daraus eine Propagandalosung gemacht: *Der Durchbruch der sozialen Ehre**. [L. Varga übernimmt diesen Ausdruck von Robert Ley. Siehe dazu die Einleitung, d. Hg.]
5 Siehe dazu die Geschichte der Reformationen im 16. Jahrhundert, egal, ob es sich um Deutschland oder um die Schweiz, um Calvinismus oder Protestantismus handelt. Das gleiche gilt für die Bauern von 1525 und die aufständischen Ritter sowie für die Emigranten der Fleur-de-Mai. Die absteigenden Klassen kennen außerdem nicht nur diese eine Haltung. Zwar lehnen sie sich einerseits auf; aber andererseits klammern sie sich fest und versteifen sich auf einen trotzigen und unnachgiebigen Kult alter Symbole, alter Traditionen und überlebter Rituale.
6 K. Marx, F. Engels, *Die Deutsche Ideologie*, in: dies., *Werke*, Berlin (Ost) 1957, Bd. 3, S. 17.
7 W. Frank, *Hofprediger Adolf Stoecker und die christlichsoziale Bewegung*, Berlin 1935, S. 83.
8 F. Jungmann, *Autorität und Sexualmoral in der freibürgerlichen Jugendbewegung*, in: *Autorität und Familie. Studien aus dem Institut für Sozialforschung*, Paris 1937, S. 669. [Es handelt sich hierbei um einen pseudonym erschienenen Aufsatz von Franz Borkenau, d. Hg.]
9 [Anspielung auf den Machtkampf zwischen Hitler und Röhm, der am 30. 6. bzw. 1. 7. 1934 in der Ermordung der SA-Führer und anderer möglicher Konkurrenten Hitlers durch die SS kulminierte, Anm. d. Hg.]
10 [Hier unterläuft L. Varga eine Verwechslung: Die 1932 gegründete »Glaubensbewegung Deutsche Christen« bildete eine Fraktion innerhalb der evangelischen Kirche. Einer ihrer Vertreter wurde im Juli 1933 von den Nationalsozialisten zum »Reichsbischof« gemacht. Aber die Anhänger der 1934 gebildeten »Bekennenden Kirche«, die die gleichgeschaltete »Reichskirche« teilweise verließen, waren niemals Mitglieder der »Deutschen Christen«, Anm. d. Hg.]
11 Siehe dazu L. Varga, *La recherche historique et l'opposition catholique en Allemagne 1936*, in: *Revue de Synthèse*, XI, 1937.

Luther, die Jugend und der Nazismus

In Deutschland gibt es heute kein Geschichtsbuch, das nicht von den aktuellen Ereignissen beeinflußt ist. Die Gegenwart dient als Scheinwerfer, um bestimmte Aspekte der Vergangenheit ins Licht zu rücken. Ein Geschichtsbuch, das nicht historisch ist, wird sofort des Liberalismus und Intellektualismus geziehen, was als schweres Vergehen gilt.

Herbert Schöffler, Professor an der Universität Köln, ist bereits ein bekannter Historiker; vor allem seine Studien über die englische Reformation haben einen guten Ruf. Daher öffnet man sein kürzlich veröffentlichtes Buch über die Reformation[1] mit lebhaftem Interesse: Was wird damit sein, und was wird man darin finden? Sagen wir es gleich: Obwohl auch er von den neuen Zeiten geprägt ist und obwohl er sich an die oben erwähnte Konvention und Methode hält, hat Schöffler nicht aufgehört Historiker zu sein. Es ist daher nicht überflüssig, auf sein Buch hinzuweisen. Im Gegensatz zu vielen anderen ist es intelligent; es ist seriös, und der nichtdeutsche Historiker wird sich für die Art und Weise interessieren, in der es das Problem der Reformation formuliert. Oder vielmehr, er wird sich für bestimmte Probleme interessieren, die es aufwirft – und es sind keine ganz unwichtigen.

Für Schöffler ist die Reformation das Produkt eines erst kürzlich besiedelten Landes, einer Universität ohne Tradition und einer illuminierten Jugend. Katholizismus und Protestantismus sind eine Altersfrage. Luther war 32 Jahre alt, Zwingli 33 und Calvin 26, als sie sich entschlossen, die christliche Welt zu verändern. Auch ihre Schüler waren jung – manchmal sogar sehr jung. Ihr Alter reicht von 21 Jahren bei Melanchthon bis zu 30 Jahren bei einigen anderen. Die Humanisten, welche zwischen dem Papst und Luther hin und her schwankten, waren zehn bis 15 Jahre älter: Männer zwischen 40 und 50 Jahren. Die schärfsten Widersacher des Protestantismus, Hochstraten und Tetzel, waren dagegen Greise.

Auch die Länder, in denen die Reformation entstand und sich entwickelte, waren jung. Zunächst waren sie jung an Kultur, ohne tiefverwurzelte universitäre Traditionen. Die sächsischen Länder des Markgrafen Ernst von Brandenburg, des Landgrafen Philipp von Hessen oder des Fürsten Wolfgang von Anhalt waren ebenso wie die Städte Nürnberg, Magdeburg, Bremen, Ulm, Straßburg, Konstanz, Lindau, Esslingen, Braunschweig und Göttingen neue Territorien und Städte ohne Universität. Die Bilanz ist erstaunlich: Die junge Universität Wittenberg steht im Lager der Reformation; auf Seiten des Katholizismus verfügt Bayern über [eine Universität in] Ingolstadt; Stadt und Erzbistum Köln haben eigene Fakultäten; die Habsburger haben Wien und indirekt auch Freiburg und Löwen – insgesamt also fünf universitäre Bezugspunkte, von anderen, weniger kämpferischen Zentren einmal abgesehen. Eine in dem Buch abgebildete Landkarte stellt diese erstaunlichen Umstände dar. Schlußfolgerung: Die Reformation und ihr Klima wurden von jungen Männern ohne Kultur und von einer Generation ohne Tradition und Gelehrsamkeit geschaffen – ebenso wie das nationalsozialistische Deutschland der Gegenwart von jungen Männern ohne Kultur und von einer Jugend geschaffen wurde, die sich von der repressiven Last alter Weisheit und überkommener Vorsicht befreit hat.

Jugendlichkeit und Befreiung von den bösen Kräften der Vergangenheit – das sind dem Autor zufolge die beiden entscheidenden Voraussetzungen einer erfolgreichen Reformation. Die Reformation Wyclifs ist gescheitert, weil Oxford ein zu altes Milieu war, zu sehr gesättigt mit Traditionen. Die Prager Universität war 20 Jahre älter als Jan Hus, aber die Wittenberger Hochschule 20 Jahre jünger als Luther. Ist es nicht erstaunlich, daß alle Reformationsbewegungen ihre Anhänger in traditionslosen und daher demokratischen Gesellschaftsschichten fanden? *Rusticana quadam pleba*: Es war die Pataria[2], die Arnold von Brescia seine treuesten Anhänger lieferte. Die Basis des Katharismus waren die Kleinhändler und Handwerker der Städte sowie die bäuerliche Bevölkerung: Ritter und Adlige schlossen sich erst später einer Bewegung an, die zwangsläufig demokratisch war und ihre Privilegien in Frage stellte. Auch die Waldenser waren Demokraten. Und entwarfen nicht auch Zwingli und Calvin ihre demokratischen Reformen in Genf, Bern und Zürich gegen die Herrschaft der Patrizier? Wenn sie dabei weniger erfolgreich waren als Luther – trotz ihrer Jugend und der demokratischen Grobschlächtigkeit ihrer Anhänger –, so lag dies daran, daß sie in Ländern mit einer alten Kultur operierten, in denen die gegnerischen Ideen sehr viel stärker verankert waren. Politische Schlußfolgerung dieser Reise in die Vergangenheit: Was den Erfolg einer Reformationsbewegung garantiert, ist der Mangel an Tradition. Der fehlende Respekt des Nationalsozialismus gegenüber der vorangegangenen humanistischen Wissenschaft ist damit nicht nur legitimiert, sondern er wird von der Geschichte und ihren Zwängen geradezu verlangt.

Dies ist im wesentlichen der Inhalt, der Geist und der Zweck dieses Büchleins, das im übrigen lebendig und interessant zu lesen ist. Muß man noch lange darüber diskutieren? Ohne uns mit der Frage aufzuhalten, ob der Autor ebenso gut über die französischen Ereignisse des 16. Jahrhunderts wie zum Beispiel über die deutschen Ereignisse informiert ist, möchten wir uns lediglich einmal mehr gegen die ruinöse Praxis des Pseudo-Vergleichs wenden, die eine bloße Karikatur der seinerzeit von Marc Bloch so treffend entwickelten Regeln der komparativen Methode darstellt.[3] Sie ist heute, wie man weiß, bei Historikern innerhalb und außerhalb Deutschlands immer mehr in Mode; der Erfolg Toynbees legt dafür beredt Zeugnis ab.[4] Statt durch die Jahrhunderte und die verschiedensten Zivilisationen zu spazieren, um ein Gesetz über die Reformation zu formulieren; statt willkürlich so grundverschiedene Bewegungen wie die Waldenser, die Katharer, die Lutheraner und den Nationalsozialismus miteinander zu vergleichen, wäre es sicher besser gewesen – da es um die Reformation des 16. Jahrhunderts geht –, sich auf einen Vergleich ihrer verschiedensten Formen und Aspekte zu beschränken. Bildeten *die* Reformationen nicht jeweils Elemente *der* Reformation? Vergleichen wir ruhig, aber nicht, um hinter äußerlichen Verschiedenheiten Pseudoähnlichkeiten herauszufinden, die im übrigen durch undefinierte und unscharfe Begriffe formuliert werden, sondern um jenseits angeblicher Ähnlichkeiten die ganze Palette der Nuancen herauszuarbeiten, die sie voneinander trennen. Um ein mir besonders vertrautes Beispiel herauszugreifen: Muß man wirklich noch fragen, was das aus unserer Sprache übernommene Wort »Demokratie« für die Katharer bedeutete? Wird es nicht heute noch auf sehr verschiedene Weise interpretiert? Die ersten Anhänger dieser Sekte waren Konsuln[5], städtische Adlige, reiche Bürger, die eine »Bank« besaßen – kurzum Leute aus der »guten Gesellschaft«. Aber war dies eine Demokratie, die man mit der Berns im 16. Jahrhundert oder Kents zuzeiten Wyclifs vergleichen kann? Und ging es dabei um Urchristentum und apostolische Armut? Die Katharer verlangten dies nur von den zaubernden Asketen, die bei ihnen als Priester fungierten und ihnen gleichsam als »Sündenböcke« dienten.⁶ – Vergleichen wir ruhig, aber nicht mit abstrakten, inhaltsleeren Begriffen jenseits der historischen Realität. Verallgemeinern wir ruhig, aber nur bei Phänomenen, die wir gründlich in ihren Formen und ihrem Milieu untersucht und mit Hilfe der bewährten Methoden der Geschichtswissenschaft genau analysiert haben. Leider müssen wir diese elementaren Wahrheiten stets aufs neue wiederholen, weil so viele ehemals kritische Historiker nun der Versuchung falscher Verallgemeinerungen und völlig abwegiger Vergleiche nachzugeben scheinen.

Anmerkungen

1 *Die Reformation. Einführung in die Geistesgeschichte der deutschen Neuzeit*, Bochum 1936, 106 S., 2 Abb. [Erschienen in der Reihe »Das Abendland. Forschungen zur Geschichte des europäischen Geisteslebens«, die von Herbert Schöffler selbst herausgegeben wurde. Der Text ist erneut abgedruckt in: ders., *Wirkungen der Reformation. Religionssoziologische Folgerungen für England und Deutschland*, Frankfurt/Main 1960, S. 105-188. – Das von L. Varga benutzte Exemplar – mit einigen Anstreichungen von ihrer Hand – befindet sich heute in der Bibliothek der *Maison des Sciences de l'Homme* in Paris. Anm. d. Hg.].
2 [Gemeint sind die städtischen Unterschichten.]
3 *Pour une histoire comparée des sociétés européennes*, in: *Revue de Synthèse historique*, XLVI, 1928, S. 19-50. [Erneut in: Marc Bloch, *Mélanges historiques*, Bd. 1, Paris 1963, ²1983, S. 16-40, d. Hg.].
4 Zu diesem Erfolg siehe den Aufsatz von Lucien Febvre in der »Revue de Métaphysique et de Morale«: *De Spengler à Toynbee, quelques philosophies récentes de l'histoire* (1936). [Erneut in: Lucien Febvre, *Combats pour l'histoire*, Paris 1953, S. 119-143, d. Hg.].
5 [Gemeint sind die gewählten Stadtvorsteher, Anm. d. Hg.]
6 Für genauere Details siehe meine Besprechung des Buches von Jean Guiraud: *Un problème de méthode en histoire religieuse: le Catharisme*, in: *Revue de Synthèse*, XI, 1936, S. 133-143 [Deutsche Übersetzung im vorliegenden Band, d. Hg.].

Über die Jugend im Dritten Reich

Ein Augenzeuge betrachtet die Jugend des Dritten Reiches durch eine katholische Brille hindurch[1]: Sein Gesichtsfeld ist nicht sehr groß, aber seine Beobachtungen sind differenziert, menschlich und präzise, die psychologischen Notizen oftmals treffend. So finden wir zum Beispiel Bemerkungen über die Kluft, die die beiden Generationen trennt, und über die Tatsache, daß die Eltern sich häufig nur »anpassen«, während bei den Jugendlichen ein begeisterter Glaube herrscht; oder über die stille Komplizenschaft, welche die nationalsozialistischen Behörden mit den zu Hause aufbegehrenden Jugendlichen verbindet; darüber, daß die Eltern oft ihre eigenen Söhne fürchten; und schließlich über die antiklerikale Propaganda: Wie der Autor zu Recht bemerkt, wird neben den Juden der katholische Klerus in zunehmendem Maße zum Gegenstand nazistischer Propagandapredigten. Die Argumente gegen die »verfluchte Rasse« richten sich nun auch gegen die »Devisenschieber« und »gierigen Judasse«, die die christliche Moral verscherbeln, gegen die »gefräßigen Ratten«, die ihre gesellschaftliche Wühlarbeit im Dunkeln vollbringen, die »Unzüchtigen« und »Heuchler«, die im Stillen die Moral untergraben. Der große Franziskaner-Prozeß bot eine willkommene Gelegenheit zur Entfaltung dieser antiklerikalen Propaganda.[2]

In der Tat trifft es zu, daß die offizielle Propaganda gegen einen »verbrecherischen« Klerus mit einem inoffiziellen, aber hartnäckigen Kampf gegen die christlichen Glaubensgemeinschaften verbunden ist, wofür das Verbot der katholischen Jugendbünde nur ein Beispiel bietet (S. 106). Allerdings muß man sehen (und der Autor hat es durchaus bemerkt), daß die Gegner des Katholizismus und Protestantismus im heutigen Deutschland nicht so sehr das »Neuheidentum« und der damit verbundene religiöse Dilettantismus ist – ein Phänomen, das außerhalb einiger halbintellektueller Kreise keinerlei Bedeutung hat –, sondern der Nationalsozialismus selbst, also eine politische Religion, die an die Stelle der göttlichen tritt, mit seinem »Evangelium der Gewalt«, das dem Buch seinen Titel gibt.

D'Harcourt liefert auch eine genaue Aufstellung der Losungen, der *Schlagworte** gegen den Intellektualismus und die »Armen im

Geiste«, mit denen Tag für Tag und überall der gute deutsche Leser gefüttert wird. Auch dabei herrscht eine verblüffende Einfalt, die der intellektuellen Grübelei und der Anstrengung des abstrakten Denkens die unmittelbare Anstrengung der Handarbeit gegenüberstellt; eine Mystik der Fabrik, eine Lyrik des Hammers, die an die UdSSR erinnert (S. 226). Durch eine gelungene Auswahl gut übersetzter Texte – Presseausschnitte, hier und da aufgeschnappte Gedichtzeilen, Zitate aus offiziellen Dokumenten – führt uns der Autor das Klima und die besondere Stimmung jenseits des Rheines vor. Die Jugend des Dritten Reiches ist eine politisierte Jugend, vom Staat und für den Staat geformt, eine Jugend mit einer kollektiven Psyche, für die die Epoche ihrer Väter zu Ende ist und alles, was vor Hitler »wertvoll« war, nun seinen Wert verloren hat. Eine Jugend, die in einer anderen Welt lebt als ihre Väter und als wir – in einem anderen materiellen, ideellen und moralischen Rahmen.
Das am wenigsten befriedigende Kapitel des Buches – zumindest für den Historiker – ist das über die Ursprünge des Nationalsozialismus. Für dessen Machtantritt liefert uns der Autor drei Gründe, die zugleich drei »Verzweiflungen« der Jugend darstellen: erstens einen materiellen, zweitens einen intellektuellen und schließlich einen moralischen Grund. Die »Wirtschaftskrise« bilde nur die materielle Basis; die beiden anderen Aspekte sind nach d'Harcourt der Demokratie geschuldet. In den Augen der Jugendlichen war sie derart hilflos, dumm und armselig, daß sie sich ganz selbstverständlich von ihr abgewandt und Hals über Kopf in andere Arme geworfen haben. Möglicherweise. Aber woher kamen denn die Prediger des neuen Ideals? Oder lassen wir diese indiskrete Frage einmal beiseite, um den Autor einfach nur zu bitten – weil er es nicht getan hat –, die Jugend des Zweiten Reiches mit der des Dritten zu vergleichen oder auch die Jugend der Weimarer Republik mit der unter Hitler. Dann würde man folgendes feststellen: Heute gibt es *eine* »Hitler-Jugend«, die den größten Teil der deutschen Jugend umfaßt. Vor Hitler dagegen gab es nicht *eine* »deutsche Jugend«. Die Vielfalt ihrer Programme und Lebensweisen, die sich auch auf die Kleidung und die körperliche Typologie erstreckte, war eines der charakteristischen Merkmale *der* deutschen Jugend, wie man aus Bequemlichkeit sagt. Damals, und es ist noch nicht lange her, lebten die Jugendlichen meist in Verbänden: katholischen, sozialistischen

oder kommunistischen. Daneben gab es die Überreste der unpolitischen bürgerlichen Vereine, der *Bünde** mit ihren mehr oder weniger klar abgegrenzten Fraktionen. Im Gegensatz dazu haben sich die rechten politischen Verbände zunehmend abgegrenzt und abgekapselt – ob sie nun unmittelbar für Jugendliche gegründet oder den Verbänden der Erwachsenen angeschlossen waren wie der *Jungdeutsche Orden**, der *Bismarckbund**, der *Werwolf**, der *Stahlhelm** usw. In allen diesen Organisationen gab es einen deutlichen Rückgang der religiösen Gefühle. Und es war nicht erst Hitler, der die Straße als die »Domäne der deutschen Jugend« entdeckte: die Straße gegen das Zuhause, die Straße als ein Mittel, um den geregelten gesellschaftlichen Rahmen und die überlieferten Traditionen zu durchbrechen. Für alle diese Gruppen existierte die Straße bereits vorher – mindestens seit 30 Jahren. Und diese Gruppen setzten sich zunächst aus Gefühlsrebellen und »Wandervögeln« im Aufstand gegen Familie und Schule zusammen – bis schließlich Hitlers politische Anhänger kamen. Es waren Gruppen von jungen Menschen, die es nicht länger ertrugen, für ein Leben in einem verlängerten 19. Jahrhundert erzogen worden zu sein – während sie sich jetzt plötzlich in ein chaotisches 20. Jahrhundert gestürzt sahen, das mit dem vorangehenden keine Verbindung mehr hatte.

Noch aus einem weiteren Grund sollte man nicht von *der* deutschen Jugend im Jahre 1918 oder 1933 sprechen. Gewöhnlich rechnet man für eine Generation 30 Jahre. Aber in einer Zeit, die durch die Zäsur des Krieges, dann durch die Niederlage und die anschließende gigantische Entwertung aller Dinge gekennzeichnet wird, bilden sich innerhalb der gleichen Generation eine ganze Reihe neuer Gruppen, je nachdem, ob die Ereignisse diese Menschen im Alter von 10, 20 oder 30 Jahren erreicht haben, je nachdem, ob sie 1895, 1905 oder 1915 geboren wurden. Unter der Weimarer Republik haben alle diese Gruppen, alle diese Jugendlichen verschiedener Generationen mit ihren jeweils eigenen Erfahrungen koexistiert; die Jugend von vorgestern lebte neben der von gestern und der von heute, die sich ihrerseits teilweise für die Jugend von morgen hielt und auch so bezeichnete. Unter Hitler darf es im Grunde nur noch eine Jugend geben: die, die zwischen 1914 und 1924 geboren wurde – und sich für ewig jung hält. Was sie von den früheren deutschen Jugendlichen unterscheidet, ist, daß man nur noch sie als Staatsjugend anerkennt; daß man ihr das weiteste Aktionsfeld einräumt, das je einer Jugend geboten wurde. Aber, aber – indem man ihr dies zugesteht, raubt man ihr da nicht eigentlich ihre »Jugend«?

Anmerkungen

1 Robert d'Harcourt, *L'Evangile de la force. Le visage de la jeunesse du IIIe Reich*, Paris 1936, 248 S.
2 [In den Jahren 1936/37 fanden auf Betreiben des NS-Regimes rund 2000 Ermittlungsverfahren und rund 250 Sittlichkeitsprozesse gegen katholische Geistliche und Laienbrüder statt. In dem Maße jedoch, wie die Auseinandersetzung mit der katholischen Kirche in den Hintergrund trat, wurden sie »aus staatspolitischen Gründen« aufgeschoben bzw. eingestellt. Siehe dazu Hans Günter Hockerts, *Die Sittlichkeitsprozesse gegen katholische Ordensangehörige und Priester 1936/37*, Mainz 1971, Anm. d. Hg.]

Ein Tal in Vorarlberg –
zwischen Vorgestern und Heute

Wir stellen der Geschichte viele Fragen. Nicht immer kann sie sie beantworten. Wir würden zum Beispiel gerne etwas über die Beziehungen zwischen Wirtschaft, Gesellschaft und Ideen erfahren. Wir würden gern wissen, wie sich der Kontakt zwischen weniger und höher entwickelten Kulturen herstellt. Das sind schwierige Fragen, neben vielen anderen. In der Regel gibt es keine Möglichkeit, sie anhand der Vergangenheit zu erhellen. Darum sollten wir uns vielleicht der Gegenwart zuwenden. Wenn wir eine Zeitlang mit den Methoden der Ethnologen das Leben einer bestimmten, relativ einfachen Menschengruppe in der Gesellschaft von heute beobachten, erhalten wir möglicherweise nützliches Material für die angesprochenen Tiefenanalysen.[1]

Die ethnologische Methode umfaßt zwei Prinzipien, die auch für den Historiker von Gewinn sein dürften. Das eine betrifft die Überzeugung, daß nichts natürlich und evident ist, daß sich also nichts »von selbst versteht«. Jedes Detail muß notiert und aufgenommen werden: die Familienstruktur ebenso wie die Formen der Kindererziehung, die Denkmuster ebenso wie die Glaubensformen, die Vorstellungen von Luxus und Armut ebenso wie der Rhythmus von Arbeit und Freizeit.

Das zweite Prinzip bezieht sich auf die Skrupel und die Zurückhaltung, mit denen der Ethnologe, während er aufnimmt, was er erfahren möchte, es zugleich vermeidet, den von ihm untersuchten »Subjekten« seine eigenen Begriffe überzustülpen, auch wenn er in seiner Sprache Ausdrücke kennt, die ihren Ideen zu entsprechen scheinen. Er übersetzt also nicht, sondern er beschreibt. Eine heilsame Vorsichtsmaßregel, die auch manchen Historiker vor bösen Anachronismen bewahren könnte.[2]

In diesem Sinne möchten wir versuchen, eine Gruppe österreichischer Dörfer – genauer: Alpendörfer – zu beschreiben. Das österreichische Dorf hat in den letzten Jahren eine schlimme Krise durchgemacht. Es mußte neue Absatzmärkte suchen und finden. Die Mentalitäten und Sozialstrukturen haben sich tiefgreifend verändert. Neue Eliten haben sich herausgebildet. Alte Autoritäten wurden von neuen abgelöst. Elemente städtischer Herkunft sind in ein bis dahin ländliches Milieu eingedrungen. All dies ist zu untersuchen und zu bedenken. Versuchen wir es.

I

Das Tal, von dem hier die Rede sein soll, liegt in Vorarlberg, einem kleinen österreichischen Bundesland, das an die Schweiz, Deutschland und Tirol grenzt. Das Tal ist 10 Kilometer lang und erreicht eine Höhe zwischen 750 und 1600 Metern. Es umfaßt mehrere Dörfer, eines mit 1200 Bewohnern, eines mit 300 und eines mit 190 Bewohnern. Heutzutage verbindet ein Autobus das Tal im Sommer und zu Weihnachten mit einer kleinen Eisenbahnlinie, die aus dem späten 19. Jahrhundert stammt. Diese »Kaffeemühle« bringt die Reisenden in 30 Minuten zur Hauptstrecke: Innsbruck–Bludenz–Zürich. Die Entfernung von den Dörfern nach Innsbruck beträgt 200 km, nach Bludenz (Sitz der *Bezirkshauptmannschaft**) 22 km, nach Bregenz (wo sich die *Landeshauptmannschaft** befindet) 70 km und nach Feldkirch (wo das Krankenhaus ist) 50 km. In Innsbruck befinden sich die Universität, die Technische Hochschule und die Kunsthochschule. Die meisten Waren stammen aus der Industrieregion zwischen Bludenz, Dornbirn und Bregenz. Dort gibt es Brauereien, Käsereien, Konservenfabriken, Schokoladenfabriken, Webereien, Spinnereien, Fayence- und Porzellanmanufakturen, Uhren- und Möbelfabriken usw. Fast alle Bewohner des Tals haben dort Verwandte, die sich zwischen 1890 und 1905 bei der Gründung der Betriebe an diesen Orten niedergelassen haben.

Die erwähnten kleinen und mittleren Städte sind allen im Tal bekannt. Mindestens einmal war jeder schon dort. Was dagegen die Hauptstädte angeht, so hat Wien seine Anziehungskraft verloren; die Großstadt, die man besuchen fährt, ist Zürich. Während die in Kilometern gemessene Entfernung zwischen diesen Zentren und dem Tal stets die gleiche bleibt, ändert sich laufend – wir kommen darauf zurück – die tatsächliche Distanz: mal ist sie größer, mal ist sie kleiner, den jeweiligen ökonomischen und ideologischen Veränderungen entsprechend. Die eine Stadt rückt näher, die andere weiter fort, und nicht die Transportmittel sind letzten Endes für diese Fluktuationen verantwortlich.

Unser Tal ist ein Bergtal. Das bedeutet: Es gibt kein Getreide. Die Höfe sind klein und die Nutzflächen reichen gerade für das Heu, das als Viehfutter gebraucht wird. Jeder Hof hat zwischen 3 und 14 Kühen. Im unteren Teil des Tales wachsen Apfelbäume mit bitteren, grünen Früchten. Die Bauern verarbeiten sie zu süßem Apfelwein oder schneiden sie in Scheiben, die sie dann trocknen lassen: Im Winter ist dies ein Leckerbissen für die Kinder. Man sieht auch kleine Gemüsegärten mit Kartoffeln, Kohl, Salat, Erbsen und Bohnen. Die etwas besser gestellten Familien besitzen zusätzlich noch ein oder zwei Schweine sowie einige Hühner.

Die Verteilung der Böden hat sich im Laufe der letzten Jahre nicht oder kaum geändert. Aber das Dorf hat sich dennoch vollständig transformiert. Den Bauern ist das durchaus bewußt. Bei jedem Gespräch vergleichen sie *das Früher und das Jetzt** und heben die Umwälzungen hervor, die ihr Tal durchgemacht hat. Dieser »historische Sinn« oder vielmehr: dieser Sinn für Epochen ist bemerkenswert: Offenbar ist er selbst eine Folge der tiefgreifenden Veränderungen, die er registriert.

Die Zeit, welche die Bauern als »Früher« bezeichnen, umfaßt drei verschiedene Perioden, die sie sehr genau voneinander abheben.

Das *Früher** entspricht erstens der Generation der Großväter – und allen früheren Jahrhunderten. Diese Zeit liefert vor allem Stoff für Anekdoten. Es ist die Zeit der Trachten, der alten Sitten und Bräuche. Für die Menschen im Tal gilt sie als Vorzeit: Sie ist absolute Vergangenheit.[3]

Zweitens umfaßt das *Früher** die Zeit vor dem Krieg. Eine Zeit also, die noch lebendige Vergangenheit und reale Geschichte ist. Es ist die Zeit der Eltern, sozusagen die »normale« Zeit. Der damalige Wohlstand basierte auf zwei Elementen: dem Besitz von Boden und Vieh einerseits und der Lohnarbeit andererseits. Das Einkommen des Bauern setzte sich in erster Linie aus Naturalien zusammen: Milch, Käse, Butter, Speck, Fett und Fleisch, wobei letzteres von den im Tal gehaltenen Schweine stammte; ferner Eier und Geflügel, etwas Kartoffeln und Gemüse sowie im unteren Tal auch Apfelwein. Hinzu kamen dann Geldeinkünfte, die vor allem aus dem Viehverkauf auf dem großen Markt im September stammten. Die Rinder des Tales waren berühmt und begehrt. Schließlich kam noch der Lohn hinzu, den die Männer im Sommer, also zwischen Mai und September, verdienten, wenn sie als Zimmerleute, Stukkateure oder *Krautschneider** (Sauerkraut-Bereiter) nach Frankreich, Belgien, Deutschland, Ungarn usw. zogen. Die österreichischen Geographie-Lehrbücher beklagten gewöhnlich das traurige Schicksal dieser »Abwesenden«, die sich in der Fremde für einen Hungerlohn verdingten. Aber in Wirklichkeit erlebte das Tal damals seine beste Zeit. Für die Bergbewohner, die jeweils im Herbst ihren Herd wiederfanden, bedeutete diese Wanderschaft zugleich ein Abenteuer und ein gesichertes Auskommen für ihre Familien. Es bedeutete den Kontakt zum Ausland; es bedeutete Kampf – ein Privileg der Männer – und auch Erfolg: Noch heute kann man die Siegestrophäen in Form von Postkarten aus Nyon, Tours, Marseille, Ulm, Budapest oder Kecskemet bewundern, die in den Häusern an die Wände geheftet wurden.

Was konnten sie im Ausland erleben? Länder ohne Berge, etwas Unfaßliches. Eine fremde Nahrung. Getränke, die niemand im Tal kannte, unbekannte Weinsorten: französische, ungarische usw. Andere Sitten und Temperamente bei Frauen und Mädchen: dem Augenzwinkern der Männer zwischen 50 und 60 nach zu urteilen, waren sie durchaus tapfere Ritter und Minnesänger.

Was brachten sie ins Tal zurück, abgesehen vom Geld? Was hatten sie im Ausland »gelernt«? Überhaupt nichts! Im Tal führte man unverändert die alten Traditionen fort; kein einziger zeitweiliger Emigrant hat je ein ausländisches Mädchen in die Heimat mitgebracht; nur zwei haben sich in Frankreich verheiratet; einer von ihnen, der als Stukkateur auszog, besitzt heute in Paris ein großes Bauunternehmen.[4]

Im Herbst kehrte man also kurz vor dem großen Markt in die Heimat zurück. In der Tasche hatte man die Hälfte des verdienten Geldes; die andere Hälfte hatte man für Kleidung, Reisekosten, Wirtshäuser und »Vergnügungen« ausgegeben. Das Haus, die Tiere und die Wiesen waren die ganze Zeit über von der Frau oder unter ihrer Leitung von den daheimgebliebenen Kindern versorgt worden. Eine Art sommerliches Matriarchat also, dessen Konsequenzen noch heute sichtbar sind: zum Beispiel lädt die Familie vor allem die Verwandten der Frau ein, und ihnen wird auch im Unglücksfall bevorzugt geholfen.

Glückliche Zeiten einer stabilen Ökonomie. Glückliche Zeiten, in denen das Geld in den Taschen klimperte, gesegnete Zeiten, wo Gott für das Nötige sorgte – auch für den Luxus. Worin bestand er? In erster Linie waren es schöne Kleider: Janker und Hosen aus festem und dauerhaftem Tuch für die Männer, reich bestickte Kleider und seidene Schürzen für die Frauen. Außerdem Schuhe, wie man sie in der Stadt trug, Wolljacken und Blusen. Hinzu kamen schöne Töpfe für die Küche, Eimer und *Zuber**, um Käse zu kochen.

In den meisten Familien war relativ viel Geld vorhanden, nicht nur, um alle diese Luxusgegenstände zu kaufen, sondern auch um neue Familien zu gründen. Beim Tod des Vaters übernimmt nämlich der Älteste der Tradition nach das väterliche Haus; von dem Geld, das er in den vorangegangenen Jahren verdient hat oder in Zukunft noch verdienen wird, zahlt er seinen Brüdern und Schwestern ihren Erbteil aus. Wenn die anderen Söhne heiraten wollen, kaufen sie sich ein kleines Stück Land und bauen darauf ihr Haus. Denn »heiraten« bedeutet, sein eigenes Haus zu besitzen. Zu heiraten und bei den Eltern oder Schwiegereltern zu wohnen, ist für die Menschen im Tal noch heute völlig undenkbar. Trotz der Einsprüche des Pfarrers galten und gelten intime Beziehungen vor der Ehe als sehr viel weniger »unmoralisch« als eine Heirat ohne »Grund und Boden«, also eine Armenhochzeit. Die Mädchen suchte man in den Dörfern des Tales. Zu der Zeit, von der hier die Rede ist, wurde bei der Wahl einer Ehefrau vor allem auf ihre Arbeitsfähigkeit und die soziale Stellung ihrer Familie geachtet.

Damals lebte nicht nur das Tal, sondern ganz Vorarlberg im Wohlstand. Es war die Zeit der Fabrikgründungen. Es war die Blütezeit der *Vorarlberger Stickerei-Industrie** mit ihrem Zentrum in Lustenau bei Bregenz. Man stellte dort Stickereien her, die sich bis nach Amerika, China oder Marokko verkauften, die aber auch in Österreich und Deutschland regen Absatz fanden. Damals hieß es: »Stolz wie ein Jüngling aus Lustenau« oder »Sie geht wie eine junge Dame aus Lustenau«.

Ganz Vorarlberg hatte Teil am Aufschwung dieser Industrie; ganz Vorarlberg beneidete sie um ihre ersten Erfolge. Auch die Bauern von Lustenau, Götzis und Hohenems kauften jetzt Stickmaschinen! Man gab sie den Töchtern, und wenn man keine hatte, stellte man Arbeiterinnen ein.

Schon vor dem Krieg machte die Stickerei mehrere Krisen durch. Zwischen 1920 und 1927 kam es dann noch weit schlimmer. Das gesamte Land wurde erschüttert. Heute ist diese Industrie seit acht Jahren völlig ruiniert. Fragt man nach den Gründen für ihren Niedergang, so hängt die Antwort meist vom Alter der Befragten ab. Die Jungen antworten: »Das liegt an der Krise«, wobei dieses magische Wort offenbar alles erklären soll. Die Alten dagegen haben ihre eigene Theorie. Sie ist eher moralisch, Verrat und Raffgier spielen darin eine wichtige Rolle. Für sie ist der Niedergang ihrer Industrie ein Art Strafe für die Geldgier der Menschen. Einige Männer aus Vorarlberg, die immer noch mehr verdienen wollten, haben das Geheimnis der Stickmaschinen verraten und diese sogar nach Amerika verkauft. Überflüssig zu sagen, daß hier natürlich nicht das reale, sondern ein mythisches Amerika evoziert wird, das mit »Geschäften«, Großindustrie, brutalen und verantwortungslosen kapitalistischen Kräften identifiziert wird. Aber da es im Besitz vorarlbergischer Maschinen sei (dabei sind es ganz normale Maschinen, das sei hier betont, deren Geheimnis jeder sofort durchschaut!), produziere Amerika nunmehr die vorarlbergischen Stickereien selber und stecke somit einen doppelten Gewinn ein...
Das unmoralische und verräterische Amerika: ein Mythos wie alle anderen »antikapitalistischen« Mythen oder auch die antisemitischen Theorien...

In politischer Hinsicht war die Region (mit Ausnahme von Bludenz, das als Eisenbahnknotenpunkt sozialdemokratisch wählte) *christlich-sozial**. Die *Christlich-Sozialen** waren die Partei der Wohlhabenden, die den ökonomischen Fortschritt wollten, aber ansonsten Traditionalisten blieben und strenge konservative Überzeugungen vertraten.
Im Dorf richteten sich die Ideen allerdings nicht nach Theorien oder politischen Parteien. Ihr Bezugspunkt war vielmehr die »Religion«, also der Katholizismus in seiner bäuerlichen Form, wie er durch den Pfarrer repräsentiert wurde. Der *Pfarrhof** war neben der Kirche das wichtigste Gebäude. Er beherbergte in der Regel auch die Schule. Die Köchin des Pfarrers sammelte Heilkräuter. An sie wandten sich die Frauen des Dorfes, wenn jemand Fieber hatte, eine schwere Geburt bevorstand oder ein Unfall passierte, damit sie einen heilenden Tee kochte oder lindernde Umschläge

machte. Der Pfarrer war meist ein jovialer Mann, der die menschlichen Schwächen mit Nachsicht beurteilte. Er verlangte nur eines und das wurde ihm auch widerspruchslos gewährt: die Anerkennung der gleichsam magischen Macht der Kirche – einer Macht, über die allein er verfügen konnte.

Man rief ihn um Hilfe, wenn die Kühe krank waren. Er betete dann zu den entsprechenden Schutzheiligen: Sankt Martin, Sankt Wendelin und Sankt Fridolin. Er segnete den Stall. Er segnete die Alm, wenn im Frühjahr die Kühe und Ochsen hinaufgetrieben wurden. Er segnete die neu errichteten Häuser, und sein Segen schützte sie vor Unwetter und Lawinen. Er segnete die Männer, die zu gefährlichen Arbeiten aufbrachen oder ins Ausland zogen: Sein Segen sicherte ihnen Arbeit und gute Löhne. Man ging wenigstens am Sonntag zur Messe; man beichtete einmal im Monat – zumindest im Winter. Die Frauen empfingen alle 14 Tage die Kommunion. Nur im Sommer gingen die Männer nie zur Kirche.

Der Pfarrer lebte mit dem Dorf. Gewöhnlich gab es zwischen ihm und seiner Gemeinde keine Spannungen. Er sprach ihre Sprache. Er war meist selber ein Bauernsohn aus einem der Nachbartäler. Auch materiell war er mit seinem Dorf eng verbunden. Er bekam zwar jeden Monat sein Gehalt, aber seinen Tisch und seinen Keller versorgten die Gläubigen: 800 Eier im Jahr, 14 kg Butter, 700 Liter Milch, 30 Käse – soviel mußte ein Dorf von 180 Seelen ihm liefern und liefert dies noch heute. Ferner hat der Pfarrer das Recht, Reparaturen und Veränderungen an seinem Haus auf Kosten der Gemeinde durchführen zu lassen.

Neben dem Pfarrhof steht das Gasthaus, das allmählich an sozialer Bedeutung gewinnt. Früher verbrachte man die winterliche Freizeit zu Hause oder beim Nachbarn. Man spielte Karten, das sogenannte *Jazzen**, ein kluges und kompliziertes Spiel, das die rasche Berechnung der eigenen Möglichkeiten und eine Schätzung der gegnerischen Chancen erfordert. Man machte den Mädchen den Hof, spielte etwas Gitarre und Akkordeon und tanzte manchmal Bauerntänze in weitläufigen Stuben. Man schwatzte auch viel, mal über Politik, mal über Wirtschaft, man erzählte sich alte Sagen und Märchen. Im Frühling und im Herbst stieg man manchmal auf die Berge hinauf, vor allem um Edelweiß zu sammeln. Damals gab es erst wenige Gasthäuser. Die Mädchen betraten sie nie. Es waren verdächtige Orte, meist ziemlich weit vom Dorf entfernt – und niemand besaß ein Fahrrad.

II

Man hat den Eindruck, daß unmittelbar nach dem Krieg das Dorfleben zunächst wieder in den gewohnten Bahnen verlief. Der Krieg bedeutet für die Alten, die daran teilgenommen haben, vor allem die Erinnerung an eine große Müdigkeit und etwas Nostalgisches. Sie haben gegen Italien und Frankreich gekämpft, einige auch gegen Polen; aber aktiven Haß empfanden sie nur gegen die Italiener. Denn das waren »Verräter«. Zur Zeit interessiert man sich in Vorarlberg brennend für die Abessinien-Frage und die Sympathien sind natürlich auf Seiten des Negus.[5]

Der Krieg hat auf dem Lande also zunächst wenig verändert. Wieder einmal erweist sich, daß der Ausdruck »nach dem Krieg« vor allem eine bequeme Redensart ist. Erst später, gegen 1920, sind neue Elemente im Dorfleben aufgetaucht. Diese immer zahlreicheren Elemente haben die alten Gedankenmuster, die durch die Ereignisse von 1914 bis 1920 bereits in Frage gestellt waren, allmählich aufgelöst. Gemeint sind die deutschen Touristen.

Zunächst kamen sie nicht für lange Aufenthalte. Sie verbrachten nur einige Nächte in einer der wenigen Herbergen, um einige Alpengipfel zu ersteigen. Aber sie sprachen viel und erzählten viel. Sie trumpften auf, beriefen sich auf das Vorbild ihrer Heimat; sie machten ständig Vorschläge, wie man das Dorf besser organisieren und verändern könnte. Sie flirteten auch mit den Mädchen und gingen sonntags nicht zur Messe. Noch heute gelten die Deutschen in dieser Gegend als ideale Touristen. Da sie keine großen Ansprüche an Zimmerkomfort und Bewirtung haben, sind sie leicht zufrieden zu stellen. Sie brauchen nur zwei Dinge: reichliche Portionen und mehrere Zeitungen. Obwohl der deutsche Tourist also die Freuden der Natur suchte, brachte er eine städtische Atmosphäre mit. Er urbanisierte das Dorf. Er erzählte und verklärte seine Klettertouren. Und schon begannen auch die Bauernjungen immer häufiger, auf die Berge zu steigen. Die Skier, die man schon während des Krieges benutzt hatte, wurden nach und nach von ferienhungrigen Städtern erneut importiert. Bald schreinerte sich auch die Dorfjugend ihre Bretter.

Es fehlte jedoch an Hotels. Die Unternehmungslustigsten im Dorf, die Abenteuerlustigen, jene, die nicht sonderlich beliebt waren, gründeten welche und wurden Hoteliers: Ein weiterer

Schritt hinaus aus der bäuerlichen Gesellschaft. Die Gasthäuser florierten. Ihre Besitzer begannen im Dorf an Einfluß zu gewinnen. Das ausgebaute Gasthaus zieht Touristen an, lädt sie ein wiederzukommen. Es verliert seinen schlechten Ruf. Man lehnt auch den Fremden nicht mehr ab. Er bringt das Geld, ein Geld, das noch nie so leicht zu verdienen war. Man ist bereit, ihm zuzuhören, von ihm zu lernen. Und der Deutsche wartet auch nur darauf, zu belehren. Ein deutscher Arzt trifft ein. Er lacht über die Kräutertees aus dem Pfarrhaus; er verschreibt andere Medizin – und diese neue Magie ist ebenso erfolgreich wie die alte. Ein deutscher Tierarzt kommt vorbei; er schmunzelt über Sankt Martin. Er gibt gelehrte Medikamente für die kranken Kühe – und von da an verabreichen die Bauern ihren Rindern zweierlei Exorzismen: die des Priesters und die des Arztes. Manchmal werden die Kühe davon gesund.

Läßt sich daraus ein Gesetz ableiten? Könnte man sagen, daß Zauberriten nie durch mangelnde Erfolge erschüttert werden? Daß man sich vielmehr darauf beschränkt, sie zu verdoppeln? Aber eine Magie löst die andere ab, wenn der neue Zauberer mit allen Attributen seiner überlegenen Macht erscheint. Sein Geld, sein Wissen, seine pädagogischen Fähigkeiten und die Aura des Erfolgs – all dies schafft Vertrauen in die Wirksamkeit der neuen Zauberei.

Wenn die Touristen herbeiströmen, stellt das Gasthaus zusätzliches Personal ein: zwei Bedienungen, manchmal eine Köchin. Es vergrößert sich. Auch dafür werden eine Zeitlang Arbeiter gebraucht. Das Dorf konsumiert immer mehr landwirtschaftliche Produkte. Die Milch kann jetzt an Ort und Stelle verkauft werden; man braucht sie nicht mehr selbst zu trinken. Das gleiche gilt für Butter und Sahne. Wenn das Gasthaus ausgebucht ist, mietet sich der deutsche Tourist beim Bauern ein und geht nur noch für die Mahlzeiten ins Hotel. Geld ist jetzt reichlich vorhanden. Man kauft Grundstücke, außerdem eine zusätzliche Kuh und ein Schwein. Man ißt mehr Fleisch; man kauft *Maisässe**, Sommerhäuser, die weiter oben im Gebirge liegen und in die ab Mai ein Teil der Familie mit einem Teil des Viehs übersiedelt. Man kann seinen Gewinn berechnen; man kann Geld verleihen oder auf Kredit kaufen.

Wer verleiht? Nur selten werden dafür die *Raiffeisenkassen** in Anspruch genommen. Man wendet sich lieber an den Nachbarn, der gerade flüssiges Geld und keine Pläne hat. Die Summen, um die es dabei geht, sind freilich sehr bescheiden.

Kennzeichnend für die Jahre vor der Inflation ist also das Aufkommen des Tourismus mit seinen Folgen. Sommer- und dann auch Wintersport. Daraus ergibt sich eine Umstellung der Freizeit und – als wichtigste Konsequenz – eine Transformation der dörflichen Gesellschaft, die Herausbildung einer neuen, unternehmungsfreudigen Elite vom Typ des Gastwirts oder Hoteliers. Im Dorf entsteht eine rege wirtschaftliche Tätigkeit, der Gewinn wird immer wichtiger. Die Verbindungen zur Stadt werden zunehmend enger. Man muß hinunterfahren, um Vorräte für die Geschäfte, Lebensmittel für den Gasthof, Möbel für die Gastzimmer zu bestellen usw. Der Bauer sucht also die Stadt. Aber vor allem überfällt nun die Stadt das Dorf.

Dann kam die Inflation. Die Verluste waren im Grunde nicht sehr bedeutend. Verloren haben allein jene, die von der Inflation überrascht wurden und noch nicht genügend gespart hatten, um sich ein Grundstück oder ein Haus zu kaufen. Außerdem machten all jene Verluste, die vorher Geld an ihre Nachbarn verliehen hatten. Aber die Inflation schürte auch die unternehmerischen Initiativen und trieb zum Geschäftemachen an, eine Geisteshaltung, die schon in der frühen Phase des Tourismus vorbereitet worden war.

Zunächst ergab sich für das Tal aufgrund seiner Grenzlage zwischen Schweiz, Deutschland und Österreich eine neue Möglichkeit, Geld zu verdienen: durch den Schmuggel von Stadt zu Stadt. Es geht um wichtige Waren: Maschinen, Metalle usw. Die Schmuggler machen riesige Gewinne. Ihr Kontakt mit der Stadt wird intensiver: Dorthin fließt das im Dorf so leicht verdiente Geld. Man kauft nicht mehr Grundstücke oder Häuser, sondern in Innsbruck goldene Uhren, Stadtkleider, Sonntagsschuhe oder Grammophone. Das Geld wird völlig sinnlos verschwendet. Nichts oder fast nichts für die Frauen und die Familie im Dorf. Fast alles wird in der Stadt und »mit den Frauen« der Stadt durchgebracht.

Noch eine andere Praxis hat die Kontakte zur Stadt verstärkt: die unzähligen Gerichtsverfahren, die im Dorf geführt werden. Klagen der früheren Reichen gegen ihre Nachfolger; Prozesse um Wasser, um Wege, um Durchzugsrechte usw. Auch das Licht wird zum Prozeßgegenstand: Die ganze Region wird jetzt elektrifiziert. Nur ganz allmählich weicht die alte bäuerliche Hierarchie vor den Hoteliers und Gastwirten zurück. Hinzu kommen natürlich die Klagen zur Eintreibung von Schulden. Insgesamt geht eine Lawine von Gerichtsverfahren über die Richter und Rechtsanwälte am Bludenzer *Kreisgericht** nieder, die unter dieser Last fast ersticken.

Der Einfluß des Pfarrers geht in dieser Zeit eindeutig zurück. Er hört auf, jemand »aus dem Dorf« zu sein; er bekommt eine Sonderstellung. Er wird kritisiert, auch wenn dies nur selten offen gesagt wird. Wenn er sich gegen die Neuerungen und Umwälzungen ausspricht, hält man ihn für jemanden, der in einer anderen, vergangenen Welt lebt. Wenn dagegen zahlreiche Klöster und einige Pfarrer an den Neuerungen teilzunehmen versuchen und Grund und Boden oder Häuser zu günstigen Preisen aufkaufen wollen, werfen ihnen die Gläubigen ihre weltlichen Ambitionen vor, ihr Streben nach irdischem Wohlstand und ihren Mangel an Geistigkeit: Überreste einer Reformation, die sich in diesem Land nie hat durchsetzen können. Die alten ideologischen Rahmen zerbrechen. Indifferenz tritt an die Stelle praktischer Religiosität. Das Alltagsleben orientiert sich immer mehr an der Stadt; und über städtische Angelegenheiten hat der Dorfpfarrer keinerlei Macht.

Aus der Stadt kommt nun ein neuer, halbreligiöser Begriff ins Dorf, ein dynamischer Begriff mit revolutionären Implikationen: Fortschritt. Der Fortschritt, das sind die neuen Hotels, der Tourismus, der Sport und das Geld. Der Fortschritt, das ist die städtische Kultur: Stadtkleidung, Grammophon, moderne Tänze, Kino usw. Fortschritt heißt, sich an die Stadt anzupassen. Damals – und noch heute – wurde oft gesagt: »Die Stadt ist uns 100 Jahre voraus, so wie Europa den Barbaren hundert Jahre voraus ist.« Fortschritt heißt, ein Teil Europas zu sein, und Europa, das sind für unsere Region vor allem Deutschland und die Schweiz. Österreich zählt dagegen weniger: Das rote Wien hat den Vorarlbergern, die den Sozialismus ablehnen, nie sonderlich gefallen; und das Bild des kaiserlichen Wien ist verblaßt, denn dieses Wien gibt es nicht mehr.

Die Folge ist, daß die bäuerlichen Trachten immer mehr verschwinden. So ergeben sich manchmal merkwürdige Situationen: Die Frauen und Töchter von Touristen kleiden sich bäuerlich,

während die bäuerliche Jugend die städtische Mode übernimmt. Die folkloristischen Erwartungen der Fremden werden zunehmend enttäuscht. Wenn man die Frauen befragt, stellen sie gleich eine ganze Liste von Argumenten auf, um die Veränderungen zu erklären: Die Stadtkleider sind hygienischer; sie sind weniger dauerhaft, aber dafür billiger; sie erfordern keine große Investition. Die Tracht einer Bäuerin in diesem Tal kostet sonst nämlich ungefähr 600 Schillinge, das heißt 1600 Francs.
Die eigentlichen Gründe liegen freilich sehr viel tiefer. Seit die Stadt ins Dorf gekommen ist, haben die jungen Männer angefangen, sich von den Mädchen im Tal abzuwenden. Die auswärtige Kellnerin im Gasthof oder das Dienstmädchen der Touristen sind viel attraktiver. Das Mädchen aus dem Tal wird nur dann noch begehrt, wenn es »die Welt« gesehen und bewiesen hat, daß es sich in der Fremde zurechtfindet. Wenn es einige Jahre in der Stadt oder in einem anderen Tal gearbeitet hat und in die Heimat zurückkehrt, legt es die Tracht nicht wieder an. Damit paßt es sich dem Wunsch der jungen Männer an, die keine Bäuerin, sondern eine Frau aus der Stadt wollen.

Aufgrund der günstigen Preise kamen mit der Inflation außer den Deutschen auch noch andere Touristen, vornehmlich Schweizer. Sie verbrachten den Sommer im Tal, lobten die schöne Landschaft und kauften mit einer großspurigen Geste Grundstücke auf, auf denen sie ihre Villen bauten. Sie gründeten auch kleine *Burschaften** – bäuerliche Kleinbetriebe, wie sie auch sonst in der Region üblich waren – und beschäftigten darin arme Bauern. Neben einem monatlichen Lohn gaben sie ihnen einen Liter Milch pro Tag und pro Kopf. Die Erträge sollten dann jeweils abgerechnet werden. Die Erfahrungen dieser Schweizer, die selbst nach 20 Jahren im Dorf noch als Fremde gelten, veranschaulichen ein merkwürdiges Phänomen: der Mechanismus des dörflichen Amalgams.
In Vorarlberg haben diese Schweizer jedenfalls nicht den Weg in die Herzen gefunden. Sie bleiben *Fremde** und Arbeitgeber. Gewiß, sie sind korrekt: *Es ist nichts zu klagen**. Außerdem sind es Protestanten, aber das ist wohl weniger wichtig. Den Dorfbewohnern fällt es schwer, die Gründe für ihre ablehnende Haltung zu benennen. Der Beobachter dagegen erkennt sofort, daß diese Schweizer, die aus der Stadt kommen und denen rechtlich nichts

vorzuwerfen ist, Fremde bleiben, weil sie sich nicht der unkodifizierten Dorfmoral unterwerfen – einer Moral, die allen Veränderungen zum Trotz unerschütterlich weitergilt und die Nachbarschaftsbeziehungen und das gesamte dörfliche Sozialleben nach wie vor beherrscht. Man könnte sie durchaus als »Nachbarschaftsmoral« bezeichnen.
Worin besteht sie? Bis heute steht der Nachbar – wie früher – für den verschuldeten Nachbarn ein; noch heute leiht der Nachbar dem Nachbarn, wenn es brenzlig wird. Er hilft ihm, wenn es sein muß, mit Arbeitsstunden beim Hausbau oder bei der Heuernte; oder er leiht ihm seinen Stier. Das gleiche gilt für die Welt der Frauen: Eine für den Kauf irgendeines Luxusgegenstandes mühsam angesparte Summe wird ohne Zögern für das Kindbett der Schwester geopfert oder um die Nichten und Neffen einzukleiden. Es ist eine soziale Moral und keine individuelle. Auch nicht einfach eine christliche. Die Hilfe, die man dem Nachbarn gewährt, hat nicht den Charakter von Almosen, die man einem Unbekannten gibt; ich habe gesehen, wie vagierende Arbeitslose mit einigen Löffeln Milchsuppe und nicht gerade freundlichen Worten abgefertigt wurden. Die Nachbarschaftshilfe ist eine Art Versicherung für den Fall, daß man selbst einmal Hilfe braucht. Was man einem Dorfbewohner gewährt, werden die anderen Dorfbewohner auch einem selbst gewähren, wenn es nötig ist. Das ist keine Frage christlicher Hoffnung, sondern eine ökonomische Realität.
Die Nachbarschaftsgemeinschaft ist also das, was das Dorf erst konstituiert. Wer ihr moralisch nicht angehört, gehört nicht zum Dorf, selbst wenn ihn die Listen der Verwaltung als *Standesbürger** verzeichnen. Auch vorübergehend im Dorf lebende Touristen können durchaus dazugehören, wenn sie den Sinn dieser Gemeinschaft begreifen und den Wunsch äußern, daran teilzunehmen: indem sie einer alten Frau Heilkräuter bringen, weil sie sie nicht mehr selber sammeln kann; indem sie Briefe schreiben oder darum bitten, zu einer Hochzeit eingeladen zu werden; indem sie einem kranken Kind Schokolade bringen und ihm Ratschläge geben usw. Wenn man einmal aufgenommen und angenommen ist, kann man sicher sein, daß jeder Dorfbewohner einem mit ganzer Kraft helfen würde. Wenn Sie als Fremder eine ordentlich bezahlte Arbeit vergeben, wird man Sie schlecht und sehr langsam ausführen. Wenn Sie aber Ihren Nachbarn um die

gleiche Arbeit im Sinne einer Gefälligkeit bitten, wird er Sie sofort und sehr sorgfältig ausführen.

III

Wenn wir also die Merkmale des Dorflebens am Vorabend der Krise und der nationalsozialistischen Revolution in Deutschland (die in den Augen der Bauern eine neue Zeit markiert) beschreiben wollen, so stellen wir folgendes fest: materieller Wohlstand, enge Beziehungen zur Stadt, dumpfe Erschütterung der Tradition und der früheren Lebensformen; Tendenzen zum *Anschluß** an die Stadt; aus der Stadt importierte neue Begriffe wie z. B. »Fortschritt« und andere Wörter aus dem Vokabular des 18. Jahrhunderts; keine Infragestellung und kein Haß gegen den Klerus; nur eine gewisse Gleichgültigkeit und ein Rückgang des Kirchgangs und der Beichte usw. Andere Interessen, die teilweise dem Katholizismus zuwiderlaufen, absorbieren immer mehr die dörflichen Energien.

Die Wirtschaftskrise und die Propaganda der Nazis fallen zeitlich beinahe zusammen. Die alten Formen, die zunächst durch den materiellen Wohlstand und dessen vielfältige Konsequenzen erschüttert wurden, wurden auch durch die wirtschaftlichen Schwierigkeiten in Frage gestellt: Zum einen durch die Tatsache, daß die Agrarpreise abrutschten, dann dadurch, daß es weniger Möglichkeiten der Lohnarbeit gibt und schließlich durch den deutlich zurückgehenden Tourismus. Durch die Schließung der deutschen Grenzen wird der deutsche Tourismus von heute auf morgen unterbunden.

Man könnte also sagen: Jede wirtschaftliche Erschütterung wirkt sich auf die Gemüter aus; jede wirtschaftliche Veränderung – zum Guten oder zum Schlechten – bereitet die Gemüter auf neue Ideen vor, die dann zunächst von den aus den wirtschaftlichen Transformationen hervorgegangenen sozialen Eliten aufgenommen werden. Aber führt die Theorie der ökonomischen Basis und des ideologischen Überbaus nicht im Grunde zu einem historischen Kurzschluß? Zwischen Basis und Überbau vernachlässigt sie nämlich die Zwischenetappen – eben jene, in denen der lebendige Strom der Geschichte zirkuliert.

Die Krise erfaßt also unser Tal. Sie wirkt sich auf die Gemüter

aus. Welche ideologischen Konsequenzen wird das haben? Kommt es zu einer Rückkehr zum Katholizismus? Zu Bekehrungen? Zum Wiedererstarken der alten Obrigkeit, die von neuem die Anleitung der Seelen übernimmt? Zur Reue darüber, von Neuerungen verführt worden zu sein?
In einigen Tiroler Tälern ist dies – zumindest teilweise – der Fall: »Wir müssen zur Religion und zur Tradition zurückkehren. Wir sollten die Obrigkeit, die uns auferlegt ist, nicht in Frage stellen. Mit Religion und Obrigkeit werden wir zur guten alten Zeit zurückkehren. Wir waren ungehorsam, also müssen wir wieder gehorchen. Der Herrgott und die Obrigkeit werden uns belohnen.«[6]
Gehorchen – das ist das Wesen des Tiroler Katholizismus. Soweit erkennbar, liegt der sich darin äußernden katholischen Renaissance keine wirklich persönliche religiöse Erfahrung zugrunde. Vielmehr wird diese Renaissance von der gegenwärtigen österreichischen Regierung unterstützt, die allen, die »gehorchen«, Arbeit und Vorteile gibt. In diesen für den Katholizismus und die Idee einer wirtschaftlichen, sozialen und ideologischen Wiedergeburt Österreichs »zurückeroberten« Tiroler Tälern war die österreichische Tradition immer schon stark. In Vorarlberg fehlt sie dagegen. Dort war man immer schon enger mit Deutschland und der Schweiz verbunden als mit Österreich. Dort beneidete man stets Tirol und fühlte sich von Österreich vernachlässigt, das für Tirol Straßen baute und es mit ganzer Kraft unterstützte, während es nichts für Vorarlberg tat. Folglich war man stets bereit, auf die Deutschen zu hören und sich von ihnen beeinflussen zu lassen. Vor allem war das Terrain, d. h. die Sozialstruktur, in beiden Bundesländern sehr unterschiedlich.

In Tirol wie in Vorarlberg haben sich die »Deklassierten« zum Nationalsozialismus bekehrt. Nicht die wirklichen Armen und Elenden; die vegetieren dahin und sind voll und ganz mit dem Kampf ums materielle Überleben beschäftigt. Mit »Deklassierten« sind vielmehr jene gemeint, deren sozialer Rahmen zerbrochen ist. Zu ihnen gehören in einem Tiroler Dorf z. B. der Besitzer des Gasthofes oder Hotels (ist er Bauer oder Unternehmer?), der Kleinhändler und sein Gehilfe sowie schließlich die »Dorfintellektuellen«: der Arzt, der Veterinär, der Zahnarzt, der Notar usw.

Der Nationalsozialismus hat diesen Männern gegeben, was jede Religion zu geben hat: die Offenbarung eines wahren Wegs zum Heil, das Gefühl, ein Eingeweihter zu sein, an einer sozialen Gemeinschaft teilzuhaben und einer höheren Moral zu dienen; die Hoffnung auf einen baldigen Sieg; schließlich auch die Materialisierung der feindlichen, unsichtbaren Kräfte, die dem Kleinhändler das Geschäft verderben und den Gehilfen daran hindern, sich selbständig zu machen, bzw. den Landarzt, ein halber Bauer zu bleiben. Die nationalsozialistische Propaganda hat ihren Anhängern die Ursache aller Niederlagen offenbart: den Juden.
Diese Deklassierten des Dorfes haben die Propaganda in die eigenen Hände genommen und bald auch einen Teil der jungen Bauernburschen auf ihre Seite gebracht. Der Nationalsozialismus ist eine Jugendbewegung, und im österreichischen Dorf ist er eine Bewegung der Revolte und des Ungehorsams. Die Nationalsozialisten fühlen sich als Vorkämpfer des Fortschritts. Auch in Tirol sind sie antiklerikal, aber ihr Antiklerikalismus ist nicht so offensiv wie in unserem Vorarlberger Tal.
In Tirol rekrutiert sich der Nationalsozialismus – aufgrund der anderen sozialen Verhältnisse – vor allem aus den urbanisierten Elementen der großen Dörfer und aus einem Teil der jungen Bauern ärmerer Herkunft. Alle übrigen und vor allem die Masse der gutsituierten Bauern, die den Bewegungen der letzten Jahrzehnte stets mehr oder weniger ferngestanden haben, sind christlich-sozial geblieben und lassen sich ohne Widerstand auf das nationale, autoritäre und katholische Programm der gegenwärtigen österreichischen Regierung festlegen. Da demgegenüber die Urbanisierung in Vorarlberg sehr viel weiter fortgeschritten ist, steht hier nicht der Antisemitismus, sondern der Antiklerikalismus im Vordergrund der nationalsozialistischen Propaganda. Die ersten Bekehrungen zum Nationalsozialismus sind hier Bekehrungen zum Antiklerikalismus; und die ersten Apostel sind Deklassierte, die im Dorf als Fremde gelten.

Bei einigen von ihnen habe ich den Lebensweg verfolgen können. Einer der ersten Nazis war Waise. Seine Eltern waren Bauern aus einem Nachbartal, die das Pech verfolgte und die im Elend gestorben sind. Ihr Haus und ihr Land wurden versteigert; der Junge wuchs beim Pfarrer auf. Er wurde hart rangenommen: sehr viel Arbeit und wenig Freude, ein ständiges Gefühl zur Last zu fallen, gehässige Worte über die Eltern und autoritäre Moralpredigten ohne Nächstenliebe. Daraus entstand bei dem Jungen eine tiefe Verunsicherung. Entweder er bemühte sich ohne Hoffnung auf Erfolg, oder er rebellierte, aber auch dabei mußte er scheitern. Seiner Verunsicherung fehlte eine Erklärung, seiner Revolte ein Programm. Eines Sonntags lief er nach der Messe aus dem Pfarrhaus fort, bestieg einen der Berge und traf dabei einen deutschen Touristen. Das war ein Bergschriftsteller, der sich im Tal niedergelassen hatte, weil ihn der Anblick der umliegenden Gipfel faszinierte. Wegen seiner unbestreitbaren alpinistischen Fähigkeiten wurde er dem Jungen zum Vorbild. Der Ältere begann mit dem Jüngeren zu sprechen. Er »öffnete ihm die Augen«. »Plötzlich fiel es mir wie Schuppen von den Augen«, erzählt der Bauernsohn. »Ich sah, wie man mich bisher getäuscht hatte und wozu die Moral diente, die man mir einimpfte ... Ich sah auch, wo mein Platz war ...« Das ist die Sprache der Bekehrung – der katholischen Bekehrung ebenso wie der lutherischen, marxistischen oder eben auch der nationalsozialistischen.

Für den frisch Konvertierten hatte die Welt plötzlich wieder einen Sinn. Er war nun kein Ausgestoßener mehr, er hatte wieder seinen Platz in einer sozialen Gemeinschaft gefunden. Längerfristig war diese zwar völlig fiktiv, aber er wurde herzlich aufgenommen. Dabei handelte es sich nicht mehr um die Gemeinde und das Dorf, die katholische Moral und einen Dienst ohne Erfolgschancen: Nein, der Neubekehrte gehörte nun zum deutschen Volk. Allein schon diese Zugehörigkeit machte ihn zu einem Herren. Er war der Mehrzahl der Dorfbewohner überlegen, er war der Auserwählte, der Eingeweihte. Durch seine politische Arbeit würde das Gesicht der Welt verändert. Also beginnt unser Jüngling im Dorf zu predigen. Zunächst bei seinen wenigen Freunden: Er erzählt ihnen von seinem Meister. In dessen Haus finden kleine Versammlungen statt. Die Begeisterung des frisch Bekehrten und die Gefühle, die er zu wecken versteht (er ist ein guter Redner, wenn der Haß ihn treibt), verleihen ihm bald eine beneidenswerte gesellschaftliche Stellung. Der Pfarrer wirft ihn hinaus. Freunde leihen ihm Geld. Heute besitzt er eine Familienpension, ein sehr hübsches Haus mit allem modernen Komfort, Grund und Boden, einige Kühe – und vor allem hat er Gäste, die seine politischen Überzeugungen teilen. Seine Frau war früher Köchin bei einer adligen Familie in Deutschland.[7]

Die anderen Bekehrungen sind schwerer zu verfolgen. Aber von allen Seiten werden die neuen Ideen propagiert: vom Dorfschullehrer, von Studenten und Bauern, die ihre Verwandten in der Stadt besuchen, oder umgekehrt von Städtern, die Besuche im Dorf machen. Der Nationalsozialismus auf dem Dorf ist also eine Etappe bei der Urbanisierung des Landes.

In den Vorarlberger Dörfern, wo der städtische Einfluß erst später, aber dafür plötzlicher, gewaltsamer und tiefgreifender spürbar wurde als in Tirol, gab es fast keinen Widerstand gegen den Nationalsozialismus. Das ganze Land wurde erobert. Jeder Appell fand ein vielfältiges Echo. Es entstand eine Atmosphäre der Erwartung und des millenaristischen Traums.

1933: die deutsche Revolution. Die Grenzen werden geschlossen; der deutsche Tourist bleibt aus. Die Krise verschärft sich; kein Absatz mehr für das Vieh, die Milch und die Butter. Das gesamte Wirtschaftssystem des Tales, das auf der Trias von Agrarwirtschaft, Lohnarbeit und Tourismus basiert, gerät wieder einmal ins Wanken.

Überall fehlt es an Geld. Was man in der Landwirtschaft verdient, reicht kaum noch zum Leben. Hier einige Angaben zum Budget einer mittleren und relativ wohlhabenden Bauernfamilie aus dem Jahr 1934. Die Familie setzt sich zusammen aus Vater, Mutter, einer Tochter und zwei Söhnen. Es gibt zehn Kühe und genügend Heu, um sie zu füttern. Das Mädchen ist Kellnerin in einem Hotel und jetzt arbeitslos. Einer der Söhne arbeitete in Frankreich: Er wurde ausgewiesen. Die Milch wird nun von der Familie selbst verbraucht. Vielleicht gibt sie auch etwas an Nachbarn ab, die weniger haben. Aber diese bezahlen nicht mit Bargeld, sondern mit Speck oder Eiern oder mit Arbeitsleistungen. Im Herbst versucht man, einige Kühe zu verkaufen. Drei von zehn. Das erbringt 500 bis 600 Schillinge pro Tier (1400 bis 1700 Francs). Insgesamt etwa 4500 Francs. Davon sind 900 Fr. für Steuern abzuziehen, 300 Fr. für verschiedene Abgaben und 600 Fr. für die Versorgung der Kühe auf der Alm während der Sommermonate. Man will die Versicherung weiter bezahlen, das macht noch einmal 300 Fr. jährlich. Bleiben der Familie also für das gesamte Jahr 2400 Fr. Davon sind zu kaufen: Fleisch, Mehl, alle Trockengemüse, Kaffee und Zucker; ferner Schuhe, Kleidung, Seife, Wäsche, Wolle, verschiedene Kleinigkeiten wie Na-

del und Faden usw. Eigentlich müßten außerdem noch die dringendsten Reparaturen bezahlt werden, ferner die Krankheitskosten und Geburten. Und schließlich der Luxus: wenigstens der Tabak. Für unsere fünfköpfige Familie mit ihren zehn Kühen bleiben im Monat also nur ungefähr 160 Fr. übrig. Im allgemeinen ist die Relation zwischen der Zahl der Kinder und der Zahl der Kühe allerdings umgekehrt: drei Kühe auf zehn Kinder.
Bei unseren Berechnungen wurden Heizung und Strom weggelassen. Das Holz kostet praktisch nur die Arbeitszeit; es muß aus den Bergen geholt und zurecht geschlagen werden. Jedes Haus hat das Recht, eine genügende Holzmenge im *Standeswald** zu schlagen: ein Überrest der *Allmende**. Was den Strom angeht, so wird er für jedes Haus von einem kleinen privaten Generator geliefert, der während der Jahre des Wohlstands installiert wurde.
Es muß also gespart werden. Womit soll man anfangen? Und in welcher Reihenfolge? Zunächst wird weniger Fleisch gegessen: statt dreimal in der Woche nur noch zweimal oder nur noch einmal. Dann werden keine neuen Kleidungsstücke mehr gekauft. Die alten müssen reichen. Schließlich wird sogar beim Brot gespart: Das Mehl ist zu teuer. Nach dem Brot kommt der Zucker dran. Das sind äußerste Einschränkungen; aber es ist noch nicht der vollständige Bankrott. Bankrott ist man erst, wenn man keinen Kaffee mehr hat.
Die Einsparungen unterscheiden sich je nach Generation. Die Alten verzichten nicht auf ihre Pfeife, während die Jungen relativ leicht ihre Zigaretten abschreiben. Man geht seltener ins Gasthaus, aber man behält den Radioapparat und das Zeitungsabonnement.
Es ist eine Geste der Verzweiflung und der Angst, wenn man keine Steuern mehr bezahlen kann. Aber nun macht man eine entscheidende Erfahrung: Man lernt die Schwäche des Staates kennen. Eigentlich hätte er das Recht, die Häuser und die Grundstücke zu beschlagnahmen. Aber es gibt so viele säumige Zahler! Und außerdem haben die Bauern gedroht: »Wenn ihr uns unsere Häuser nehmt, müßt ihr unsere Kinder versorgen!« Und viele Familien haben zehn, zwölf oder vierzehn Kinder. Das wäre eine fatale Belastung für die Gemeinden. Konsequenz: Der unbezahlte Staat bleibt untätig; und die Dorfbewohner verachten ihn, weil er ohnmächtig ist.

Während dessen entfernt sich die Stadt von neuem. Man kann dort nichts mehr kaufen. Das Dorf ist zu einer Art Autarkie gezwungen. Es gibt keine Gerichtsverfahren mehr; sie sind zu teuer, und man hat kein Vertrauen mehr in die Gerichte der Regierung. Man trägt seine Streitigkeiten unter sich aus. Allein durch das Radio bleibt die Stadt immer noch nah. Es überträgt Sendungen aus Zürich, Stuttgart oder Innsbruck. Um den Apparat herum setzt sich die Verehrung der Stadt fort. Man hört die politischen Nachrichten. Man hört Jazz-Musik und »moderne« Schlager. Die Grenzen sind geschlossen, aber die deutsche Propaganda kann sie leicht überschreiten.

Die Tatsache, daß die Grenzen geschlossen sind, wird im übrigen von allen als die einzige und entscheidende Ursache des Elends betrachtet. »Wenn die Grenzen sich wieder öffnen«, lautet die Formel der Verheißung. Die wirtschaftlichen Schwierigkeiten und die Versuche der Regierung, die Bevölkerung wieder in die Kirche zu bekommen, haben das Tal nur noch stärker in die Opposition getrieben. Bei den Bauern gibt es keinen Antisemitismus. Aber dafür gibt es den Mythos der feindlichen Mächte – jener Kräfte, die den »Fortschritt« bekämpfen und nur den eigenen Gewinn im Auge haben. Ihnen ist jedes Mittel recht, um das Volk dumm zu halten, damit sie es besser ausbeuten können. Gemeint sind die Klerikalen, *die Schwarzen**, wobei dieser Spitzname noch von ferne an die *Dunkelmänner** der Reformationszeit erinnert. Und ganz spontan, wie zur Zeit der Reformation, ist ein neuer Aberglauben entstanden: dem Pfarrer zu begegnen – oder seiner Köchin –, das bringt Unglück.

Das Dorf ist nun vom Antiklerikalismus besessen. Aber Antiklerikalismus nicht als religiöse Kontroverse, sondern als soziale und politische Polemik. Denn im Grunde leben diese Menschen vom Deismus und einer verschwommenen Bibelgläubigkeit. Dennoch mischen sie nun in jedes Gespräch spöttische Anspielungen auf die Kirche und den Pfarrer ein. Man bezeichnet ihn als habgierig; man spricht von den Privatstunden, die er erteilt. »Wieviel nimmt er dafür?«, fragt einer. »Oh, er täte es wohl für eine Jungfrau ... Verstehen's? Na, für die Jungfrau Maria!« Alles lacht – und auch ich begreife schließlich, was gemeint ist: Die Jungfrau, das sind die neuen österreichischen Fünf-Schilling Münzen mit der Jungfrau von Maria-Zell.

Natürlich werden auch Witze über die Heiligen gemacht. Ein Bursche ruft zum anderen: »Hast du gestern auf dem Berg den weißen Hirschen mit dem Kreuz gesehen?« Der andere antwortet: »Ja gewiß, aber er trug ein Hakenkreuz.« Manchmal enden solche Späße mit einer gotteslästerlichen Farce. Hier eine Szene, die ich selbst erlebt habe. Es war auf einer Alm in 2200 Metern Höhe. Vier Kühe waren erkrankt. Die Besitzer, reiche, traditionsbewußte Bauern, hatten den Pfarrer gerufen, damit er einen Exorzismus spreche und die Alm segne. Der Pfarrer steht also mitten auf der Wiese zwischen den Bauern und ihren Familien und gibt den Segen im Namen von Sankt Fridolin und Sankt Martin. Währenddessen hocken ein paar Schritte weiter in der *Stube** der Alm die beiden Hirten, die Hüttenwirtin, ein Hütejunge und ein Wanderer-Paar. Zunächst achtet niemand auf das, was sich auf der Weide abspielt. Es ist Vesperzeit. Dann aber beginnen die Hirten plötzlich den Pfarrer nachzuahmen: »Im Namen des Vaters und des Sohnes und des Heiligen Geistes, warum gibst du uns keine Kartoffeln mehr?« Daraufhin schlägt sich die alte Frau auf die Brust und antwortet: »Mea culpa, mea culpa, ich habe keine mehr. Vielleicht kann Sankt Fridolin welche bringen?« Daraufhin nehmen sie die kleinen Heiligenfiguren vom Sims: »Lieber Fridolin, wir geben dir den ganzen Rest unserer Soße, aber bring' uns bitte noch Kartoffeln, wir flehen dich an«! Sie beschmieren die Figuren mit ihren Essensresten. Ich nehme etwas Schokolade aus meinem Rucksack und biete sie diesen ehrenwerten Herren an. »Das Wunder, das Wunder!«, rufen sie. »Danke Sankt Fridolin, danke Sankt Martin! Aber nun könnt ihr auch wieder abtreten, wir brauchen euch nicht mehr.« Und sie stellen die Figuren zurück auf ihr Sims. Ich frage den Jüngsten, einen aufgeweckten Jungen von ungefähr elf Jahren: »Und du, bist du auch gegen die Kirche?« Der kleine Nazi, von dem man wohl annehmen muß, daß er ein Antisemit ist, antwortet voller Stolz: *Oh ja, ich bin schon ein ganzer Jud!**

Gegenüber der antiklerikalen Mehrheit sind drei Familien (von 38) nach wie vor katholisch, streng katholisch, ihrerseits fanatisch. Die Frauen gehen täglich zur Beichte und auch zur Messe. Diese Leute halten sich ebenfalls für auserwählt, auserwählt unter den Verdammten, also ihren nationalsozialistischen Nachbarn und Verwandten. Sie ziehen sich aus dem Dorfleben zurück und glauben nicht mehr an eine Möglichkeit der Weltverbesserung.

Sie gehen nie ins Gasthaus, verfluchen die Fremden, schließen sich in ihr Haus ein, sehen niemanden mehr außer dem Pfarrer. Wie ist diese Haltung zu erklären? Bei der einen Familie ist die älteste Tochter im Kloster aufgewachsen und kurz vor Beginn der antiklerikalen Propaganda ins Dorf zurückgekehrt; sie ist sehr energisch und hat sich daheim durchgesetzt; weder ihre Eltern, noch ihre Brüder haben sich von den modernen Ideen verführen lassen. Die zweite Familie hat sich seit Urzeiten mit den meisten anderen Leuten im Dorf überworfen. Verständliche Reaktion: Sie hat sich bei jeder Gelegenheit gegen die herrschende Meinung im Dorf aufgelehnt. Die dritte Familie ist eine Pfarrersfamilie.
Natürlich hat sich angesichts dieser Welle der Antipathie und des Hasses auch der Typus des Pfarrers verändert. Bereits die Auswahl ist eine andere. Jetzt trifft man nicht mehr auf den jovialen, milden, fetten und rosigen Priester, sondern auf magere und blasse Fanatiker, *Eiferer**, die die sündige Welt verdammen und für ihre »Schäflein« keine Gnade kennen. Auch diejenigen, die unter einem verständnisvollen Pfarrer vielleicht einen relativ indifferenten Katholizismus vertreten hätten, wenden sich nun ab. Die Beichtstühle der Eiferer sind leer. Wer beichten will, unternimmt oft eine mehr als zweistündige Pilgerfahrt, um einen Pater zu finden, der die Absolution mit einigen tröstenden Worten verbindet. »Nein, zu Pfarrer X gehe ich nicht«, sagte mir eine Bäuerin, »denn der macht mir nur noch mehr angst.«

In den letzten Monaten hat sich die wirtschaftliche Situation wieder etwas verbessert. Statt der Deutschen kommen französische, holländische oder englische Touristen in unsere Gegend. Manche geschickten jungen Leute im Dorf üben mehrere Berufe gleichzeitig aus: Sie legen die Skilehrer- und Bergführer-Prüfungen ab und sind zugleich Zimmerer, Stukkateure, Elektriker, Erntearbeiter usw. Mit so vielen Pfeilen in ihrem Köcher finden sie stets eine Möglichkeit, etwas Geld zu verdienen.
Ohne das Dorf idealisieren zu wollen, muß man sagen, daß die Arbeitsmoral dort zwangsläufig höher ist als in der Stadt. Denn auf dem Land sucht man sich den besten Arbeiter aus und nicht den billigsten. Die Lohnunterschiede sind erheblich: Ein guter Erntearbeiter verdient sechs Schillinge (15 Fr.) pro Tag plus Verpflegung; ein schlechter dagegen erhält nur ein oder zwei Schillinge (2 Fr. 80 bis 5 Fr. 60). Und der Mann mit den sechs Schillin-

gen wird sehr viel leichter Arbeit finden als der andere. Denn die Heuernte ist eine Arbeit, die »pressiert«. Man muß das schöne Wetter nutzen und darf nicht trödeln.

Obwohl die Intelligentesten im Dorf immer einen Weg finden, um dem allgemeinen Elend zu entgehen, hält die Wirtschaftskrise weiter an. Sie stößt die ganze Dorfstruktur noch einmal grundlegend um. Zwar hat die Freiheit neue Formen angenommen, hat sich der Jahreszyklus verändert, ist die Religion durch eine andere ersetzt worden, hat sich eine neue Obrigkeit gegenüber der alten durchgesetzt und die öffentliche Meinung andere Führer bekommen – aber der eigentliche Lebenszyklus, die Abfolge von Kindheit, Hochzeit und Alter blieb dennoch dieselbe. Jetzt aber können die jungen Leute nicht mehr heiraten, und sie wollen es auch nicht. Was sie verdienen, reicht gerade zum Leben und für kleine Vergnügungen. Sie können sich weder Grund und Boden kaufen, noch ein Haus bauen. Und ohne Haus ist eine Familiengründung, wie wir gesehen haben, völlig undenkbar. Seit der Krise ist die Zahl der Eheschließungen um 70 Prozent zurückgegangen. Und die jungen Männer wenden sich auch immer mehr von den Dorfmädchen ab. Sie haben Angst, in die Ehe gezwungen zu werden, sie fürchten, auf die Zahlung von Alimenten verklagt zu werden – das sind die einzigen Klagen, die nach wie vor in der Stadt eingereicht werden. Das Geld ist rar, und das Gericht zwingt die Väter unehelicher Kinder, bis zu 30 Schillingen im Monat zu zahlen: Das ist mehr als eine ganze Familie heute im Dorf verdient.

Mit der Ehe zerfällt der gesamte Lebensrahmen. Und das ist sehr viel schlimmer als alle Veränderungen, die in den letzten Jahren stattgefunden haben. Der Fortschrittsoptimismus der Dorfbewohner, ihr politischer Chiliasmus, ihr Mut der Verzweiflung – all das kann sich jederzeit wieder ändern und in lebensmüde Apathie, in pessimistischen Fatalismus umschlagen. Wohin wird das führen? Wir können nur beobachten. Wir sind keine Propheten. In fünf, zehn oder zwanzig Jahren wissen wir mehr.

Anmerkungen

1 Ich möchte an dieser Stelle Herrn Professor B. Malinowski *(London School of Economics)* für die nützlichen Vorschläge danken, die er mir bei der Vorbereitung dieser Forschungen gemacht hat.
2 Was die Vergangenheit angeht, so können wir nur Dokumente befragen und Texte interpretieren. Demgegenüber wird sich ein guter Ethnologe, der Feldforschungen betreibt und psychologisches Einfühlungsvermögen besitzt, nie mit ersten Feststellungen und den spontanen Angaben seiner Untersuchungsobjekte zufriedengeben. Er wird den Akzent und die Geste notieren, die eine Aussage begleitet und manchmal werden die Worte unter allen Erkenntniselementen sogar die geringste Bedeutung haben. Er wird nicht einfach direkte Befragungen durchführen, sondern mit seinem »Stamm« leben und sich in dessen Existenzbedingungen hineinversetzen.
3 Die gegenwärtige Regierung bemüht sich zwar, die alten Sitten und Gebräuche wiederzubeleben, aber das gelingt ihr nicht; die Menschen entziehen sich. An Ausstellungen alter Trachten nehmen sie teil wie an einem fremden Theaterstück. Kürzlich hörte ich, wie einem Verlobten vorgeworfen wurde, zum Fest nicht seine Tracht angezogen zu haben. Er antwortete: *Glaubt ihr, ich bin da, euch den Narren abzugeben?**
4 Lange Zeit hat er in seinem Betrieb nur Arbeiter aus seinem Heimattal beschäftigt. Aber die Nichtverlängerung ihrer Arbeitskarten wird sie eines Tages zwingen, ins Vorarlberg zurückzukehren. Natürlich wird dieser Mann dort eine wichtige Person und sehr populär sein.
5 [Gemeint ist die Bedrohung Abessiniens – des heutigen Äthiopien – durch das faschistische Italien. Im Oktober 1935 griff Mussolini tatsächlich an und im Mai 1936 annektierte er den afrikanischen Staat. Als Negus-Negesti – »König der Könige« – bezeichnete sich damals der abessinische Kaiser, Anm. d. Hg.]
6 So etwa im Stubaital und im Ötztal. In Pongau, Pinzgau und Paznaun hat es allerdings entgegengesetzte Reaktionen gegeben.
7 Unter jenen, die beim Meister verkehrten, gab es noch einen anderen, der aus einer kinderreichen Familie stammte. Nachdem er bei einem Eisenbahnunglück verletzt wurde, verlor er seine Arbeit. Daraufhin verdingte er sich als Jäger in einer Privatjagd, mußte aber ständig mit seiner Entlassung rechnen. Ein Dritter war ein Baumeister, der Berghütten in der Region errichtete; er war ängstlich, intelligent und unzufrieden mit seiner Lebensperspektive im Dorf.

Hexenglauben in einem ladinischen Tal

Jede bäuerliche Zivilisation ist mit dem Problem der Stadt bzw. der Urbanisierung konfrontiert. Während das Problem selbst ein allgemeines ist, unterscheiden sich die Lösungen von Region zu Region, von Tal zu Tal. Die Transformation der alten bäuerlichen Traditionen ist je nach geographischer Lage und Geschichte äußerst vielfältig, und der Kompromiß zwischen Vergangenheit und Gegenwart nimmt tausend verschiedene Formen an.[1]
In den meisten österreichischen und deutschen Ländern hat der Sieg der Stadt – der ein wirtschaftlicher Sieg und eine moralische Verzauberung war – nahezu den gesamten ehemaligen bäuerlichen Lebensrahmen zerstört. In dem Maße, wie letzterer verschwindet, wird er zur bloßen Erinnerung oder gar zur Legende und zum Märchen. Mit einem Wort, es bleibt nur noch die mehr oder weniger künstliche Folklore übrig. Aber in einigen seltenen Gegenden ist die alte bäuerliche Existenzform (die in vieler Hinsicht ans Mittelalter erinnert) noch nicht ganz zerstört. Sie wurde erst nach dem Krieg erschüttert, und die Rekonstituierung mancher Aspekte der Vergangenheit ist noch immer möglich. Man kann also beinahe »hautnah« die Funktionsweise einiger Institutionen beobachten, die für uns längst historische Phänomene sind.

Das ladinische Val Badia, das ehemalige *Ennebergtal*[2], ist eine dieser Gegenden. Es liegt hoch oben in den Dolomiten, ist eng und nicht besonders gastlich. Es wird umrahmt von bizarr geformten Felsen und Endmoränen. Bis in den Mai hinein und dann schon wieder ab September herrschen Frost und Schnee. Im Sommer gibt es heftige Gewitter und Stürme. Es bilden sich Sturzbäche und im Dorf rechnet man stets mit Verwüstungen und Überschwemmungen.
Über die ethnischen Ursprünge der etwa 6000 Bewohner wurden viele gelehrte Theorien aufgestellt. Man hat sogar auf die Etrusker verwiesen. Aber für die gegenwärtige Geschichte des Tales dürfte vor allem die Tatsache wichtig sein, daß es sich um ein uraltes Siedlungsgebiet handelt, dessen Bewohner äußerst traditionsbewußt sind und noch immer ihre eigene Sprache besitzen, das *Badiot*[3], ein ladinisches Idiom, worin sich die Eigenarten dieses Landstrichs bewahren.

Die Grundlage seiner Ökonomie ist die gleiche wie in jedem Hochalpental. Während die Landwirtschaft zurückgeht, setzt sich die Viehzucht immer mehr durch. Eine eher primitive Art der Viehzucht freilich, die nicht auf Züchtung orientiert ist, sondern sich so gut es geht den Marktverhältnissen in der Region anpaßt. Jeder Hof stellt Butter und Käse für den Eigenbedarf her. Man baut genügend Getreide an, um Mehl für den häuslichen Konsum zu haben. Das Getreide wird in der Dorfmühle gemahlen, die den drei reichsten Bauern gehört. Nur selten und erst seit neuestem kauft man das Brot auch beim Bäcker. Einmal im Jahr bereitet jede Familie in ihrem eigenen Ofen, der sich auf dem Hof befindet, runde und flache Brote mit sehr viel Kümmel. Man sieht noch einige Felder mit Erbsen, Bohnen und – freilich nur noch selten – Flachs. Vor knapp 20 Jahren wurde die Wolle noch von den Schafen des Dorfes geliefert.

Der Ablauf des Jahres richtet sich nach den Jahreszeiten. Die Festlegung und Organisierung der Arbeit obliegt dem Vater, anschließend dem Sohn. Die Ausführung liegt bei den Frauen. Die feierlichsten und fröhlichsten Feste sind jene, die das Ende einer Arbeitsperiode markieren: so etwa das »Schnitter-Fest«, das begangen wird, wenn das Heu auf der Alm in die Schober gebracht ist und die Bauern nach Hause zurückkehren. Ähnliche, aber weniger ausgiebige Feiern finden den Sommer über jeden Samstagabend statt. Dabei wird gesungen und getanzt und den Mädchen wird recht deutlich der Hof gemacht. Offenbar dienen diese Feste der moralischen Gesundheit. Sie schaffen ein kollektives Glücksgefühl, das für die kommende Arbeitswoche neuen Mut verleiht. Sie lassen sich ebensowenig mit unseren individuellen Vergnügungen in den Großstädten vergleichen – denn es handelt sich um Gemeinschaftsfeste –, wie mit Freizeitveranstaltungen, die von Diktaturen oder staatlichen Stellen organisiert werden. Denn so ein Bauernfest verfolgt keinen Zweck, es genügt sich selbst. Auch an den großen Markttagen, die zweimal jährlich stattfinden, wird gefeiert. Besonders pittoresk und spaßig ist das Fest am 6. Januar, wenn zum Tanz auch Masken getragen werden. Demnächst wird es aber wohl verschwinden, weil an diesem Tag die Ski-Saison beginnt.

Der ladinische Bauer vergißt bei diesen Festen seine Sparsamkeit und verausgabt sich wie ein Grandseigneur. Das Jahr über sparen und bei Vergnügungen verschwenderisch sein: Diese beiden Haltungen verschaffen ihm Ansehen bei seinen Nachbarn. Aber die beste Gelegenheit, seinen Reichtum zu zeigen, bietet natürlich eine Hochzeit! Die Familien des Bräutigams und der Braut geben dann mehr aus, als sie eigentlich dürften. Da gibt es kostspielige Rituale, die man einhalten muß, Lösegelder für fiktive Entführungen, riesige Festessen mit zahlreichen Gästen, Musikern, Schlitten usw. Erst seit einigen Jahren bringen einige den Mut auf, sich diesen Traditionen zu entziehen. Das folgende erbauliche Gedicht erinnert an die Kosten, die eine Hochzeit verursacht:

Cantia d'la novicia
(Gesang der Braut)

La lüna flores sön bank dalla küna
Der Mond scheint auf den Rand der Wiege

Se tes pa novicia ce bona fortuna
Wenn Du verlobt bist, welch glückliche Fügung

L'de della nocia, ban ballé
Am Tag der Hochzeit wird viel getanzt

Domang della nocia, nia da gosté!
Am Tag nach der Hochzeit gibt's nichts zu frühstücken!

L'de della nocia, mangé pan e vin
Am Tag der Hochzeit gibt's Brot und Wein

Domang della nocia, nia te skrin
Am Tag nach der Hochzeit steht nichts im *Schrein**

L'de della nocia, i calze dall tak
Am Tag der Hochzeit gibt es Schuhe mit Absätzen

Domang della nocia, pié[4] ia col sak.
Am Tag nach der Hochzeit muß man betteln mit dem Sack.

Ein solcher Lebenszyklus entwickelte sich (bzw. entwickelt sich noch heute) im Schatten des Kirchturms, im Rahmen eines schützenden und gnädigen Katholizismus, für den die ladinischen Pfarrer sorgen. Fromm sein heißt, die katholischen Riten genau einzuhalten. Zwischen den Gläubigen gibt es darin keine großen Unterschiede. Jeder geht am Sonntag zur Messe. Wenn man die Wahl zwischen zwei Kirchen hat, nimmt man die, wo die Predigt einen am meisten anrührt. Einmal kamen an einem Sonntag die Bauern von weither, um einen sterbenden Priester zu hören, der neben dem Altar lag und mit gebrochener Stimme etwas über das Paradies und die Hölle stammelte. Viermal im Jahr geht man zur Beichte und ebenso oft zur Kommunion. Vor und nach jeder Mahlzeit wird ein Gebet gesprochen. Man betet morgens und abends. Gott der Vater tritt etwas in den Hintergrund. Die Heilige Jungfrau und das Jesus-Kind stehen der Menschheit näher. Die Vorstellung, die man sich von ihnen macht, ist nicht sonderlich originell. In Wahrheit stammt sie aus einigen kitschigen Farbdrucken und der klischeehaften Erbauungsliteratur des 19. Jahrhunderts. So kann es kommen, daß eine Bäuerin, die in ein Touristenzimmer tritt und einen kleinen blondgelockten Jungen sieht, der in einem langen Nachthemd und mit ernster Miene irgendetwas aufsagt, spontan niederkniet, weil sie ihn sekundenlang für das Jesus-Kind hält.

Gegenwärtig diskutiert das ganze Tal über das Wunder von Agordo. Der Ort liegt ungefähr 45 Kilometer entfernt. Alle Ladiner sind bereits dort gewesen. Nicht die Möglichkeit von Wundern an sich ist umstritten, sondern nur, daß es eines in Agordo gegeben haben soll. Drei junge Mädchen zwischen 14 und 17 Jahren hüteten ihre Herden, als ihnen die Jungfrau Maria erschien. Sie trug ein weißes Kleid, das mit goldenen Stickereien verziert war; auf dem Kopf hatte sie eine Krone und an den Füßen Rosen. So wie die Madonnen des 19. Jahrhunderts, die man noch in vielen Kirchen sieht.[5] Sie befahl ihnen, mit Inbrunst zu beten. Dem einen Mädchen versprach sie Reichtum, dem anderen Gesundheit für seine Eltern, dem dritten einen Ehemann. Sie sagte ihnen auch, daß sie 21 Tage lang zur selben Zeit an dieselbe Stelle zurückkehren werde, außer sonntags. Noch am ersten Tag strömte eine ständig größer werdende Menge an den Ort der Erscheinung, so daß schließlich ein Carabiniere für Ordnung sorgen mußte. Plötzlich rief das eine Mädchen: »Du reißt ja der Heiligen Jungfrau die Krone ab!« – »Wo ist sie hingefallen?« Das Mädchen zeigte auf eine Stelle. Da verspürte der Carabiniere, seinen Erzählungen zufolge, einen elektrischen Schlag (*sic*, das Tal ist erst seit drei Jahren elektrifiziert!). Die Begeisterung erreichte nun ihren Höhepunkt. Allerdings sprach sich der Bischof von Bressanone gegen das Wunder aus. Er forderte die Pfarrer auf, die Menge zu beruhigen, und in ihren Sonntagspredigten kamen sie dieser Anweisung nach. Viel wichtiger war jedoch, daß das junge Mädchen nach allgemeiner Auffassung bald immer weniger dem Typus der »sehenden Hirtin« entsprach, wie ihn etwa die Heilige Bernadette von Lourdes repräsentiert. »Aber sie ist ja gar nicht blaß«, sagten die Leute enttäuscht. »Wenn sie von der Heiligen Jungfrau spricht, zittert sie nicht und fällt nicht zu Boden.« Und schließlich – auch dieser Faktor kam den Gegnern des Wunders zugute – ist die Gegend von Agordo im Umland nicht besonders beliebt.

Diese Gegend ist bereits rein italienisch und überdies sehr arm. Die Bewohner ziehen als Hausierer oder sogar als Bettler durchs Land. Sie gelten als unehrlich, und man traut ihnen nicht über den Weg. Daher verdächtigt man sie auch, durch die Inszenierung eines Wunders wirtschaftlichen Gewinn machen zu wollen. Am 21. Tag, der ein Zeichen bringen sollte, wurde der bereits keimende Verdacht noch verstärkt. Zwar kam das angekündigte Zeichen, aber es war eher makaber: ein Autounfall auf der Landstraße mit vier Toten. Die Mutter Gottes, so sagte man, habe den ungeheuren Mißbrauch ihres Namens bestrafen wollen. Die Mehrzahl der Menschen wandte sich daher vom Wunder ab. Nur manche glaubten weiter daran. Im Gespräch fiel es ihnen nicht ganz leicht, ihre Überzeugung zu begründen. Sie zogen sich dann – ich habe es oft gehört – auf folgendes Argument zurück: »Auch ein Kind hat es gesehen. Ein Kind kann nicht lügen.«

Neben der Heiligen Jungfrau und Jesus-Christus spielen die Heiligen im religiösen Leben eine wichtige Rolle. In der ganzen Gegend sind die Häuserfassaden mit Darstellungen von Sankt Florian, Sankt Christoph und Sankt Martin verziert. Dabei geht es nicht nur um künstlerische Dekoration und erbauliche Ornamentik, sondern um mehr: um einen wirksamen Schutz. Das Bild der Heiligen steht auch im Innern der Häuser und sogar in den Ställen, um das Vieh zu beschützen. Jeden ersten Mittwoch im Monat (denn der Donnerstag gilt als besonders gefährlich) geht der Pfarrer noch heute durch das gesamte Dorf, um in den Ställen das Salz und bestimmte Kräuter zu segnen. Heutzutage wird der durch den Pfarrer vermittelte Schutz der katholischen Religion gegen alle Krankheiten, Epidemien, Unwetter und Katastrophen eingesetzt, die auf das Tal niedergehen. Gegenüber diesen Schicksalsschlägen rekurriert man sowohl auf Versicherungsgesellschaften wie auf die Heiligen Florian und Martin oder auf den Tierarzt.

Aber noch vor kurzem verlangten die Bauern einen besonderen Schutz gegen okkulte Kräfte, die mit verschiedenen Namen belegt und als Ursachen allen Unglücks betrachtet wurden. Gemeint sind vor allem die Hexen. Ihre Listen zu durchkreuzen, war eine der Hauptaufgaben des Pfarrers. Man sagte von einem Pfarrer: »Die Hexen gehorchen ihm, er widersteht jedem Sturm.« Oder im entgegengesetzten Fall: »El ne ve nia dalla tempesta.«[6] Da seit 150 Jahren sämtliche Pfarrer aus dem Tal stammten, kann es kaum verwundern, daß sie den Glauben der ladinischen Bauern teilten. Noch vor dem Krieg gab es in jedem Dorf zwei oder drei Hexen. In manchen Orten leben heute noch einige Frauen, auf denen in ihrer Jugend der Verdacht der Hexerei lastete. Aber sie üben ihren Beruf nicht mehr aus. »Der Pfarrer hat uns entmachtet«, behaupten sie selbst und mit ihnen das ganze Dorf.

Das Reich der Hexen von Enneberg sind der Sturm und das Vieh. Um Liebesdinge kümmerten sie sich offenbar nicht. Von Hexen als Verführerinnen ist nie die Rede. Aber verhexte Kühe gaben keine Milch mehr, Ochsen wurden krank und brüllten schmerzerfüllt. Die Technik der Verhexung entspricht der klassischen Verzauberung durch Analogie: Die Hexe rührt das Wasser in einem Topf mit einem Löffel um und murmelt dabei Zaubersprüche (mein Aufenthalt war zu kurz, als daß ich sie hätte lernen können, aber ich bezweifle nicht, daß es möglich ist). Um das Vieh zu verzaubern, hingen die Hexen Schnürsenkel an die Stalltüren und taten so, als ob sie die Kühe melken wollten, während sie vor sich hin sangen. Durch solche Riten glaubten sie felsenfest, die Milch der Nachbarskühe in ihre eigenen Kühe zu übertragen, so daß die Nachbarn vor leeren Eimern standen. Wie es scheint, war die Macht der Hexen wesentlich größer an Tagen, wo sie die Kommunion empfingen, ohne gebeichtet zu haben.

Die Tradition kennt auch den *Hexensabbat**. Hier findet er donnerstags statt, an verwünschten Orten, nachts, nach dem *Betläuten**. Zwei dieser teuflischen Orte kann man noch besichtigen: die »Ebene von Stris« und den »Paß von Maledett«. Dies sind kleine, abgeschlossene Hochflächen in steil abfallenden Tälern, umgeben von bedrohlichen Felsen. Dort wächst wie durch ein Wunder etwas Gras, obwohl die gesamte Umgebung steinig und karg ist. Die eine erhält durch eine Quelle, die andere durch einen kleinen See und einen Wasserfall eine idyllische Note (es handelt

sich um einen vulkanischen Talkessel). Der Tradition gemäß kamen die Hexen auf ihren Besen dorthin und sagten dabei folgende Sprüche: *Sciara della mura* (Topf mit Fettresten) – *Quegora de chura* (Ziegenhörner) – *cacca de manin* (Katzenscheiße) – *Fum su per camin* (steigt als Rauch aus dem Kamin).[7]
Wenn sich die Hexen trafen, wurde zunächst ausgiebig gegessen und getrunken und danach wollüstig getanzt. Auch ein Priester ohne Kopf war dabei. Er hatte zu Lebzeiten eine Frau ermordet, ihr den Kopf abgeschnitten und sie anschließend an dieser Stelle vergraben. Er war es, der den Hexen beibrachte, wie sie sich gegenüber seinen ehemaligen Berufskollegen schützen konnten. Nichteingeweihten war der Besuch dieser Orte natürlich streng verboten. Wenn jemand sich dorthin wagte, erkannte er in den Hexen zwar bestimmte Bäuerinnen, aber am nächsten Tag hatte er sie vergessen und irrte sein ganzes restliches Leben umher, war melancholisch und versuchte vergeblich, sich zu erinnern.
Woran erkannte man eine Hexe? Das war ziemlich schwierig. Auf jeden Fall war die Hexerei das genaue Gegenteil des Katholizismus, und die Hexen fürchteten die Priester, die Messe und die Sakramente (umgekehrt fürchteten freilich auch die Priester die Hexen). Hexen wagten es also nicht, am Hochamt teilzunehmen, und es wurde erzählt, daß sie, wenn sie die Messe besuchten, so schnell wie möglich wieder verschwanden. Sie schlossen die Augen, schliefen oder täuschten es vor, sie senkten den Kopf ganz tief herunter und richteten nie den Blick auf die Heilige Hostie. »Les elies que cigne insci col ché tan i officie scialdi da sospetté.«[8] (Die während der Messe den Kopf senken, sind besonders verdächtig.)
Dieser Verdacht kam nicht von ungefähr. Nach allem, was wir aus den – zugleich geschwätzigen und mißtrauischen – Erzählungen der alten Frauen und aufgrund von Berichten ihrer jüngeren Verwandten haben erfahren können, glaubten die Hexen selbst fest an ihre Macht. Sie »machten« den Hagel und den Sturm; das heißt, sie kannten die Formeln und setzten sie gezielt ein. Sie hofften, die Milch der Nachbarskühe durch Besingen stehlen zu können. Vielleicht haben sie auch versucht, auf einem Besenstiel zu reiten und zur Versammlung auf der Ebene von Stris zu fliegen. Aber keiner der Hexen, die ich beobachten konnte, ist dies je gelungen, auch nicht im Traum. Dabei glaubten sie mit vollem Ernst, daß ihre Schwestern dort waren und daß nur ihnen das

»Geheimnis« fehlte oder daß der Pfarrer sie exorzisiert hatte. Auch sie träumten also von einer guten alten Zeit, einem Goldenen Zeitalter, als die Priester noch nicht ihren Zauber bekämpft und ihre Macht beschnitten hatten. Obwohl man im Dorf verschwommen an einen Bund der Hexen glaubte, gab es unter den Hexen weder freundschaftliche Beziehungen, noch verschwörerische Intimität. Sie mißtrauten und überwachten sich gegenseitig, sogar in der Öffentlichkeit. Allein ihrer Meisterin, die sie eingeweiht hatte, blieben sie stets verbunden.

Welche Frauen wurden Hexen und warum? Man wird darin zunächst wohl eine gewisse Rebellion gegen die Dorfordnung sehen, eine Rebellion gegen die harte, langwierige, regelmäßige, geduldige und monotone Arbeit. Diese verlangt nämlich Askese und Selbstverleugnung. Für die Töchter der armen Bauern ist es ein langer und harter Weg, bis sie sich ihre Aussteuer verdient haben. Und welchen Kampf muß eine Bäuerin, die zwei oder drei Kühe hat, durchstehen, damit sie in der Dorfgemeinschaft respektiert wird! Sie empfindet dumpfe Ungeduld bei der Arbeit und ist mit ihrem katholischen Glauben unzufrieden. Stehen Gott, die Jungfrau Maria und die Heiligen nicht stets auf seiten der Mächtigen im Dorf? Ein gotteslästerlicher Gedanke, der schwer auf dem Gewissen lastet. Hierzu kommt, daß es damals kaum eine Möglichkeit gab auszubrechen. Zunächst also Sorgen und Unzufriedenheit, dann ergab sich früher oder später die Versuchung, die in einem Dorf, das so sehr an feindliche Mächte glaubte, nicht ausbleiben kann: Eine »Hexe« bietet sich an, ihr Wissen weiterzugeben.
Die psychologische Haltung der Adeptin und ihre eigentliche Bekehrung tragen die klassischen Züge jeder Bekehrung: Sie ist verängstigt, unsicher, verwirrt und dann plötzlich kommt es zu dem entscheidenden, für sich genommen vielleicht ganz unspektakulären Ereignis, das nun nicht zu einer erneuten Allianz mit dem Göttlichen und zu einer sublimen Versöhnung mit der Welt führt, sondern im Gegenteil die endgültige Entfernung vom Himmel und seiner Autorität vollzieht, schlummernde Aggressionen und leidenschaftliche Rachegefühle gegen die soziale Umgebung freisetzt. Dafür braucht man aber sicher sehr viel Mut und eine gewisse Neigung zum Nonkonformismus.
Im übrigen verzichten die Hexen keineswegs auf jede Autorität,

sondern unterwerfen sich einer anderen. Sie lehnen auch nicht alle Riten ab, sondern nehmen andere an, die ebenfalls auf eine sehr alte Tradition zurückgehen. Und so kommt es, daß man bald an die Hexe glaubt; sie hat einen gewissen sozialen Einfluß, sie erhält eine gewisse soziale Stellung im Dorf. Seit einiger Zeit ist sie auch keinen Verfolgungen mehr ausgesetzt. Denn als Gegenmacht gibt es ja, wie erwähnt, die Priester.

Was konnte eine Hexe für ein Dorf leisten, wenn sie sich in einem normalen Gleichgewicht mit ihrem Milieu und ihrer Zeit befand und ein fester Bestandteil des Dorfes war? Höhere, diffuse und verschwommene Mächte sind schwer zu ertragen. Die Haltung des Katholizismus gegenüber dem Unheil ist eindeutig: »Unser Unglück ist eine Strafe Gottes. Unsere Sünden erfordern Buße.« Aber im Tal fehlt es an einem derart tiefen Gottesbegriff. Wo sollte eine Vertiefung der religiösen Überzeugung auch herkommen? Jahrhunderte hindurch war das Dorf als kollektive Einheit stabil. Die alten Traditionen bröckelten zwar allmählich ab und dafür kamen neue, städtische Elemente hinzu – deutsche Zeitungen, Zeitschriften, Straßen, Postverbindungen usw. –, aber es gab nie einen Bruch. Die alten Traditionen wurden nicht plötzlich aufgegeben, so daß keine Verunsicherung eintrat, die den Bedarf nach einer neuen religiösen Orientierung geweckt hätte. Der tief verwurzelte Hexenglauben ersparte den Einheimischen die Anstrengung, ihren Glauben zu entwickeln, der somit ursprünglich blieb.

Im Alltag der Dorfgesellschaft hat der Hexenglauben seinen festen Platz. Die Materialität der bösen Mächte ist geradezu eine Erlösung! Jemand ist da, den man für Mißerfolge verantwortlich machen kann, und man kann die bösen Mächte beschwören, die das Unheil verursachen: Dadurch entsteht neue Hoffnung. Ich habe einen Bauern gekannt, der früher reich war und behauptet, daß seine Scheune 1904 »verhext« worden sei. Er mußte einen großen Teil seines Besitzes aufgeben. »Ich konnte nichts dafür«, rechtfertigt er sich noch heute, nach 30 Jahren, »es waren Hexen, die sich an diese Scheune und an dieses Haus klammerten. Es war verflucht. Ich habe es verkauft, und ich habe auf der anderen Straßenseite neu angefangen. Nach und nach. Sehen Sie, wie schön mein Haus wieder ist!« – »Und wie hat sich der Käufer von den Hexen befreit?« – »Er hat die Scheune abgerissen und eine neue gebaut, er hat sie segnen lassen und die Kühe gewechselt. Ich konnte das nicht mehr, denn ich war völlig verschuldet.«

Die Hexen sind nicht die einzigen, die im Leben des Tales die bösen Mächte repräsentieren. Es gibt auch heidnische Geister, die aus der alten dämonischen Mythologie überlebt haben. An erster Stelle ist hier der *Orco* zu nennen. Er ist nicht der Teufel und auch nicht so gefährlich. Er agiert vielmehr wie ein böser Geist, ein gehässiger *Waldschrat**. Er ruiniert die Bauern nicht, aber er verfolgt und ärgert sie. Er setzt ihnen zu und stört die tägliche Arbeit. Dabei beschränkt er sich darauf, Hühner und Enten aufzuscheuchen. Er »besetzt« den Ofen, der nicht brennen will, die Butter, die nicht steif wird, die Wäsche, die sich nicht säubern läßt: »El é pa proprio na miseria«, das heißt: »Er ist der Grund für das alltägliche Elend.« Dort ist er am gefährlichsten. Er bewirkt auch, daß die armen Leute sich verirren. Wenn sich die Bauern nach dem Abendläuten auf den Heimweg machen, ohne den Herrgott vorher um seinen Schutz zu bitten, kommen sie vom Weg ab, irren die ganze Nacht im Gebirge umher, ohne ihr Haus zu finden, das oft nur wenige Meter entfernt liegt. Erst am nächsten Morgen, nach dem Betalinte-Läuten, erkennen sie erschöpft den richtigen Pfad. Während dessen ist ihr Vieh, mit dem sie unterwegs waren, in einen Graben gestürzt.

Der Orco ähnelt einem dunklen, behaarten Mann. Manchmal kommt er aber auch als wildes Pferd. Wehe dem, der ihn reitet, denn das Pferd braust im Galopp davon und wirft seinen Reiter ab, der am nächsten Morgen müde, gerädert, verwirrt und verschrammt nach Hause hinkt. Den Einheimischen zufolge kommt der Orco inzwischen immer seltener. Sie erklären es sich ebenso wie das Verschwinden der Hexen: Die Priester haben ihn exorzisiert. »Überall, wo er gewöhnlich auftrat, hat man Kruzifixe angebracht. Seither ist es besser.«

Neben dem Orco gibt es den *Pavaro*, der aber noch seltener in Erscheinung tritt. Er wohnte früher in den Erbsen- und Bohnenfeldern. Er hatte einen Hundekopf mit brennenden Augen, ein riesiges Maul, feurige Zähne und Geierklauen, außerdem den Schwanz einer Schlange und die Arme eines Riesen. Wozu dieses gruselige Monster? Nur um die Kinder zu erschrecken, wenn sie Schoten stehlen, und um sie zu fangen und ihnen die Füße abzuschneiden. Hier sind die Verse, die der Pavaro sang, wenn er seine Sichel wetzte: *Aguzzo, aguzzo ben* (wetzen wir gut), *Taia les jamme ai mittons qui vegne* (ich schneide die Beine der Jungen, die kommen). Da er außerdem den Schrei eines Raben, eines

Geiers oder einer Elster nachmachen konnte, wurden viele kleine Ladiner manches Mal von einer schrecklichen Angst gepackt.
Von den dienenden Geistern, die den Menschen freundlich gesonnen sind und ihnen kleine Dienste erweisen, haben sich demgegenüber kaum noch Spuren erhalten. Nur hier und dort wird noch die uralte Legende von den »Gana« und den »Salvang« erzählt. Die Wissenschaft führt sie sogar auf die ersten Bewohner des Tales zurück, die vor den Rätiern ins wilde Hochgebirge flohen. Es waren riesengroße, aber friedfertige Männer und Frauen, die in Höhlen lebten und mit Tierfellen bekleidet waren. Im Winter stiegen sie wegen der Kälte in die Dörfer hinunter, um sich aufzuwärmen. Sie sprachen wenig und nur, wenn sie besonders hungrig waren, sagten sie flehend: »Puca latte, puca pan«. Was beweist, daß sie Fremde waren, denn jeder gute Ladiner hätte gesagt: »N pu de latt, n pu de pan.«[10]
Sie taten niemandem etwas zu leide, und zum Dank für die Almosen halfen sie den Bauern bei ihrer Arbeit. Man findet sie bereits im 14. Jahrhundert, wo uns eine aus dieser Gegend stammende Chronik über sie informiert: »Im Gebirge dieses Landes wohnte das Volk der *Gana* in Berghöhlen. Sie aßen, spielten und tanzten mit den Menschen.«[11]
Es gibt im Tal noch drei oder vier Menschen, die stolz darauf sind, einen »Gana« unter ihren Ahnen zu haben, und darum spinnen sich recht poetische Legenden.
Dann verschwanden auch die Gana und die Salvang. Die Einheimischen haben dafür ihre eigene Erklärung: »Dieses wilde und schüchterne Volk hatte Angst vor den Touristen ...«

Nachdem wir die Dorfbewohner, die Pfarrer und die Hexen befragt haben, sollten wir uns auch selbst, als Historiker, fragen, wann und wie der Hexenglauben und alles, was man damit verbindet – böse Geister und dienende Geister –, verschwunden ist. Zuvor ergibt sich jedoch noch eine andere Frage: Warum hat sich dieser Glauben in dem ladinischen Tal so lange gehalten? Auf diese zweite Frage zu antworten, ist leichter. Zwei Aspekte sind zu berücksichtigen:
Zum einen wurde unser Tal schon vor 3000 Jahren besiedelt. In den später erschlossenen Gegenden schlugen die mitgebrachten alten Glaubensvorstellungen weniger feste Wurzeln.[12] Zum anderen kam es hier relativ spät zur Begegnung mit der urbanen Zivili-

sation, zum Kontakt zwischen Dorf und Stadt. Erst seit ungefähr 15 Jahren kommen im Sommer immer mehr Touristen (und erst seit fünf Jahren im Winter). Unter der österreichischen Herrschaft löste sich die bäuerliche Kultur sehr viel langsamer auf. Urbanisierung und »Fortschritt« waren weniger eng verknüpft als unter dem Faschismus, der in den Tälern einen Kult der Technik und der Moderne entfaltet.

Die andere Frage ist schwerer und kaum eindeutig zu beantworten. Wir müssen uns auf einige Vermutungen beschränken. Sicher ist es vor allem der Tourismus, und zwar der Massentourismus, der das Tal mit der Stadt konfrontiert. Denn solange sich nur ein oder zwei Touristen in das Tal wagten, sich über den Glauben der Einheimischen mokierten und während ihres kurzen Aufenthalts versuchten, ihre Fortschrittsgedanken zu verbreiten, sagten die Einheimischen nur: »Quel mat de todesc« (»Diese verrückten Deutschen!«). Und man erzählt sich noch heute, wie Orco einige dieser Fremden bestraft hat. Es sind also nicht Argumente, die zum Wandel führen, und es ist auch nicht der Kontakt zu anderen Lebensformen, selbst wenn er sehr eng ist.

In Vorarlberg, zum Beispiel, verdingten sich der Vater oder einer der Söhne aus kinderreichen Familien im Sommer als Arbeiter im Straßenbau oder in der Stadt, wenn der Ertrag aus Viehwirtschaft und Ackerbau nicht mehr zum Unterhalt reichte. Aber sie kamen heim, wie sie gegangen waren, d. h., sie glaubten immer noch an Hexen, Orco und Pavaro, nur brachten sie das fehlende Geld. Die veränderten Glaubensvorstellungen sind auch nicht auf dieses Geld zurückzuführen. Es hat zunächst nichts verändert. Denn es hat die Arbeitsmoral des Bauern nicht zerstört; es war sauer verdient, noch härter als im Tal, nämlich durch Straßenarbeit. Die Relation zwischen Arbeit und Ertrag blieb für die Bauern intakt. Nicht das Geld an sich, sondern das leicht verdiente Geld hat die Lebensbedingungen im Badia-Tal transformiert. Heute sind sehr viel weniger Ladiner gezwungen fortzugehen, um ihren Lebensunterhalt zu verdienen: Der Tourismus hat alles verändert. Statt eines Gasthofs gibt es deren drei. Statt Arbeit für drei gibt es Arbeit für 30, denn man muß die Touristen nicht nur beherbergen, sondern auch für sie waschen, bügeln, nähen und häkeln. Sie kaufen Schuhe, Strümpfe, Spazierstöcke und Verpflegung. Ganz allmählich entwickeln daher die Einheimischen zwei verschiedene Vorstellungen vom Wert der Arbeit. Die an Touristen verkaufte

Arbeit ist viel teurer, und sie wundern sich noch immer darüber, daß die Fremden anstandslos bezahlen.

Damit nicht genug. Seit einigen Jahren ergeben sich für die Bewohner des Tales weitere Arbeitsmöglichkeiten. Der eine wird Chauffeur, der andere wird Skilehrer oder Maître d'hôtel oder Portier. Nicht mehr die Anstrengung wird bezahlt, nicht mehr die Ausdauer und die Askese der Arbeit werden entlohnt und führen zum Wohlstand, sondern die körperliche Geschicklichkeit, die geistige Gewandtheit, die Fähigkeit, sich anzupassen oder vorzupreschen. So kommt es, daß die Zwanzigjährigen anders sind als die Vierzigjährigen, bis hin zur äußeren Erscheinung: Ihr Schritt ist lebhafter, ihre Gestik ungezwungener. Die Wertvorstellungen haben sich vollständig gewandelt. Nicht mehr der wohlsituierte Bauer wird beneidet und in der Dorfhierarchie ganz oben plaziert, sondern der Skilehrer und der Besitzer eines großen Hotels. Nicht mehr ein Haus mit vollen Truhen ist das Symbol für den Wert eines Menschen, sondern ein sportlicher Rekord, den irgendein Jugendlicher aufstellt.

Das Phänomen des leicht verdienten Geldes beschäftigt auch die Ladiner selbst. Ein Skilehrer, der im Sommer noch sein Land bestellt, erzählte mir eines Tages: »Ich kann es nicht begreifen. Sehen Sie diese Wiese: Wenn ich im Sommer darauf arbeite, habe ich keinen oder fast keinen Gewinn; wenn ich mich aber im Winter vergnüge, habe ich einen vollen Geldbeutel.« Und sein Vater antwortete: »Im Grunde ist es gerecht. Im Sommer ist diese Wiese dein, du kannst stolz auf sie sein. Aber im Winter spielst du nur ›l'mat‹, den Irren«. – »Keineswegs, Vater, man bewundert mich, man beneidet mich sehr im Winter.« – »Aber wer?« – »Meine Freunde!« – »Dann sind sie ebenso verrückt wie du.«

Daß die Alten diesen Wandel mit Skepsis betrachten, ist kaum verwunderlich. Denn das allzu leicht und mit in ihren Augen unzulässigen Mitteln verdiente Geld wird auf eine Weise ausgegeben, die sie nicht gutheißen können. Man benutzt es nicht zum Kauf von Grund und Boden oder eines neuen Hauses und noch nicht einmal zur Verschönerung des alten, sondern kauft damit ein modernes Musikinstrument, ein Akkordeon, einen Plattenspieler, ein Radio, ein Fahrrad, ein Moped, ein neues Paar Ski, Kleider und elegante Stiefel, also lauter Dinge, die sich am Ende abnutzen und wieder verschwinden. Man kann sogar froh sein, wenn das Geld nicht im Gasthof, mit den Freunden oder durch

eine Reise vergeudet wird. Statt sich zu füllen, leeren sich nun die Truhen. »Wozu all der Plunder in den Truhen?«, fragen die Jungen. Die neuen Sitten kommen in neuen Sprichwörtern zum Ausdruck: »Das Geld des Winters schmilzt mit dem Schnee«, »Der Ski bringt es, aber man verliert auch dabei«, und andere mehr.
Daß angesichts dieser neuen Lage und dieses neuen Geistes die Hexen, die bösen und die guten Geister verschwinden, erscheint eher natürlich. Was von der Landwirtschaft geblieben ist, findet unter gesicherteren Bedingungen statt, denn jetzt gibt es immerhin einen Tierarzt und Versicherungen. Die Domäne der Hexen schrumpft zusammen. Die des *Pavaro* allerdings noch mehr; Erbsen und Bohnen werden nur noch selten angepflanzt. Angst und Sorgen machen heute andere Dinge, und die bösen Mächte haben andere Namen. Für den Hagel konnte man die Hexe verantwortlich machen. Wegen der sinkenden Viehpreise auf den Märkten beschuldigt man andere Feinde. Es sind »reale« Feinde, scheinbar politischer bzw. ökonomischer Art, aber bald erweisen auch sie sich als massive und pseudo-rationale Ideen. Sie heißen bei den einen »das österreichische Joch«, bei den anderen »der Faschismus« oder »die Wirtschaftskrise« und bei allen »die Steuern«.
Die faschistische Erziehung vollendet die Zerstörung der alten Bezüge. Nach und nach werden die ladinischen Dorfschullehrer durch junge italienische Lehrer ersetzt.[13] Sie vermitteln den Bauernkindern eine eigenartige dualistische Erziehung, in der disparate und widersprüchliche Elemente zusammenkommen. Sie zeigen ihnen, wie man sich an das Stadtleben und an den Staat anpaßt, propagieren Hygieneregeln und verherrlichen den Sport. Die Alten sind darüber erbost: »Das ist keine Schule«, sagen sie, »nichts als Singen, Zeichnen und Gymnastik. Zu meiner Zeit lernten die Kinder noch etwas in der Schule! Wir konnten unseren Katechismus auswendig.« Zwar werden immer noch viele Stunden auf den Religionsunterricht verwandt, aber der erste Satz, den die kleinen Ladiner beim Eintritt in die Schule lernen, lautet nicht mehr »Ich bin katholisch«, sondern »Io sono Italiano, io sona Italiana«. Ihr erstes Lied ist kein Kirchenlied mehr, sondern die Hymne der Balilla[14], die folgendermaßen endet: »Son bimbi, ma bimbi gia fieri, gia forti – gia pronti a lanciare – Il sasso e il cuore.«
Die ganze Schulzeit hindurch steht neben Gott ein anderer Gott: der Staat.

Unter diesen neuen Bedingungen ist der Hexenglauben im Tal eine Frage des Alters. Die Sechzig- bis Achtzigjährigen glauben fest daran, daß es Hexen gab und immer geben wird und daß nur der Pfarrer ihre Macht beschränken kann. Sie sind noch immer etwas beunruhigt. – Die Fünfunddreißig- bis Sechzigjährigen sagen sich: Das gab es früher, aber das ist vorbei; die Zeiten haben sich geändert. Man lauscht zwar gerne den alten Geschichten, man glaubt an die Auftritte der Orcos und die Macht der Hexen, aber heute hat man andere Sorgen. Die Fünfzehn- bis Fünfunddreißigjährigen lehnen diesen Glauben zwar nicht direkt ab, aber sie denken nur noch selten daran. Wenn man allerdings die Achtjährigen fragt, so erklären sie einem: »Hexen? Das gibt es nicht. Der Führer der Balilla hat es gesagt.«

Anmerkungen

1 Vgl. L. Varga, *Une vallée du Vorarlberg* (Annales, VIII, 1936). [Deutsch im vorl. Band, d. Hg.]
2 Das Ennebergtal reicht von Bruneck im Pustertal bis zum Grödner-Paß. Es ist 34 km lang und liegt 1100 bis 1600 Meter hoch. Es umfaßt achtzehn Dörfer. [Siehe die Karte in der Einleitung des Hg.]
3 Die gebildeten Ladiner sind stolz darauf, daß ihre Sprache unmittelbar mit dem Französischen, dem Portugiesischen, dem Spanischen und dem Italienischen verwandt ist. Vgl. J. Alton, *Die ladinischen Idiome*, Innsbruck 1879. Sie stammt direkt vom Lateinischen ab, dessen Wortwurzeln sie verkürzt hat. Die Aussprache ist sehr hart. Es gibt sechs verschiedene Zischlaute, drei Deklinationen mit fünf Fällen, drei Konjugationen mit sechs Tempi, vom Indikativ bis zum Konjunktiv. Das Idiom ist zwar reich an Formen, aber – leider! – arm an Wörtern. Es gibt deren nur 4000, die vor allem die Gegenstände des täglichen Lebens bezeichnen. Alles, was das Vieh, die Nahrung und die Landwirtschaft betrifft, kann mit äußerster Genauigkeit ausgedrückt werden. Aber eine Predigt auf Ladinisch »würde schlecht klingen«, wie mir ein Dorfbewohner sagte. In den gegen Ende des vorigen Jahrhunderts angefertigten künstlichen Übersetzungen deutscher Literatur ist die Hälfte der ladinischen Wörter den Bauern unbekannt. Es gibt keine genau festgelegte Rechtschreibung. Briefe wurden früher auf deutsch geschrieben, heute schreibt man sie auf italienisch. Was dagegen die Literatur angeht, so verschwindet das *Volkslied** mit jedem Tag mehr; man kann nur noch die letzten Überreste sammeln. Es

wird, wie anderswo auch, durch Operetten-Strophen oder Kinomelodien verdrängt. Gegen 1900 versuchten die Pfarrer und Gymnasiallehrer eine eigene ladinische Literatur zu schaffen. Heraus kamen etwas kalte und künstliche Gedichte, die von den Freuden der Jagd und den Schönheiten des Hochgebirges erzählen und noch immer recht beliebt sind. Autoren wie z. B. Freña Osopp und Frontull sind im ganzen Tal bekannt. Was weiterbesteht, ist Gelegenheitsdichtung. Wenn ein ladinischer Priester seine erste Messe liest, kommen seine Freunde und Verwandten von weit her, um ihm zu gratulieren. Dann werden rund zwanzig Strophen umfassende Gedichte vorgetragen: »so schön, daß einem fiebrig wird«, behaupten die Bauern, aber recht langweilig für uns. Ihr einziges Thema ist das Lob alter Traditionen und alter Meister.

4 *Pié* = betteln, vermutlich abgeleitet von piler, *ia* = hier und dort.
5 Gegenwärtig wird im Grödnertal ein anderer Marien-Typus verbreitet. Es sind gleichsam »moderne« Marien, äußerst mager und langgezogen, gekleidet in enges Tuch mit nur wenigen Falten, das auch den Kopf bedeckt. Aber es heißt, daß dieser Marien-Typus den Bauern nicht gefällt und nur für den Export bestimmt ist.
6 Alton, S. 15. [Dieses Zitat und auch die w. u. aus der gleichen Quelle zitierten Passagen ließen sich nicht verifizieren. Möglicherweise benutzte L. Varga eine andere Veröffentlichung des gleichen Verfassers, d. Hg.]
7 Reime ohne tiefere Bedeutung? Es handelt sich vermutlich um die Verknüpfung von Riten mit der Vorbereitung des Hexenfluges.
8 Alton, S. 79.
9 Besser, aber nicht zu Ende. Erst kürzlich hat der Sohn des Kleinhändlers den Orco gesehen. Der junge Mann kam spät in der Nacht mit seinem Moped aus der Stadt zurück (angeblich war sein Gewissen an diesem Abend nicht ganz rein, und er mußte mit Vorwürfen seines Vaters rechnen). Der Orco hat ihn furchtbar erschreckt, und er flüchtete in panischer Angst in den Laden.
10 Alton, S. 67, Anm. 1.
11 »In montanis suae regionis gens gnana in cavernis montium habitavit: cum hominibus vescebantur, ludebant, choreas ducebant ...« (*Fontes Rerum Germanicarum* ..., hg. v. J. F. Böhmer, Stuttgart 1843, I, 415).
12 Dieses Phänomen läßt sich auch beobachten, wenn wir das Montafon-Tal in Vorarlberg mit einem alten ladinischen Tal vergleichen.
13 Die ladinische »Irredenta« beschränkt sich vor allem auf die sehr schmale Schicht der Intelligenz mit deutscher, d. h. österreichischer Ausbildung. Sie setzt sich vor allem aus Lehrern zusammen, die in Innsbruck oder Bozen studiert haben, aus ladinischen Pfarrern, Kleinhändlern und Kaufleuten, die früher deutschsprachige Zeitungen gelesen haben. Hinzu kommen die Alten, für die die gute alte Zeit, die

österreichische Herrschaft, Franz Joseph, niedrige Steuern und schöne Jugenderinnerungen im Bild eines Goldenen Zeitalters verschmelzen, das umso sehnlicher zurückgewünscht wird, als es verschwommen bleibt.

14 [Balilla: italienische faschistische Jugendorganisation, Anm. d. Hg.].

Zweiter Teil
Studien zur Religion
der Katharer

Der Katharismus – ein methodisches Problem der Religionsgeschichte

Die Kirche hat die Inquisition erfunden. Man kann für ihre Unschuld plädieren, aber vom Standpunkt unserer heutigen Moral fällt das nicht gerade leicht. Man kann diese Erfindung auch dadurch »erklären«, daß man sich auf einen bequemen und unverdächtigen Relativismus zurückzieht – eine altbewährte Methode. Auf diese stützt sich mit großem Geschick das kürzlich erschienene, wichtige Buch von Jean Guiraud: *Histoire de l'Inquisition au Moyen Age*.[1] Seine Absicht ist es, die sozialen Voraussetzungen der Inquisition darzulegen und zu zeigen, daß die besondere Lage des französischen Südens um 1200 die Gründung des Heiligen Offiziums determiniert hat. Eine interessante Aufgabe für einen Historiker also, aber in diesem Fall ist der Historiker nebenbei (und häufig wohl unbewußt) auch ein Apologet.

Die Thesen Guirauds lassen sich wie folgt zusammenfassen:
1. Die Verbreitung der katharischen Häresie im Süden Frankreichs war so groß, daß ihre Beseitigung für die Kirche zu einer Frage auf Leben und Tod wurde.
2. Diese Beseitigung lag nicht nur im Interesse der christlichen Gesellschaft, die sie forderte. Weil die Katharer die Ehe, das Familienleben und das Eigentum verdammten, stellten sie eine Bedrohung für jede geordnete Gesellschaft dar.
3. Der Krieg wurde nur deshalb unausweichlich, weil die Häretiker unnachgiebig und überheblich waren. Außerdem wandte das Heilige Offizium niemals das weltliche Schwert an (S. 41). Die (päpstlichen, d. Hg.) Legaten beschränkten sich stets darauf, wirtschaftliche Sanktionen auszusprechen; sie gingen nie bis zum Blutvergießen; sie forderten lediglich die weltliche Obrigkeit auf, durch materielle Strafen die von ihnen ausgesprochenen geistigen Strafen zu verstärken. Wer diese Strafe akzeptierte, dem wurde von der Inquisition vergeben.

Wir haben nicht die Absicht, diese Behauptungen zu bestreiten. In einer Zeitschrift, wie der vorliegenden[2], dürfen und können wir nur eine einzige Frage stellen – die Frage eines Historikers und nicht eines Polemikers: Was bringt uns das Buch des Historikers (und nicht des Apologeten, d. Hg.) Guiraud? Nun, über die räumliche Verbreitung des Katharismus, über seine Riten und seine Organisation sowie über die Kosmogonie seiner Anhänger und ihre theologischen Lehren gibt es uns die umfassendste und vollständigste Darstellung, die man sich wünschen kann – die reichhaltigste Sammlung großer und kleiner Fakten, die man heute aus den Originalquellen oder aus der Sekundärliteratur entnehmen kann. Fügen wir hinzu, daß Quellen und Literatur stets objektiv benutzt werden.[3] Das ist kein geringes Lob. Das Werk ist dauerhaft.

Nachdem wir dies festgestellt haben, ergibt sich allerdings die Frage, inwiefern Guiraud in seinem aus den Quellen gearbeiteten und mit vielen neuen Einzelheiten aufwartenden Buch über die Religionen des 12. Jahrhunderts mehr oder anderes sagen kann als Charles Schmidt in seiner Darstellung von 1849[4] – die freilich in einem ganz anderen Geist verfaßt wurde, denn der Straßburger Historiker sah in den Katharern Vorläufer der Reformation, der Freiheit und des intellektuellen Fortschritts. Darauf läßt sich antworten, daß bei Schmidt eine anachronistische Synthese jenseits der Einzelheiten vorlag – während Guiraud zwar viele historische Einzelheiten bietet, aber keine weitergehende Synthese (außer vielleicht – in dem erwähnten Sinne – eine apologetische?). Ähnlich wie die Inquisitoren des 13. Jahrhunderts, beschäftigt sich auch der Historiker von 1935 mit den unterschiedlichen Lehren und den häretischen Auffassungen als solchen; aber er sagt nichts oder kaum etwas über das, was hinter diesen Dogmen stand, über die religiöse Haltung und das religiöse Klima auf seiten des Katholizismus einerseits und des Katharismus andererseits, also über die einzigen echten Probleme, die sich dem Historiker stellen. Dies sollten wir erläutern.

Zunächst zum Katholizismus: Guiraud scheint sich auf die Fiktion eines stabilen, traditionalen und unveränderlichen Katholizismus zu beziehen, der über die Jahrhunderte hinweg gleichbleibt und heute wie damals dieselbe absolute Wahrheit repräsentiert. Warum sagt er uns nie, was der Katholizismus im 12. Jahrhundert war? Warum gibt er uns keine Skizze der »neuen Demut« eines Anselm von Canterbury oder Bernhard von Clairvaux, einer Demut, die auf das Gefühl zurückging, welches das

Geschöpf gegenüber seinem allmächtigen, aber gerechten und gnädigen Schöpfer empfinden muß? Warum beschreibt er nicht den religiösen Optimismus des katholischen 12. Jahrhunderts, für das bereits die Angst, nicht erlöst zu werden, eine Sünde war und das davon ausgeht, daß Gott aufgrund seiner göttlichen Logik seinen Sohn auf die Erde schicken mußte?[5] Dieser Optimismus förderte damals das Vertrauen des Gläubigen in seine Fähigkeit, die Dogmen zu begreifen und alles, was er glaubte, zu verstehen, indem er glaubte.

Gewiß, das war der Katholizismus einer Elite, einer kleinen Schicht von Theologen. Aber glaubt Guiraud etwa an die Fiktion eines Katholizismus, der im 12. Jahrhundert in allen Schichten der Gesellschaft gleich gewesen sei? Warum sollte der Katholizismus nicht in der Lage sein, zur gleichen Zeit bei der theologischen Elite einen geistigen Asketismus hervorzubringen, der sich von jeder Materie löst, und dennoch bei den gewöhnlichen Laien ein Gefühl der Sünde, das diese Menschen zum Sakramentalismus und einer Art »Magie« der Praktiken und Riten führt, die man durchaus als vulgär bezeichnen kann?

Nebenbei bemerkt haben die Katharer von diesen beiden Tendenzen des »Katholizismus« offenbar nur die zweite gekannt. Sie polemisieren gegen den Sakramentalismus, das Ritual und die Praktiken, weil das für sie kirchlicher Materialismus bzw. »römischer Aberglauben« ist. Warum ignorieren sie die andere Strömung? Vielleicht, weil sie ihnen nicht zugänglich war. Die geistige Askese war auf eine schmale Schicht von Theologen beschränkt und erforderte eine lange, strenge Ausbildung. Wie dem auch sei, lassen wir die theologischen Details ruhig beiseite und fragen wir uns ganz allgemein, worin sich der Katholizismus der Theologen des 12. Jahrhunderts vom Katharismus unterschied.

Worin besteht der eigentliche Kern des Katholizismus? Oder, anders formuliert, worin liegt das Wesen des »katholischen Mythos« im 12. Jahrhundert?

Er konstituiert sich um einen allmächtigen Gott und sein Geschöpf einerseits und um Jesus-Christus, den Gottmenschen und Vermittler zwischen Gott und den Menschen, andererseits. Die göttliche Schöpfung ist gut. Für alles Schlechte in dieser Welt trägt der Mensch die Verantwortung, der von Satan verführt wurde. Die Seele des Menschen ist zwischen ihren irdischen Gelüsten und ihrer himmlischen Tendenz hin und her gerissen; in einem unablässigen Kampf, den sie mit Hilfe ihres freien Willens führt, bemüht sie sich um ihre Vereinigung mit Gott.

Alle diese Elemente fehlen im »katharischen Mythos« – oder vielmehr, sie werden darin vollständig transformiert. Wenn wir einmal Einzelheiten beiseite lassen, so besteht der Kern des katharischen Mythos darin, daß ein geistiger Gott die Engel und den Himmel erschaffen hat. Aber der mit Gott koexistierende Teufel schleicht sich aus Eifersucht in den Himmel ein und verführt ein Drittel der Engel, indem er ihnen Frauen, Kinder, Reichtum und Macht verspricht. Daraufhin fallen diese Engel vom Himmel, indem es eine Woche lang sintflutartig regnet. Aber die Gefallenen können das verlorene Reich nie vergessen. Deshalb schließt sie der Teufel, um ihnen jede Erinnerung an den Himmel zu nehmen, in einen Körper ein und erschafft die Erde.

Als Gott sieht, daß sein Himmel verlassen ist, wird er wütend und traurig. Zunächst schickt er den zu Menschen gewordenen Engeln einen schrecklichen Fluch auf ihre elende Erde hinterher. Dann sucht er nach einem Mittel, um die Menschen von ihrer Vergeßlichkeit zu befreien – und ihnen den Wunsch zurückzugeben, wieder in den Himmel zu kommen. Denn nur darin und in nichts anderem besteht für die Katharer das Werk des Heils.

Gott schreibt deshalb ein Buch. Nach 40 Jahren fragt er die ihm treu gebliebenen Engel: »Wer von Euch will mein Sohn sein und alles, was in diesem Buch geschrieben steht, ausführen?« Das Buch enthält den Bericht über die irdischen Qualen, denen sich der Engel, welcher die Ehre haben möchte, der Sohn Gottes zu sein, unterwerfen muß. Alle Engel lesen einer nach dem anderen dieses Buch – und geben auf. Nur ein Geist namens Johannes erklärt sich bereit, in die Welt des Satans hinabzusteigen: obwohl sie für ihn als himmlischen Geist völlig fremd und schrecklich ist. Dabei bleibt er Geist; er wird nicht zum Menschen; er wird sich nur der Rasse der Menschen assoziieren, um ihnen die kosmologische Wahrheit zu bringen – und bereits dies ist für einen himmlischen Geist ein Martyrium, eine fast unerträgliche Pein. Die Geburt, das Leben und der Tod Christi finden also nur zum Schein in einem menschlichen Körper statt; die Lehre der Katharer ist ein rigoroser Doketismus.

Was Christus den Menschen offenbart, ist keine Moral, sondern ein Mythos und ein Kult. Er erinnert sie an ihre himmlische

Vergangenheit. Er lehrt sie, daß Gott für jeden gefallenen Engel im Himmel einen Parakleten [Fürsprecher] benannt hat, der sich im Augenblick seines Erwachens zur Wahrheit mit ihm vereinigen wird. Er lehrt sie, daß sie im Himmel ihre »Tunika« erwartet, das heißt, ein geistiger Körper von unausprechlicher Schönheit. Die Welt ist schlecht, die Materie von Natur aus verwerflich. Um sich zu retten, muß man sich von ihr befreien. Das Heil besteht in der Rückkehr ins himmlische Reich, die Verdammnis dagegen aus einer ununterbrochenen Seelenwanderung von Körper zu Körper. (Siehe die einst von Döllinger publizierten Texte.[6])

Da der Mensch als solcher ein Geschöpf des Teufels ist, kann er nur verdammt sein. Er kennt weder freien Willen noch Reue. Er ist nur ein Produkt des Kampfes zwischen Teufel und Gott. Gott will ihn retten, um seinen Himmel zu füllen; Jesus-Johannes hat kein Mitleid mit ihm, sondern strebt nach der himmlischen Ehre, Gottes Sohn zu sein und in der geistigen Hierarchie diesen hohen Rang einzunehmen. Der Mensch ist nur ein Spielball höherer Mächte. Zu Gott gibt es keinen indirekten Weg: Entweder man »weiß« oder man weiß nicht. Jeder, der auf dieser Erde lebt, ist zwangsläufig ein Sünder, ohne Unterschied. Es ist völlig gleich, ob ein Reicher Wucherzinsen nimmt oder Almosen verteilt. Oder ob ein Mann mit seiner legitimen Ehefrau oder mit seiner Mutter zusammenlebt: Ehe und Fortpflanzung sind auf jeden Fall verflucht, denn sie helfen dem Teufel sein Reich zu verlängern.

Handelt es sich also tatsächlich um eine Lehre, die für die Gesellschaft als solche gefährlich ist? Um eine Lehre, die die Familie, das Wirtschaftsleben und die wichtigsten und fundamentalsten Institutionen zerstört? Denken wir einmal nach.

Guiraud sagt es selbst: Die Religion der Katharer war im Süden Frankreichs allgemein verbreitet. Nun weiß man aber mit Sicherheit, daß die Gesellschaft des Südens habsüchtig und raffgierig war; sie betrieb einen ausgedehnten und risikoreichen Handel gleichsam in der Atmosphäre eines »vorkapitalistischen Kapitalismus«, der völlig anarchisch und unorganisiert war, sich auf aberwitzige Kredite[7] und Zinsen stützte, die ihrerseits auf einem komplizierten Pfandsystem beruhten.[8] Bei diesen Praktiken und Geschäften verband sich mit den städtischen Schichten ein ehrgeiziger und anarchischer Adel, der weder Autorität besaß, noch Schutz bieten konnte; seine grundherrschaftlichen Vorrechte hielt er jedoch aufrecht.[9]

Ist es denkbar, daß aktive gesellschaftliche Führungsgruppen, die im Mittelpunkt einer materiell ständig fortschreitenden Kultur standen, eine Lehre vertraten, die sie in ihren Untergang führte? Ist es wahrscheinlich, daß sie einen Glauben verwarfen – den katholischen –, weil er ihnen nicht genügend wirtschaftliche und soziale Möglichkeiten bot, um statt dessen eine Religion anzunehmen, deren Funktion darin bestanden hätte, zunächst und vor allem die Gesellschaft des Languedoc zu zerstören? Das ist kaum anzunehmen. Das hätte jeder gesellschaftlichen Logik widersprochen. Denn tendiert die Religion gesellschaftlicher Führungsschichten nicht in der Regel dahin, sie an der Macht zu erhalten, ihre Organisation zu stärken und ihre Geschäfte zu erleichtern?

Genau das scheint aber der Katharismus zu leisten. Wie man weiß, teilte sich für die Katharer die Gesellschaft in *credentes* 〈Gläubige〉 und *perfecti* 〈Vollendete〉. Die *credentes* lebten ganz in dieser Welt, betrieben Handel und Geschäfte; sie waren als gnadenlose Wucherer bekannt. Der katharische Adel besaß mit der Welt der Trobadors eine hochentwickelte weltliche Kultur, in der unvergleichlicher Luxus und unnachgiebiger Stolz herrschten. Adlige und Kaufleute lebten in dieser materiellen Welt, in der alles schlecht war, in der es aber keine Sünde gab. Um gerettet zu werden, ohne auf irgendetwas zu verzichten, genügte es, unmittelbar vor dem Tod einen katharischen »Perfekten« zu rufen, der den katharischen Segen gab und seine Hand zugleich auf den Kopf des Sterbenden und auf das Johannes-Evangelium legte. Der Sterbende brauchte nichts zu bereuen; er handelte nach bestem »Wissen«. Eine Formel, eine Geste, ein Ritus. Kein materieller Gottesdienst. Dennoch hatte der Katharismus durchaus etwas von einer »Magie« oder – in der Sprache des 12. Jahrhunderts – von einem »Aberglauben«. Denn der Gläubige blieb völlig passiv, sehr viel passiver als der passivste Katholik. Auf den Katharer wurde das Heil einfach nur durch seinen Priester übertragen oder vielmehr: durch seinen Zauberer. Und nur dieser Priester – der katharische Perfekte – mußte in einer rigorosen Askese leben. Er hatte keinerlei Besitz. Er mußte alles, was er besaß, seinen Freunden und Verwandten geben. Ihm wurden die härtesten Essensverbote befohlen, und jede Beziehung zu Frauen war ihm streng verboten. In dem Augenblick, wo er zum Perfekten ordiniert wurde, vereinigte er sich mit seinem Parakleten. Von

nun an konnte er seinerseits das Heil übertragen, solange er nicht die Gebote der Askese überschritt.[10] Aufgrund der vollzogenen Ordination kannte er auch die Vergangenheit, das heißt, die Reihe der Vorleben seiner Gläubigen. Er verstand die Sprache der Tiere, und häufig wurde er auch als Arzt und als Schiedsrichter hinzugezogen.
Jeder Perfekte war also unter dem Gesichtspunkt der Askese ein Sündenbock der Gesellschaft, für die er arbeitete. Er stellte seine Reinheit, die ihm große Macht und überlegene Kräfte gab, gleichsam in den Dienst seiner Gläubigen.

Eine andere Frage, die der Historiker stellen muß (wenn auch nicht der Apologet, dem es nur darum geht, die Häresie der Kirchenfeinde zu beweisen), lautet: Wissen wir tatsächlich schon alles über die Lehren der Katharer? Erfordert die innere Logik ihres Systems nicht weitere Komponenten?
Bernhard Gui, der große Theoretiker der Inquisition und Autor der »Practica«, erteilte den Inquisitoren den Rat, die Angeklagten nicht zuviel zu fragen: Sie sollten sich auf stereotype Fragen beschränken, um eine zu große Vielfalt der Antworten zu vermeiden. Denn für ihn ging es nicht darum, eine Häresie, sondern Häretiker zu erkennen. Sollen wir Historiker uns die gleichen Beschränkungen auferlegen?
Wir denken hier an eine Frage, die aufs engste mit der Rolle des katharischen Glaubens in der Gesellschaft des Südens verknüpft ist: die des Satanismus. Ein solcher Teufelskult wird von manchen mittelalterlichen Chronisten bezeugt (so etwa von Alanus von Lille). Aber die Inquisitoren schweigen sich darüber aus. Und die modernen Historiker bestreiten ihn: die Protestanten, weil der Satanismus sich schlecht mit dem Kampf gegen die »Mißbräuche« der römischen Kirche verträgt; die Katholiken, weil sie fürchten, diesen Vorwurf nur auf unsichere Quellen stützen zu können.
Ist eine Tatsache, die durch eine unsichere Tradition und unzuverlässige Quellen belegt wird, wahr oder falsch? Wie soll man das entscheiden? Ein ganz anderes Problem ist jedoch die Frage der Wahrscheinlichkeit. Denn das katharische System scheint tatsächlich eine »schwarze Magie« zu postulieren. Es beruht auf der vollständigen Symmetrie eines absoluten Dualismus. Hier der gute, dort der böse Gott. Hier die gute Schöpfung, dort die böse.

Sieben Arten von guten Geistern, sieben böse; Christus der Johannes und Jesus der Betrüger usw. Jedes »Gute« hat sein »schlechtes« Pendant. In den Augen der Katholiken dagegen haben die »guten Geister« die Macht, in irdischen Dingen zu helfen, und werden um diese Hilfe auch tatsächlich gebeten. Wer statt dessen etwas Unrechtes tun, sich unzulässig Macht anmaßen oder einer kriminellen Neigung nachgehen will, kann die heiligen Handlungen verfälschen oder mißbrauchen, mit der Eucharistie oder dem Weihwasser Zauberei betreiben usw. Die katharische Gesellschaft des Südens hat diese »Möglichkeiten« nicht. Denn alles, was diese Welt berührt, stammt vom Teufel, und der katharische Gottesdienst, der ganz ohne materielle Gegenstände auskommt, ermöglicht keine Mißbräuche, wie die eben erwähnten. Nun gut. Aber daß diese Katharer, für die Marco Polo das Sprichwort verwandte, »abergläubisch wie ein Patarener« (das war der Name der Katharer in der Lombardei), daß diese Menschen, die in einer Welt des Teufels lebten und in Geschäfte verwickelt waren, die vom Teufel beherrscht wurden, während sie nichts von der Hochreligion eines Bernhard von Clairvaux wußten – daß diese Menschen auf alle satanischen Praktiken verzichtet hätten, scheint wenig glaubhaft. Zumal in einem Milieu wie dem des Languedoc und der Provence, das – trotz aller Orthodoxie – vom Dämonen-Glauben durchtränkt war. Man betrachte nur die Skulpturen in Saint-Gilles, Arles oder Moissac oder die Klöster von Montmajour und Elne oder die wenigen weltlichen Bauwerke, die vermutlich katharischen Ursprungs sind und den Kreuzzug überstanden haben, wie das Palais von Burlats oder manche Skulpturen ungewisser Herkunft im Augustiner-Museum in Toulouse oder im Museum von Carcassone. Darüber hinaus wird in allen Chroniken wiederholt, daß die Katharer bei der Rekrutierung ihren Gläubigen Gold und Silber versprachen. Wer aber, außer dem Teufel, konnte ihrem eigenen Glauben zufolge diese Reichtümer und diese Macht verteilen? Freilich, über die Einzelheiten des Teufelskultes haben wir bisher keinerlei Informationen.[11]

Kommen wir zum Schluß. Der Historiker des 12. Jahrhunderts darf nicht den Standpunkt des Katholizismus einnehmen. Wenn er aber nicht anachronistisch sein will, muß er den religiösen Standpunkt der Zeit nachvollziehen. Gelingt ihm dies, so kann er, ja er muß sogar Urteile fällen und Werte formulieren. Wenn wir uns nun aus dieser Perspektive fragen, welche der beiden Glaubensrichtungen des 12. Jahrhunderts – Katharismus oder Katholizismus – überlegen war, so antworten wir ohne zu zögern: die katholische Religion. Denn ihr Glauben war differenzierter. Indem sie dem Menschen das Gefühl für einen allmächtigen Schöpfer vermittelte, das Gefühl seiner eigenen Nichtigkeit und Sündhaftigkeit, gab sie ihm zugleich die Möglichkeit, die höchsten religiösen Höhen zu erreichen. Und die Zärtlichkeit des Menschen für einen Christus, der zwischen Gott und ihm vermittelt, ermöglichte den Abstieg in die bewegendsten Tiefen der Mystik. Beides sind konstitutive Elemente der christlichen Religion, von denen der Katharismus nur die äußeren Formen übernommen hat.

Und auch das nur mit Einschränkungen: Der Katholizismus verfügte über eine Kosmogonie, eine Theologie, eine Moral und eine Magie. Der Katharismus dagegen besaß nur eine Kosmogonie und eine Magie. Er hatte weder eine Moral noch eine Theologie. Aber werden wir damit nun selbst zu Apologeten? Keineswegs, wir argumentieren nur als Historiker der mittelalterlichen Religionen – und hoffentlich ohne jedes Vorurteil.

Anmerkungen

1 Paris 1935, S. 428. [Untertitel: *Origines de l'Inquisition dans le Midi de la France. Cathares et Vaudois.* 1938 erschien noch ein zweiter Band mit dem Untertitel: *L'Inquisition au XIII siècle en France, en Espagne et en Italie,* d. Hg.]
2 [L. Varga veröffentlichte diesen Aufsatz 1936 in der von Henri Berr herausgegebenen *Revue de Synthèse,* einer interdisziplinären Fachzeitschrift mit rationalistisch-laizistischer Ausrichtung. L. Febvre war damals für die historische Sektion der Zeitschrift verantwortlich. Siehe dazu im einzelnen die Einleitung, Anm. d. Hg.]
3 Dennoch erfordert diese Quellenauswertung zwei Anmerkungen: Erstens ergibt sich die Frage, ob es nicht sinnvoller gewesen wäre, eine genauere Klassifizierung nach Perioden und Regionen vorzunehmen. Auf diese Weise hätte man nicht nur die Koordinierung der verschiedenen kosmologischen Systeme, sondern auch die zeitliche Entwicklung des Katharismus besser erfassen können. Denn wie kann man

annehmen, daß ein Glauben keine Veränderungen gekannt hätte, der zunächst nur von einer Sekte des 12. Jahrhunderts vertreten wurde, dann zur vorherrschenden Religion einer so reichen und fortgeschrittenen Provinz wie dem Languedoc wurde und schließlich eine vollständige materielle Niederlage erlitt?
Zweitens: Alle, die in den letzten zwanzig Jahren den Katharismus beschrieben haben, machen ausgiebig von dem durch Clédat veröffentlichten »Ritual« Gebrauch [L. Clédat, *Le Nouveau Testament, traduit au XIIIe siècle en langue provençale, suivi d'un rituel cathare*, Paris 1887, d. Hg.], das ihnen als charakteristisch gilt, ohne vorher die Frage zu diskutieren, ob es tatsächlich katharisch war und das genaue Datum seiner Abfassung festzustellen. Ist das zulässig? Es ist immerhin bemerkenswert, daß dieses Ritual in mehreren Punkten dem, was wir über den Katharismus wissen, eindeutig widerspricht. Handelt es sich nicht vielleicht um ein späteres Dokument aus der Zeit, in der sich im Süden bereits eine Art Synkretismus der Sekten vollzogen hat – über 100 Jahre nach der großen Niederlage? Wir werden alle diese Fragen an anderer Stelle wieder aufgreifen.
4 [Ch. Schmidt, *Histoire et doctrine de la secte des cathares ou Albigeois*, Paris–Genf, 1849, 2 Bde.; vgl. dt. auch: ders. *Die Katharer in Südfrankreich in der ersten Hälfte des 13. Jahrhunderts*, in: *Beiträge zu den theologischen Wissenschaften von den Mitgliedern der Fakultät zu Straßburg*, 1, Jena 1847, S. 85-157 Anm. d. Hg.]
5 Siehe das *Cur Deus Homo* von Anselm von Canterbury.
6 [Siehe I. von Döllinger, *Beiträge zur Sektengeschichte des Mittelalters*, Bd. II, München 1890; Neudruck: New York 1960, Anm. d. Hg.]
7 Im Jahr 1189 verbietet der Stadtrat von Toulouse die Verpfändung von Familiengräbern und Handwerksutensilien (Kartular von Toulouse).
8 Siehe dazu die Testamente Toulouser Bürger.
9 Guiraud scheint die Beteiligung dieser städtischen Schichten – kämpferische Händler und adlige Kaufherren – an der Sekte zu unterschätzen, obwohl sich der hohe Landadel erst viel später anschloß, als er mit den stets rebellierenden Städten Frieden machte. Den Kern der Sekte bildete die rebellierende Stadt. Guiraud weist demgegenüber sehr detailliert auf den Landadel hin.
10 Was für ein Unterschied besteht überhaupt zwischen katharischer und katholischer Askese? Die katholischen Polemiker haben ihn sehr genau gespürt und in ihrer Sprache benannt. Sie haben sich gegen die »abergläubische« Askese gewandt und kritisiert, daß die katharischen Perfekten weder Fleisch noch Milch, noch Käse, noch Eier essen durften, also nichts, was aus der Verbindung von männlichen und weiblichen Tieren hervorgeht. Als Beleg füge ich hier die Polemik des Bernhard von Clairvaux an (*Opera*, II, MPL Bd. 183, Sp. 1096 f.): »Abstinent namquam hi... a cibis, quos creavit Deus... hinc quoque

haereticos se probantes, non sane quia abstinent, sed quia haeretice abstinent. Nam et ego interdum abstineo; sed *abstinentia mea est satisfactio pro peccatis, non superstitio pro impietate*... Abstinebo a vino, quia in vino luxuria est; aut si infirmus sum, modice utar, juxta consilium Pauli. Abstinebo a carnibus, ne dum nimis nutriunt carnem, simul et carnis nutriant vitia. Panem ipsum cum mensura studebo sumere, ne onerato ventre stare ad orandum taedeat... Sed ne simplici quidem acqua ingurgitare me assuescam, ne distensio sane ventris usque ad titillationem pertingat libidinis. Haereticus aliter. Nempe horret lac, et quidquid ex eo conficitur: postremo, omnia quod ex coitu concreatur. Recte et christiane, si non idcirco quia ex coitu, sed ne ad coitum provocent.«

Nicht weniger genau ist die Beschreibung des katharischen Asketismus durch Ranierius Sacconi im 13. Jahrhundert (*Thesaurus Novus Anecdotorum*, hg. v. E. Martène, u. U. Durand, Paris 1717, Bd. v, Sp. 1765): »Nunc dicendum est si Cathari faciunt opera sua pro satisfactione peccatorum, quae priusquam profiterentur haeresim commiserunt. Ad quod dico quod non, licet ignorantibus fortasse hoc mirabile videatur. Nam frequenter orant, et jejunant, et abstinent se omni tempore a carnibus, ovis, et caseo... Sed est in eis triplex error, qui facit dicta opera esse satisfactoria. Primum est quod culpa et poena totaliter dimittuntur per suam manus impositionem et orationem... est quod Deus nemini infert poenam purgatoriam, quam penitus esse negant; neque temporalem, quam a diabolo inferri putant in hac vita. Hinc etiam dicendum est quod *praedicta opera non injunguntur eis cum fuerint cathari in poenitentiam sive in remissionem peccatorum suorum*. Tertius est quod tenetur quilibet necessario facere illa opera tanquam praecepta Dei. Ita puer X annorum, qui nunquam ullum omnino peccatum mortale commiserat, antequam fieret Catharus (d. h. ein Perfekter) sicut senex qui nunquam a peccato cessavit.«

11 Für die Templer, deren Häresie – wie heute festzustehen scheint – dem katharischen Glauben eng verwandt war, ist die Verehrung eines Idols oder Dämons in den bisher publizierten Prozeßprotokollen belegt.

Peire Cardenal – ein Häretiker?

Die Frage nach der Orthodoxie einiger Trobadors[1] wurde in Frankreich bereits im 19. Jahrhundert mehrfach aufgeworfen. So verwies zum Beispiel Fauriel[2] ganz pauschal auf die verschwommen katharischen Ideen bei einem der bedeutendsten Trobadors, Peire Cardenal. In Deutschland war es der protestantische Historiker Reuter[3], der bei Cardenal und anderen Abweichungen von der Orthodoxie witterte; für ihn waren sie einfach Vorläufer des Protestantismus. Alle diese Historiker hatten reichlich Phantasie und vertrauten auf ihren gelehrten Instinkt. Im 20. Jahrhundert war man sehr viel vorsichtiger. Die These von den häretischen Trobadors wurde von allen Gelehrten aufgegeben.[4] Karl Vossler[5] verteidigt sogar Peire Cardenal gegen jeden Verdacht der Häresie: Für ihn ist Cardenal ein guter Christ, der allenfalls mit den Strömungen sympathisiert, die die Kirche reformieren und zur Schlichtheit des Urchristentums zurückführen wollen.[6] Aber obwohl sich die älteren und neueren Religionshistoriker darüber beschweren, daß es so wenige Originalquellen gebe, haben sie es versäumt, die Dichtungen der Trobadors auszuwerten und unter dem Gesichtspunkt ihrer möglichen Affinitäten zur Häresie zu untersuchen. Weder in den klassischen Veröffentlichungen von Schmidt, Douais oder Molinier noch in den neueren Büchern von Broeckx[7] oder Guiraud[8] ist davon die Rede.

Im folgenden wollen wir dieses Problem erneut diskutieren, wobei wir auf die allgemeinen sozialen und psychologischen Bedingungen eingehen und einige Dokumente genauer untersuchen.

Ist es auf den ersten Blick nicht durchaus wahrscheinlich, daß die meisten Trobadors Häretiker waren? Sie lebten in einer Atmosphäre, die ganz und gar von der Häresie bestimmt wurde. Die Burgen von Foix, Mirepoix, Fanjeaux oder Saissac waren gegen Ende des 12. Jahrhunderts Bastionen der Häretiker.[9] Und die Herren dieser Burgen waren die Auftraggeber der Trobadors. Sie dienten eben diesen häretischen Burgherren. Sie waren von ihnen abhängig und wollten ihnen gefallen. Manche Trobadors gehörten zum Adel. Andere stammten jedoch aus einer niedrigeren Klasse. Aber sie wurden dennoch in der Umgebung der Lehnsfürsten zugelassen, ja, wie liebe Freunde in die Familie dieser

Großen aufgenommen. Belohnte man damit nur ihr Talent? Oder wurde diese Bindung nicht auch in vielen Fällen durch einen gemeinsamen Glauben gestiftet? Man muß es wohl annehmen.
Das eigentliche Problem betrifft die Häresie der Trobadors in dogmatischen Fragen. Ihr Antiklerikalismus war allgemein bekannt. »Weder ein Milan noch ein Geier wittert so genau das stinkende Aas, wie die Kleriker und Prediger das Haus eines Reichen«, singt Peire Cardenal in einem Sirventes[10], das im häretischen Milieu populär war. Und in einem anderen, ebenfalls sehr verbreiteten Gedicht beschimpft er die Priester, die, wie Isengrin, zu Hirten werden und dann ihre Lämmer verraten und auffressen.[11] Antiklerikale Lieder waren bei den Häretikern sehr erfolgreich. Mit einem neuen, gut gemachten Sirventes gegen den Klerus fand man immer ein Publikum. Nach dem Mord von Avignonet (1242)[12] wurde ein Häretiker dabei überrascht, wie er seinen Begleiter fragte, ob er »bonas coblas vel unum bonum sirventes« hören wolle.[13] Es gab also im Süden Frankreichs eine Allianz zwischen Antiklerikalismus und Häresie. Beide standen sich sehr nahe. Die Missionare der Häretiker hatten die Taktik, zunächst die Priester und die römische Kirche anzugreifen, um das Terrain zu sondieren und ihre Aussaat vorzubereiten. Lange Zeit hindurch wurde der Antiklerikalismus weder verfolgt noch bestraft.
Gewiß, das Bild von den geld- und machtgierigen, heuchlerischen und ausschweifenden Priestern war damals in allen Ländern verbreitet.[14] Es begleitet den Investiturstreit, und es entwickelt sich auch im Gefolge der katholischen Reformatoren in England unter Johannes von Salisbury oder den katholischen Erneuerungsversuchen in Deutschland, Burgund oder Lothringen. Alle katholischen Kritiker des Klerus und der römischen Kirche beschwerten sich über den Verfall der alten Reinheit und forderten lauthals eine Veränderung. Kirchenkritik als solche ist keineswegs schon ein sicheres Anzeichen für Heterodoxie. Sie kann im Gegenteil sogar ein Indiz für die Lebendigkeit des Katholizismus sein, ein Zeichen heftiger Reaktion, ein Ausdruck der Anpassung an eine neue wirtschaftliche, soziale und moralische Situation. Gilt dies aber auch für den französischen Süden?
Dort fehlt es der katholischen Kirche nämlich gerade an dieser Vitalität, und es fehlt ihr an eifrigen Propagandisten. Als es darum geht, die Häresie zu bekämpfen, muß Hilfe von außen geholt

werden[15] – vom Heiligen Bernhard bis zum Heiligen Dominikus.[16] Der Katholizismus des Languedoc trägt archaische und vorgregorianische Züge. Das Erzbistum Narbonne war so weitläufig, daß es völlig unmöglich war, die Gläubigen genau zu überwachen. Als der Erzbischof Berengar II. 1203 durch die päpstlichen Legaten abgesetzt wurde, konnte ihm der Papst unter anderem vorwerfen, innerhalb von dreizehn Jahren nicht ein einziges Mal seine Diözöse besichtigt zu haben.[17] Die Erzbischöfe und Bischöfe rekrutierten sich aus dem hohen Adel. Sie hingen von den weltlichen Fürsten, also ihren eigenen Verwandten und Lehnsherren ab, die sie völlig frei ernennen konnten.[18]

Das *Eigenkirchenwesen**, das heißt das kirchliche Recht, wonach eine Kirche dem Lehnsherrn gehörte, der ihre Einkünfte erhielt und den Priester ernannte, war im Süden noch voll in Kraft.[19] Es gab noch keinen römischen Reformkatholizismus. Obgleich der Antiklerikalismus also nicht stets und überall ein Anzeichen der Häresie darstellt, gilt dies nicht in der gleichen Weise für den französischen Süden im 12. Jahrhundert.

Wie stand es mit den Klöstern? Es gab sie durchaus: Grandselve, zum Beispiel, oder Belleporche, beides Zisterzienserklöster. Saint-Sernin in Toulouse und die Priorei von Castres lagen sogar mitten im Zentrum der Häresie. Aber wir wissen nichts über ihr Innenleben. Und auf jeden Fall ist keines von ihnen zum Zentrum einer katholischen Bewegung im Languedoc geworden.

Auch über die Rolle des Katholizismus im Alltagsleben der Bevölkerung ist so gut wie nichts bekannt. Wer ging zur Messe oder zur Beichte? Welche Gebete wurden zu welcher Stunde des Tages gesprochen? Was wußte man von den Evangelien und von der Sonntagspredigt? Wandte sich die Bevölkerung mit ihren Ängsten und Hoffnungen an den katholischen Priester oder achtete sie allein auf »magische Praktiken«? Zog man noch den Priester hinzu, wenn man mit den übernatürlichen Kräften in Verbindung treten wollte, oder nur noch die Wahrsager, Seher und Hexer? Die Spuren einer beinahe heidnischen Magie sind jedenfalls überall präsent.[20] Neben solchen Praktiken und neben bzw. noch vor diesem wilden Antiklerikalismus gibt es bei den Trobadors eine gewisse religiöse Indifferenz, eine etwas zynische Umgangsform mit heiligen Dingen und eine manchmal schockierende Respektlosigkeit, mit der sie die Messe, die Heiligen, Jesus-Christus und sogar Gott in ihre amouröse und weltliche Dichtung einbezie-

hen.²¹ Wer kennt nicht Gottes Warnungen vor den Frauen und ihrer übertriebenen Äußerlichkeit? Und was schreibt dagegen der Mönch von Montaudon²² zu Ehren seiner Klientinnen? Seine Verse sind von raffinierter Eleganz und zugleich so vulgär, daß sie noch heute unser religiöses Empfinden verletzen.²³
Sobald man aber im Languedoc des 12. und beginnenden 13. Jahrhunderts diese mehr oder weniger affektierte religiöse Indifferenz verläßt, sobald von Askese die Rede ist und man den Elan einer strengen Moral verspürt, können wir sicher sein, auf häretischem Terrain zu wandeln.
Die Häresie der moralisierenden Trobadors – und insbesondere Peire Cardenals – scheint uns zunächst einmal *wahrscheinlich*. Die historischen, sozialen und psychologischen Bedingungen sprechen dafür. Aber es fällt schwer, sich *Gewißheit* zu verschaffen. Sobald wir uns die Quellen genauer ansehen, kommen wir kaum über den bloßen Verdacht hinaus. Diese Schwierigkeit hat verschiedene Gründe. Zum einen waren die Häretiker stets gezwungen – auch auf dem Höhepunkt der Bewegung –, sich zu verstellen und nur äußerst zweideutig zu äußern, um einen Skandal zu vermeiden; und zuzeiten heftiger Verfolgung drohte ihnen sogar der Tod. Aber die besondere Schwierigkeit, einen Text als *katharisch* zu identifizieren, hängt vor allem mit der Position des Katharismus gegenüber dem Christentum und seinen heiligen Texten zusammen. Obwohl die Katharer in der Regel als Neomanichäer bezeichnet werden, ergibt eine genauere Betrachtung der oberflächlichen Ähnlichkeiten zwischen manichäischen und katharischen Dualisten tiefgreifende Unterschiede hinsichtlich des jeweiligen religiösen Klimas. Wir können hier nicht im einzelnen darauf eingehen.²⁴ Aber im Vergleich zu den Manichäern und Neomanichäern fehlt es sogar an einfachsten Verbindungen zum Gottesdienst oder zur liturgischen Sprache.²⁵
Die Katharer haben nichts mit den ehemaligen Anhängern des Mani gemeinsam. Eher schon gibt es Gemeinsamkeiten mit den zahlreichen Gruppierungen der christlichen Gnosis, die sich allerdings nicht genauer identifizieren lassen.²⁶ Die Katharer selbst haben sich nicht als Neomanichäer bezeichnet. Sie begreifen sich vielmehr als die *wahren* Nachfahren der Apostel. Sie wollen gute Christen sein und nichts anderes. Sie akzeptieren das Neue Testament, das Glaubensbekenntnis und das Vaterunser. Sie übernehmen alle katholischen Formeln. Aber sie interpretieren sie duali-

stisch. Daher wußten die Inquisitoren oft nicht weiter. Auch die Häretiker glaubten nämlich von ganzem Herzen an die Dreifaltigkeit, den Gottessohn, die Heilige Jungfrau, die Buße und die Auferstehung. Aber dies sind immer auch Fachausdrücke der katharischen Geheimsprache, Kürzel ihrer Lehren, die daher für sie einen ganz anderen Inhalt besitzen.

»Credunt ut sit Pater qui alium in bonum convertit; qui convertitur, filius; id per quod convertit et in quo convertitur, Spiritus Sanctus: et hoc intelligunt, quando dicunt se credere in Patrem et Filium et Spiritum Sanctum; et Christum conceptum, natum et passum..., ut in symbolo contineatur.«[27] »Quilibet bonus homo sit Dei filius.«[28]

Das sind nur einige Beispiele der katharischen Geheimsprache. Es gibt noch viele andere. Die Jungfrau Maria, zum Beispiel, symbolisiert die katharische Kirche:

»Item, beatam Mariam Virginem negant fuisse veram matrem Domini Jhesu Christi, nec fuisse mulierem carnalem, sed sectam suam et ordinem suum dicunt esse Mariam Virginem, id est veram penitenciam castam et virginem que generat filios Dei, quando recipiuntur ad eamdem sectam et ordinem.«[29]

Diese Symbolik wird auch durch andere Quellen belegt.[30] Aber die symbolischen Interpretationen variierten ebenso wie die mythischen Einzelheiten entsprechend den Gruppen, die sich um die großen katharischen Prediger bildeten. Es gab ebenso viele Varianten wie Prediger.

Um die Katharer daran zu hindern, die Abschwörungsformeln mit häretischen Hintergedanken zu sprechen, trafen die Inquisitoren die Vorsichtsmaßregel, zunächst alle Begriffe des Glaubensbekenntnisses im katholischen Sinne zu erklären: »I aisso es bona creensa: Ieu cre el Pair e el Fil e el Saihnt Esperit, que so tres personas e us deus tuhit essemps, que feit aqelh cel qe nos veem e la terra en que estam, i aquela mar qe veem (denn die Katharer lehrten eine doppelte Schöpfung, wobei die des guten Gottes den Himmel, die Erde und das Meer umfaßte, aber unsichtbar war) e qe feit efern e qe fet tot quant es en cel ni en terra, ni en la mar, ni en efern: e breumen cre qe fet tot quant om pot véer e no véer. (Auch dies, um der »List« einer unsichtbaren Schöpfung zuvorzukommen.) E cre q'e Jhesu Crist lo fils de Deu, lo Pair et Fils el Saint Esperit, lo jorn de la annunciacio, creeren un'arma et formeren un cors mortal de la charn de la bonaurada vergena Maria (dies richtete sich gegen den Doketismus der Katharer bezüglich der Person Christi), qe era femma mortals e de nostra natura (sie ist also weder ein Engel, noch das Symbol jener Sekte)... E cre qe en aqesta santa Ecleisa nostra catholica qe es apelada la Gleisa de Roma (denn mit dem Ausdruck »Unsere Heilige Katholische Kirche« bezeichnen auch die Katharer ihre eigene Sekte) tan solamen es la essehinnansa deus seht sagramens. (Die Katharer leugneten die Wirksamkeit der katholischen Sakramente.) E cre qe li pechat so perdonat per veraia penedensa, donada e commandada en aqesta nostra sancta Egleisa.«[31] Für die Katharer gab es »wahre Buße« nur innerhalb ihrer Sekte, und wahre Vergebung konnten nur ihre »Perfecti« leisten.[32]

Will man einen Text als orthodox oder häretisch identifizieren, so ergibt sich eine dreifache Schwierigkeit. Um sich zu verbergen, um einen Skandal zu vermeiden und aufgrund des besonderen Charakters ihres Glaubens benutzten die Katharer orthodoxe Formulierungen; folglich lassen sich *verschwommen* katholische Formulierungen bei einem Autor nicht von vornherein als Beweise seiner Orthodoxie interpretieren. Man könnte sogar sagen, daß er, wenn er wirklich katholisch wäre, seine Worte genauer gefaßt und jede Ambivalenz ausgeschlossen hätte.

Katharische Fachausdrücke können demgegenüber als Hinweise zur Identifizierung ihres Autors dienen; angesichts der Gefahr und der allgemeinen Verbreitung der Sekte benutzte man sie nämlich nicht ohne Absicht. Leider sind uns aber nur einige Bruchstücke der Originaltexte innerhalb polemischer Quellenwerke überliefert.

Wenn man nun die verdächtigen Texte der Trobadors mit der katharischen Phraseologie vergleichen will, ergeben sich weitere Schwierigkeiten. Fast alle katharischen Quellen sind indirekt überliefert. Welche davon soll man auswählen? Die katholischen Polemiker[33] werden uns wenig nützen. Selbst wenn sie die Wahrheit vielleicht nicht bewußt verfälschen, ist die Vielfalt der katharischen Lehren bei ihnen bereits durch die theologische Logik gefiltert. Sie haben Abstraktionen und Schemata überliefert, ein rigides und einheitliches System, eine Kodifikation, die nur zwei oder drei Varianten kennt, während in Wirklichkeit alles sehr viel flexibler und vielfältiger erscheint.[34]

Durchaus ohne böse Absicht hoben die Theologen nur das hervor, was die Lehren der Katharer von den katholischen Dogmen unterschied und als anti-christlich gelten konnte. Auch wiesen sie natürlich nicht auf den für die Katharer so wichtigen Impuls einer Rückkehr zum Urchristentum hin. Daher erhalten diese *Summa* einen Superkatharismus, der zwar rechtlich zutreffend beschrieben sein mag, der aber *so* nur in der Logik der Inquisitoren existierte. Dagegen kommen wir der katharischen Realität vermutlich näher, wenn wir uns an die Vernehmungen und Beichten halten, die die Angeklagten vor der Inquisition formulierten. Der »Katharismus« scheint sich dann auf ebenso viele Zirkel zu beziehen, wie es große katharische Prediger gab. So könnte man fast von einem Katharismus des Pierre Mauran und von einem Katharismus des Pierre Autier sprechen.[35]

Sieht man vom dualistischen Grunddogma einmal ab – alles, was geboren wird, wächst und stirbt, ist durch einen »fremden« Gott geschaffen[36] –, treffen wir bei den Katharern auf eine große Vielfalt mythologischer Details; dies gilt auch für die alltägliche Anwendung der religiösen Moral. Die katharische Logik scheint dabei häufig geopfert worden zu sein. In den *Summa* heißt es zum Beispiel, daß gute Werke und Almosen für die Katharer keinerlei Wert hätten. Dies scheint durchaus logisch, da ihr System weder dem irdischen Glück noch dem materiellen Elend und seiner Linderung einen besonderen Stellenwert einräumt. Wie kann ein geistiger Gott akzeptieren, was ihm auf Erden geboten wird? Daher entnehmen wir den *Summa*[37], daß die Katharer eine Hierarchie der Strafen und Belohnungen ablehnten. Wer in der Welt des Teufels lebt, ist verurteilt; wer sich der Welt des Geistes anschließt, ist gerettet. Aber der Durchschnittskatharer wollte offenbar nicht auf solche Strafen ohne Abstufungen und auf eine Hierarchie der Belohnungen verzichten. Deshalb treffen wir auf folgende Argumentation:

»Bonum erat facere elemosynam hospitalibus, quia hospitalia faciebant bonum omnibus supervenientibus, sed ... indulgentiae datae per praelatos pro necessitatibus vel operibus ecclesiarum nihil valebant ... Item audivit a dicto heretico, tantum etiam, quod, si homo faceret elemosynam diabolo propter Deum, Deus dictam elemosynam renumeraret, sed dicebat, quod maior elemosyna erat, facere bonum haereticis quam aliis.«[38]

Dennoch heißt es in jeder polemischen *Summa*, daß die Katharer einen rigorosen Doketismus lehrten, das heißt: Christus hat nur scheinbar einen menschlichen Körper angenommen, er hat weder gegessen noch getrunken, er hat nicht gelitten und ist auch nicht am Kreuz gestorben.

Der in den Vernehmungsprotokollen dokumentierte Doketismus weist demgegenüber andere Züge auf. Diesen Quellen zufolge *leidet* Jesus tatsächlich. Er leidet als Geist, der sich in die Schrecknisse der Welt begeben hat.[39] Auch für die Katharer wurde Christus zum Märtyrer.[40] Als der Leprakranke Jesus ins Gesicht spuckt, meinen auch die Katharer, daß er zu Gott sagt: »Ich sehe, daß ich Dein Sohn bin, denn als Du mich auf die Erde schicktest, hast Du mir vorausgesagt, daß ›als orrores dels hombres saria fasti‹.«[41] Sie schlugen ihn ans Kreuz und mißhandelten ihn: Unter diesen Martern hat Jesus nicht nur scheinbar, sondern tatsächlich gelitten, nicht als Körper, sondern als Geist.

Die polemischen *Summa* stehen unter dem Zwang, zusammenzufassen, zu verallgemeinern, zu resümieren: Daher vereinfachen sie immer mehr. Die Katharer dagegen mußten ihre Lehren mit der Bibel in Einklang bringen und dem Evangelium beipflichten; das erforderte ständig neue Nuancierungen, Erklärungen und Differenzierungen. In allen *Summa* steht zu lesen, daß Gott nie einen menschlichen Körper angenommen hat. Kann uns daher eine Strophe wie die folgende, die Peire Cardenal verfaßte, von dessen Orthodoxie überzeugen?

> Preguem doncx qui ns apana
> E pres per nos carn humana
> Que ns don far via sertana
> Com temgam ves lui breumen.[42]

Wenn man die Aussagen der Katharer vor den Inquisitoren genau liest, ergibt sich, daß sie zwischen »menschlichem« und »menschlich irdischem Fleisch« unterscheiden. So heißt es zum Beispiel:

»Item credebat, quod, quamvis Deus bonus, Pater coelestis, nunquam descenderit de coelo, nec acceperit corpus humanum teerenum, tamen in se in coelo existens habebat corpus humanum coeleste, non terrenum, consimile in forma et figura corpori humano terreno.«[43]

Zwar würden wir nicht zu behaupten wagen, daß auch Peire Cardenal eine solche Unterscheidung machte, aber es dürfte genügen, hier auf die Möglichkeiten hinzuweisen, die orthodoxe Phraseologie zu übernehmen und ihr gleichzeitig einen häretischen Sinn zu unterschieben.

Wir werden uns daher vor allem auf diese Aussagen vor der Inquisition stützen, um die der Häresie verdächtigen Texte mit den katharischen Lehren zu konfrontieren. Beginnen wir mit einem Gedicht Peire Cardenals, das besonders charakteristisch sein dürfte. Die ersten Zeilen sind zunächst etwas geheimnisvoll:

> A nom del Seingnor dreiturier,
> Dieus, qu'es senhers de tot quant es,
> E nuills, mais el, senhers non es,
> Ai cor de far vers vertadier...
> Car nuill cantar non tanh si' apeleatz
> Vers, si non es vertadier ves totz latz.[44]

Der Autor setzt sich also zum Ziel, »wahre Verse« (*vers vertadier;* d. Hg.) zu schreiben; wenn man dieses Wortspiel aber weiterführt, so können »Verse« nur dann als wahr bezeichnet werden, wenn sie es in jeder Hinsicht sind. Das Gedicht endet insofern mit der Notwendigkeit, sich zu verbergen, nicht zu viel und dennoch genug zu sagen:

> Car so qu'ieu dic entend cascuns e ve,
> E s'ieu dic plus sera per els blasmatz,
> E si m'en lais non serai plus honmratz.

Leider ist das Gedicht unvollständig erhalten. Die letzten drei Zeilen enthalten ein Gebet:

> Segner Dieus vers, sobre vos non ha re,
> Et en aissi com es vers hieu e cre,
> Da mi poder qu'eu ame so que amatz...

Kann man sagen, daß diese religiöse Poesie, die meines Erachtens relativ eindeutig ihren verborgenen Sinn enthüllt (während sie gegenüber allen, denen die Sprache der Katharer nicht vertraut ist, die orthodoxe Phraseologie übernimmt), häretische Fachausdrücke enthält?

Wir meinen, daß sich diese Frage positiv beantworten läßt. Denn ist nicht schon die Anrufung »Seingnor dreiturier« ein solcher Fachausdruck? Immerhin ist dies der Name des guten Gottes, wie er uns in dem einzigen überlieferten Katharer-Gebet mitgeteilt wird: »Payre sant, dieu dreyturier de bon sperits, qui hanc no falhist, ni mentist, ni errest, ni duptest per paor de mort a pendre al mon de dieu estranh.«[45] Der *dieu étrange,* der »fremde Gott«, ist der böse Gott der Katharer[46], während dieser Name bei den Gnostikern für das gute Prinzip reserviert war.[47] Der Tod ist nicht der Tod des Leibes, sondern umfaßt die Leiden eines erleuchteten Geistes in der materiellen Welt seines Feindes[48], »car nos no em del mon ni l'mon non es de nos, e dona nos a conoscere so que tu conoyshes et amar so que tu amas«.[49]

»Gerechter Gott der guten Geister«, sagt das Gebet. Denn für die Katharer hat der gute Gott nur eine unsichtbare, geistige Schöpfung vollbracht; er ist Herr über die Seelen, das heißt, die guten Geister, die der Teufel verführt und in einen Körper eingeschlossen hat. Unser Gedicht sagt: »Dieus qu'es senhers de tot quant es.« Aber »est« meint nur die gute geistige Schöpfung: Alles übrige, die Materie, ist »nichts«. »Omnia visibilia nihil erant«[50], lautet die Grundthese der häretischen Doktrin. Und der Vers des Johannes-Evangeliums »sine ipso factum est nihil« wird stets in diesem dualistischen Sinne gedeutet.[51] Wir haben vorhin an einem orthodoxen Text beobachten können, wie ein Katholik seinen römischen Glauben beschrieb. Dieses »tot quant es« , dieses »alles, was *ist*«, dürfte wiederum ein Fachausdruck sein. Gibt es noch weitere? Betrachten wir das Schluß-Gebet: In den Zeilen, »Segner Dieus vers«, »Herr, wahrer Gott«, ist das »wahr« ein Fachausdruck der katharischen Polemik gegen die römische Kirche. Die Katharer selbst bilden die »vera Ecclesia«. Alle Irrlehren der römischen Kirche finden so ihre »wahre« Entsprechung in der katharischen Lehre. Alles, was in der katholischen Religion materiell ist, besitzt sein »wahres« Synonym in der Doktrin der geistigen Religion. Es gibt den »wahren Gott«, aber auch die »wahre« Vermählung von Seele und Gott; die »wahre« Buße, wenn man in die Sekte eintritt; das »wahre« Wunder, wenn sich eine Seele zu ihrer Lehre bekehrt; der »wahre Christus«, der Apostel Johannes, ist als himmlischer Engel keineswegs jener, der gekreuzigt wurde; und die »wahre Jungfrau« ist, wie bereits erwähnt, die katharische Kirche. »Wahr« heißt soviel wie »gut«, das »Wahre« und das »Gute« sind polemische Ausdrücke, denen in der materiellen Welt das »Falsche« und »Böse« gegenüberstehen. »Wahrer Gott, ich glaube an Dich, wie es wahr und gut ist...« Auch hier handelt es sich um eine der bekanntesten Ausreden der Katharer. Wenn der Inquisitor sie fragte, ob sie an die katholischen Lehren glaubten, antworteten sie gewöhnlich mit der Formel: »Ich glaube an das, was gut ist zu glauben.«[52]

Am meisten überrascht jedoch die letzte Zeile: »Gib mir die Macht, zu lieben, was Du liebst.« Denn sie übernimmt wörtlich das Gebet: »Und gib uns zu lieben, was Du liebst.« Hinsichtlich der katharischen Ideen bedeutet dieses Gebet: »Guter Gott, wahrer Herrscher über eine wahre, unbestechliche und stabile Schöpfung, führe uns und lehre uns zu lieben; aber nicht diese Welt, die nur eine täuschende Schöpfung des Teufels ist, sondern Deine geistige Welt, die Dein Reich ist.«

In einem anderen Sirventes formuliert Peire Cardenal das Plädoyer, das er am Tage des Jüngsten Gerichts halten will, falls Gott ihn in die Hölle schickt. Sein Ton ist ernst, d. h., es handelt sich nicht, wie manchmal angenommen wurde, um ein reines Spottgedicht.

> Tota sa cortz farai meravilhar
> Quant auziran lo mieu plaideyamen;
> Qu'ieu dic qu'el fay ves los sieus fallimen,
> Si 'l los cuia delir ni enfernar;
> Quar qui pert so que guazanhar poiria,
> Per bon dreg a de viutat carestia;
> Qu'el deu esser dous e multiplicans
> De retener sas armas trespassans.[53]
>
> Ja sa porta non si degra vedar,
> E sans Peires pren hi gran aunimen,
> Quar n'es portiers, mas que y intres rizen
> Quascun' arma que lai volgues intrar,
> Quar nulha cortz non er ja ben complia
> Que l'uns en plor e que l'autres en ria,
> E sitot s'es sobeirans reys poyssans,
> So no-s obre, sera li-n faitz demans.[54]

Auch dies stimmt mit den katharischen Lehren überein, daß jede Seele, das heißt jeder gefallene Engel, errettet wird.[55] Ein Inquisitionsprotokoll berichtet davon, daß manche Angeklagte sagten: »Wenn ich nicht wüßte, daß Gott uns alle erretten wird, würde ich ihn zerreißen.«[56] »Es gibt keine noch so tödliche Lästerung oder Sünde, deren Urheber nicht gerettet werden könnte, wenn er zu uns kommt.«[57] Und am Ende des oben zitierten Gebets heißt es in völliger Übereinstimmung mit den Versen des Sirventes: »Farisicus engandros, que estat a la porta del regne e vedayts

aquels, qui intrar voldrians e vos autres no y volets, per que prec
al payre sant de bons sperits, que a poder de salvar las animas.«[58]
Das Sirventes fordert ironisch den Gott heraus, der den Teufel
nicht vernichten würde, auch wenn er die Macht dazu hätte. »Bereits seine Tür sollte sich nicht verschließen, ohne daß Sankt Petrus sich dafür schämt, denn er ist der Türsteher, und jede Seele,
die Einlaß verlangt, muß fröhlich eintreten dürfen. Es wird nie
einen vollkommenen Hof geben, solange der eine weint, während
der andere lacht. Er mag ein sehr großer und mächtiger König
sein, aber wenn er uns nicht öffnet, werden wir ihn zur Rechenschaft ziehen.«

> Los diables degra dezeretar
> Et agra en mais armas pus soven,
> E-l dezeret plagra a tota gent
> Et el mezeis pogra s'o perdonar,
> Tot per mon grat, totz los destruiria,
> Pus tug sabem qu'absolver s'en poiria;
> Bel senher dieus, siatz desheretans
> Dels enemicx enoios et pezans.[59]

Die Ironie gegenüber dem katholischen Gott, der trotz seiner
Allmacht unfähig ist, den Teufel und das Böse zu vernichten, ist
unüberhörbar. Die Polemik der Katharer gegen den *einen* Gott
und seine Schöpfung basiert stets auf denselben Argumenten.
»Deus ista visibilia fecit, aut ea incorruptibilia facere potuit aut
non; si non potuit, impotens fuit; si potuit et noluit, invidus
fuit.«[60] Gegenüber einem Teufel, der einem allmächtigen Gott
unterlegen ist, bedienen sie sich derselben Logik. Wir befinden
uns hier in genau demselben religiösen Gedankengang. Auch die
folgende Strophe widerspricht keineswegs den katharischen Lehren:

> Ieu no mi vuelh de vos dezesperar,
> Ans ai en vos mon bon esperamen;
> Per que devetz m'arma e mon cors salvar,
> E que-m valhatz a mon trespassamen;
> E far vos ai una bella partia,
> Que-m tornetz lai don muec lo premer dia[61],
> O que-m siatz de mos tortz perdonans;
> Qu'ieu no-ls feira si no fos natz enans.[62]

Dies ist, so meinen wir, eine katharische Polemik – in elegante Verse gefaßt. Was schlägt der Autor Gott vor?[63] »Versetze mich dorthin zurück, wo ich herkomme, oder sprich mich von den Vergehen frei, die ich nicht begangen hätte, wenn ich nicht geboren wäre.« Das heißt, im katharischen Kontext: »Versetze mich in den glücklichen Zustand, in dem ich mich befunden habe, bevor der Teufel die Geister verführte und in einen materiellen Körper und in diese Welt der Entartung und des Todes einschloß. Wenn Du die Macht dazu besitzt, warum hast Du nicht verhindert, daß der Teufel sein böses Werk vollbringt? Aber wenn Du diese Macht nicht besitzt, dann sprich mich von den Sünden frei, die ich nicht vermeiden konnte, weil ich der Herrschaft und der Gewalt der bösen Materie unterworfen bin.«

Den katharischen Lehren zufolge verbindet sich im Augenblick des Todes der Heilige Geist mit der Seele, die das *consolamentum,* das katharische Sakrament, erhalten hat. Die Seele ist gerettet und kehrt in den Himmel zurück; sie ist aus dem Kreislauf der Seelenwanderung befreit und findet im geistigen Reich ihren leuchtenden Körper wieder. »Ich kann nicht an Dir zweifeln, ganz im Gegenteil, ich vertraue auf Dich, denn Du mußt meine Seele und meinen Körper retten und mir im Tode beistehen.« Das Gedicht endet erneut mit einem Gebet:

> Per merce-us prec, dona sancta Maria,
> Qu'ab vostre filh nos siatz bona guia,
> Si que prendatz los paires e-ls enfans
> E-ls metatz lay on esta sanhs Joans.[64]

Ein Gebet, das sich an Maria richtet, ist nichts Ungewöhnliches. Wir haben bereits die katharische Interpretation dargelegt. Auch die Aussagen der Häretiker [vor der Inquisition] zeigen, daß die Katharer beteten: »Deum et sanctam Mariam pro illis, qui remanebant in hoc saeculo.«[65] Mir ist keine katholische Parallele zu diesen beiden letzten Zeilen bekannt. Für die Katharer war Johannes von den Aposteln der reinste, der am wenigsten »vermischte«. Mit dem Johannes-Evangelium vollzogen sie alle ihre Sakramente, und es spielte auch die größte Rolle in allen ihren Riten.

Es wäre leicht, noch viele weitere verdächtige Texte anzuführen. Statt dessen wollen wir jetzt einige anders geartete Beispiele untersuchen, die sicher in polemischer Absicht geschrieben wurden, aber sowohl als katholische und gegen die Katharer gerichtete wie auch umgekehrt als katharische und gegen die Katholiken gerichtete Texte interpretiert werden können. Aufgrund der oben bereits zitierten Verse und angesichts des heftigen Antiklerikalismus des im folgenden zitierten Sirventes neigen wir dazu, sie als häretisch zu klassifizieren. Die letzte der 33 Strophen des allergehässigsten Sirventes gegen den Klerus beginnt mit folgenden Zeilen:

> Deus verais, plens de doussor,
> Senher, sias nos guiren,
> Gardatz d'enfernal dolor
> Peccadors, e de turmen.[66]

Möglicherweise wird man einwenden, daß diese Verse völlig katholisch seien. Vielleicht wird man sogar an die Zeilen einer katholischen Predigt erinnern, die P. Meyer ediert hat:[67]

> E pel ten nom mirable
> Defen me de diable,
> D'efern e del torment.

Ferner wird man argumentieren, daß die Katharer die Hölle negiert hätten. Bezüglich dieses letzten Einwandes muß man die katharischen Lehren entsprechend den verschiedenen überlieferten Quellen nuancieren. Den *Summa* zufolge, die diese Lehren »systematisierten«, haben die Katharer die Hölle negiert. Den Inquisitionsprotokollen nach haben sie aber nur die *katholische Hölle* bestritten. Statt dessen verfügen sie über eine entwickelte Mythologie all der Leiden und Torturen, die die Nichthäretiker nach dem Tod erwarten. Die bösen Geister, die die Luft erfüllen, stürzen sich auf sie und zwingen sie zur Wiedergeburt, um sich gegen deren Angriffe zu verteidigen.[68] Obwohl nur indirekt überliefert, ist der Bericht über diese katharische »Hölle« erschreckend genug:

»Quando anima exivit de corpore eius vel de corpore bestiae, quusque in alio corpore fuerit incarnata, non potest habere requiem, quia ignis sathanae vel dei extranei eam totam combruit, sed quando est in corpore incarnata, requiescit et non patitur dolorem a dicto igne...«[69]

Die Leiden aber, die die Sünder nach dem Tod erwarten, können sowohl vom katharischen wie vom katholischen Glauben herrühren. Hier die letzten Zeilen unseres Gedichts:

> E solvetz los del peccat
> En que son pres e liat,
> E faitz lor verai perdo
> Ab vera confessio.⁷⁰

Auch diese Verse könnte man nach einer isolierten Lektüre sowohl einem katholischen wie einem katharischen Autor zuschreiben. Die »wahre Beichte« könnte durchaus die katholische Beichte im Gegensatz zur katharischen sein – dem *consolamentum* –, und umgekehrt könnte es sich um die katharische Beichte im Gegensatz zur katholischen handeln. Wir glauben nicht, daß es noch eine dritte Variante gibt.

Wenn wir nun aber das gesamte Sirventes erneut lesen und uns daran erinnern, daß die vorangehenden Strophen einen unnachgiebigen Haß gegen den römischen Klerus predigen, drängt sich dann die katharische Lösung nicht zwangsläufig auf?

Nun gibt es aber noch eine dritte Kategorie religiöser Texte im Werk Peire Cardenals, die stets dazu führte, daß die Gelehrten die Häresie-These wieder aufgaben: jene Texte nämlich, die weder verdächtig noch polemisch sind. Allein das »religiöse Klima« unterscheidet sie von authentisch orthodoxen Gedichten. Aber ist es nicht erlaubt, neben den Dokumenten auch die Klimata zu vergleichen? Betrachten wir den wunderschönen Lobgesang auf die Jungfrau Maria:⁷¹

> Vera vergena Maria,
> Vera vida, vera fes,
> Vera vertatz, vera via,
> Vera vertutz, vera res,
> Vera maire, ver'amia,
> Ver amors, vera merces,
> Per ta vera merces sia
> Qu'estenda en me tos heres.
> De patz, si t plai, dona, traita
> Qu'ab ton filh me sia faita.
>
> Tu restauriest la follia
> Don Adam fu sobrepres;
> Tu yest l'estela que guia
> Los passans d'aquest paes.
> E tu yest l'alba del dia

> Don lo tieus filhs solelhs es,
> Qu'el calfa e clarifia,
> Verais de dreitura ples.
> De patz, si t plai, dona, traita
> Qu'ab ton filh nos sia faita.

Dieses lange Gebet erstreckt sich noch über einige Dutzend weiterer Strophen; alle sind sehr würdig und abstrakt und enden stets mit einem Appell zum Frieden.

Wir dürfen nicht vergessen, daß die Bitte um Frieden das katharische Gebet par excellence ist. Aus dem Kampf zwischen dem guten und dem fremden Gott herauszutreten, die Kluft zwischen den Geschöpfen und dem Gott der Gerechten zu überwinden und bei dem wahren Gott Frieden zu finden – darin besteht für die Katharer das Ziel der Heiligen Geschichte und auch aller individuellen Geschichten. Wenn Gott Jesus Christus auf Erden sandte, so deshalb, weil er mit der Menschheit Mitleid hatte und seinen Abgesandten in Frieden und Versöhnung zurück empfangen wollte.[72]

Katholische Quellen aus dem Raum des Languedoc, anhand derer man die religiösen »Atmosphären« vergleichen könnte, sind relativ selten.[73] Kennzeichnend für die in der [südfranzösischen] Oc-Sprache gehaltenen katholischen Gebete zur Heiligen Jungfrau scheint uns die Überfülle legendärer Details aus der orthodoxen Tradition zu sein. Die Ereignisse um die Heilige Anna und um die Geburt der Jungfrau werden in immer neuen Varianten erzählt.[74] Die Atmosphäre ist gleichsam idyllisch und menschlich. Die Heilige Maria wird als Mutter des Mensch-Gottes angebetet, mit all ihren menschlichen Eigenschaften. Zur Veranschaulichung hier einige Zeilen aus einem von Suchier edierten Gebet:[75]

»Lauzi la tua misericordia. Quar sola entre las autras femmes iest digna de portar le senhor de cel e de la terra e de la mar e de tot aquo quei es ni que sera. Lauzi, lauzi a te et adore le tyeu benezecte ventre que portet Iesu Crist. Lauzi et adore las tuas sanctas benezecmas mamelas que aleytero le salvador del mon. Prec te, benadhurada mayre de dieu, verges, sancta Maria, per l'amor del tieu filh, que preges per mi peccador, quem avia e m'aiut en totas mas necessitastz et en totas mas dolors, e que nom dezampara en aquela ora espaventabla, quan la mia arma ysshira del cors. Aiuda me, dona, si a tu plas, en aquela ora e al dia del iuzizi, que segur venga a las portas de paradis davant dieu« etc.

Der Unterschied zwischen beiden Gebeten, diesem Katholischen und dem von Peire Cardenal, ist recht deutlich. Und auch aufgrund seiner übrigen Werke können wir uns Peire Cardenal schlecht vorstellen, wie er sich Maria in katholischer Manier nähert, das heißt gleichsam »materiell«, menschlich und persönlich.

Wir verfügen jedoch über ein Estribot[76] Peire Cardenals aus der Zeit der Verfolgungen und des Krieges, das auf alle Ereignisse der Geburt Christi, seiner Taufe und der Einsetzung Roms als Schiedsrichter der Wahrheit anspielt. Wie läßt sich das erklären? Heute bleiben uns nur noch die Worte, und die sind tot. Welchen Akzent gab er ihnen? Mit welchen Gesten begleitete er sie? Das Estribot wurde aufgesagt oder gesungen. Es gab also viele Gelegenheiten zur Ironie, zur Anspielung, zum Sarkasmus. Hier dieser übrigens schon häufig veröffentlichte Text:[77]

> Un estribot farai que er mot maistratz,
> De motz novels e d'art e de divinitatz,
> Qu'ieu ai en Dieu crezensa, que fon de maire natz,
> D'une santa pieusela, per que-l mons es salvatz;
> Et es paire e filhs e santa trinitatz,
> Et es en tres personas et una unitatz;
> E cre que-l cels e-l tros ne fos per el traucatz,
> E-n trabuquet los angels, can los trobet dampnatz;
> E crey que Sans Joans lo tenc entre sos bratz
> E-l bateget en l'aigua el flum, can fo propchatz;
> E conosc be la senha abanchas que fos natz,
> El ventre de sa maire que-s vols al destre latz;
> E cre Rom'e Sant Peire, a cuy fon comandatz
> Jutge de penedensa, de sen e de foldatz.

Er weigert sich jedoch, an einen scheinheiligen Klerus zu glauben, der seinen Pfarrkindern all das befiehlt, was er selber mißachtet. Der Schluß nimmt das Thema des Anfangs wieder auf:

> Mon estribot fenisc, que es tot compassatz,
> C'ai trag de gramatica e de divinitatz,
> E si mal o ai dig, que-m sia perdonatz,
> Que yeu o dic per Dieu, qu'en sia pus amatz,
> E per mal estribatz clergues.[78]

War er abtrünnig geworden? Oder wollte er sich ein Alibi verschaffen? Wollte er als Katholik gelten, um der Verfolgung zu entgehen? Es ist nicht unsere Aufgabe, dies zu entscheiden. Die Katharer haben diese List ohne jedes schlechte Gewissen angewandt. Sie gingen sogar in die katholischen Kirchen, denn auch dort könne man – wie anderswo auch – zu Gott beten.[79] Sie taten nach außen hin so, als hielten sie den Sonntag und die Feiertage ein[80] und machten das Zeichen des Kreuzes, »um die Fliegen zu vertreiben, die einen umgeben. Das ist eine Geste wie jede andere auch«.[81] Desgleichen ließen sie ihre Toten von der katholischen Kirche begraben. Auch die Häretiker segneten die Gräber mit Wasser, wie es die Katholiken tun. »Non est magnum, si homo sustinet tres vel quator guttas aquae, quia plures homo sustinet, quando vadit per viam, et propter hoc homo non dimittit viam.«[82]

Fassen wir zusammen. Die Theorie, wonach Peire Cardenal (und die anderen, auf die wir hier nicht näher eingegangen sind) ein Häretiker war, ist keineswegs überraschend. Wenn man die »verdächtigen« Texte genauer untersucht, wenn man sie nicht mit den etwas schematischen Auffassungen der polemischen *Summa* vergleicht, sondern mit den Quellen, die unseres Erachtens der katharischen Wirklichkeit etwas näher sind, wird aus dem Verdacht fast eine Gewißheit. Eine Untersuchung der Gedichte Peire Cardenals in ihrem Verhältnis zu einem zeitlich und räumlich unzureichend definierten Katholizismus würde uns zu falschen Schlußfolgerungen hinsichtlich ihrer Orthodoxie führen. Wenn wir sie jedoch mit dem Katholizismus des Languedoc im 12. und 13. Jahrhundert vergleichen, unterscheiden sie sich deutlich in Tonfall und Haltung.

Dürfen wir es wagen, noch einen Schritt weiter zu gehen? Können wir vielleicht von der Überzeugung ausgehen, daß Peire Cardenal tatsächlich ein Häretiker war, so daß sein Werk als eine katharische Originalquelle gelten kann, die uns neue Erkenntnisse liefern und manch eine Lücke schließen könnte, die auf dem Gebiet der katharischen Lehren besteht?

Hier ein Beispiel für einen solchen weißen Fleck in der Überlieferung: Die Häretiker setzten der materiellen Taufe der Katholiken – die sie verabscheuten – *ihre* Taufe, das *consolamentum*, entgegen oder der katholischen Auferstehung *ihre* Auferstehung des »Geistes«. Sie besaßen *IHRE* Kirche, *IHRE* Beichte, *IHRE* Buße usw.[83] Jede katholische Sache hatte ihr »wahres«, katharisches Äquivalent. Nun wissen wir jedoch, daß die Katharer das Holzkreuz – als materielles Kreuz – verabscheuten und es allen möglichen Lästerungen aussetzten. Aber nach der ganzen Struktur des katharischen Glaubens ist es äußerst unwahrscheinlich, daß es zum materiellen Kreuz kein katharisches Äquivalent gab. Die im allgemeinen als katharische Dokumente anerkannten Quellen sind in dieser Hinsicht vollständig stumm. Von Peire Cardenal ist uns jedoch eine *Hymne auf das Kreuz* überliefert. Sie scheint uns von der katholischen Tradition weit entfernt. Im folgenden geben wir einen Auszug wieder:[84]

> Dels quatre caps que a la cros
> Ten l'us sus ves lo firmamen,
> L'autre ves abis qu'es dejos
> E l'autre ten ves Orien
> E l'autre ten vers Occiden,
> E per aital entresenha
> Que Crist o a tot en poder.
>
> La crotz es lo dreg gofainos
> Del rey cui tot quant es apen,
> Qu'om deu seguir to tas sazos,
> Las soas voluntatz fazen;
> Quar qui mais y fai, mais y pren;
> E totz hom qu'ab lui se tenha
> Segurs es de bon luec aver.[85]
>
> Criszt mori en la crotz per nos
> E destruis nostra mort moren,
> Et en crotz venquet l'orgulhos
> El linh on venia venia la gen;
> Et en crotz obret salvamen,
> Et en crotz renhet e renha,
> Et en crotz nos vole rezemer.
>
> Aquest faitz fo meravilhos
> Qu'el linh, on mortz pres naissemen,
> Nos nasquet vida e perdos,
> E repaus en luec de turmen...[86]

Daraus entstand, so heißt es weiter, die Erholung nach allen unseren Leiden. In Wahrheit kann jeder Mensch am Kreuz die Frucht vom Baum des Wissens ernten, wenn er sie nur sucht. Diese Frucht sollen wir alle mit Liebe pflücken. Sie ist wunderschön und wohlschmeckend. Wer sie zu pflücken versteht, wird ein neues Leben finden. Auch darf man nicht versäumen, sie zu pflücken, solange man Zeit und Gelegenheit dazu hat.[87] Dann folgen die Schlußzeilen:

> Los dous frug cuelh qui la crotz pren
> E sec Crist vas on que tenha,
> Que Cristz es lo frugz de saber.[88]

Diese letzten Verse, in denen Christus als »Frucht des Wissens« bezeichnet wird – stimmen sie nicht vollständig überein mit allem, was wir über die Rolle Christi im Katharismus wissen? Ist dieser Christus nicht vor allem der Meister, der Verkünder der Wahrheit, der Offenbarer des wahren Mythos (»Dei Filius venit in mundum, ut ostenderet viam illis spiritibus, qui descenderunt de coelo, quos ipsi vocabant populum Israel, quae possent reverti ad coelum, unde ceciderant«[89]), die wahre Frucht des Wissens, die durch diese Metapher der Frucht des Paradieses und der *Genesis* gegenübergestellt wird?

Was könnte dieses allegorische Kreuz für die Katharer bedeutet haben? Symbolisiert es die Wahre Lehre, die alles versteht, für die Christus gestorben ist und durch die die Gläubigen gerettet werden?

Sind dies nur billige Theorien? Oder Hypothesen? Vielleicht. Auf jeden Fall sind es Vorschläge für künftige Forschungen.

Anmerkungen

1 [Entsprechend der heute in der Romanistik üblichen Schreibweise verwenden wir den Begriff *Trobador* statt »Troubadour«; desgleichen schreiben wir Peire *Cardenal* statt »Cardinal«.]
2 C. Fauriel, *Histoire de la poésie provençale*, Paris 1845, II, S. 184.
3 H. Reuter, *Geschichte der religiösen Aufklärung im Mittelalter*, 2 Bde., Berlin 1875-1877.
4 Mit Ausnahme von J. Péladan, *Le secret des troubadours*, Paris 1906, und O. Rahn, *Kreuzzug gegen den Graal*, Freiburg i. Br. 1933.
5 *Peire Cardinal, ein Satiriker aus dem Zeitalter der Albigenserkriege*, in: Sitzungsberichte der königlich bayrischen Akademie der Wissenschaften, philosophisch-historische Klasse, 1916, 6. Abhandlung, 195 S.
6 Ebenda, S. 46 ff.

7 E. Broeckx, *Le catharisme. Etude sur les doctrines, la vie religieuse et morale, l'activité littéraire et les vicissitudes de la secte cathare*, Hoogstraten 1916.
8 J. Guiraud, *Histoire de l'Inquisition au Moyen Age*, I, Paris 1935. Siehe dazu L. Varga, *Der Katharismus – ein methodisches Problem der Religionsgeschichte* im vorl. Band; d. Hg.
9 Guiraud, Kap. x, S. 279 ff.
10 Politisch-moralisches Rügelied; d. Hg.
11 *Florilège des Troubadours*, hg. v. A. Berry, Paris 1930, S. 370 u. 473; S. 384 f.
12 Ermordung von zehn Inquisitoren durch Anhänger der Katharer; d. Hg.
13 Bibliothèque Nationale, Paris, Sammlung Doat, Bd. xxii, fol. 11. Siehe auch A. Jeanroy, *La poésie lyrique des Troubadours*, Toulouse–Paris 1934, ii, S. 225.
14 L. Varga, *Das Schlagwort vom »finsteren Mittelalter«*, Wien–Brünn 1932, (Nachdruck: Aalen 1978), S. 12 ff.
15 Monumenta Germaniae Historica, *Libelli de Lite...*, iii, Hannover 1897 (Nachdruck 1957), S. 697.
16 P. Meyer (Hg.), *Le débat d'Izarn et de Sicart de Figueiras*, in: *Annuaire-bulletin de la Société de l'Histoire de France*, 1879, S. 275.
17 *Gallia Christiana...*, hg. v. D. de Sainte-Marthe, Bd. vi, Paris 1739 (Nachdruck 1970), Sp. 59.
18 Ebenda. Siehe auch den Brief Heinrichs von Clairveaux über die Häresie der Albigenser in: MPL Bd. 204, Sp. 234 ff., und den des Legaten Petrus Chrysogonus, MPL Bd. 199, Sp. 1120 ff.
19 Cl. Devic u. J. Vaissette, *Histoire du Languedoc*, Toulouse 1875, Bd. v, Sp. 341 f., 346, 361, 384 usw., 884, 994, 1098 usw.
20 H. Suchier, *Provenzalische Beichtformel*, in: *Romanische Forschungen*, 23, 1907, S. 427. Wir lesen in den Beichtformeln des 13. Jahrhunderts: »De primo precepto. Premieiramens en auquel comandamen que dis Non adorabis Deum alienum; et ieu fort peccaire ai mantas ves per aventura nostre senhor desconogut e renegat, crezens devins e devinas, gardans dias e horas, crezen auguradors o encantadors o sallidors o nirgromantians, conjuracions o alcunas metzinas, e enaichi avia mais de fe en las creaturas que el nostre creator dieu, que creet et formet tot can es.«
21 A. Jeanroy, *Anthologie des Troubadours*, Paris 1928, Nr. 9, 3. Strophe; Nr. 10, 3. Str.; Nr. 13, 4. Str. usw.
22 Gemeint ist ein Trobador, der Ende des 12. Jahrhunderts lebte; d. Hg.
23 Jeanroy, Nr. 26 und 27.
24 Siehe dazu L. Vargas Aufsatz *Waren die Katharer Neomanichäer oder Neognostiker?* im vorl. Band; d. Hg.
25 Bei den Katharern gibt es keine Spuren eines Gottesdienstes zu Ehren Manis, der im Zentrum des manichäischen Kultes stand. Es gibt auch

keine Spuren manichäischer Feste, wie sie heute im einzelnen bekannt sind. Und schließlich gibt es keine Überreste technischer Termini des alten Manichäismus, wie z. B. des »primitiven Menschen«, der »Rechten« und des »Appells« oder seiner grandiosen Symbolik bzw. seiner Zahlenspiele, die heute eher kleinlich anmuten. Siehe dazu die Vorlesung von H.-Ch. Puech an der Ecole des Hautes Etudes in Paris, 1936/37, sowie: ders., *Der Begriff der Erlösung im Manichäismus*, in: *Eranos-Jahrbuch 1936*, 1937, S. 227 ff.; H. H. Schaeder, *Manichäismus und spätantike Religion*, in: *Zeitschrift für Missionskunde und Religionswissenschaft*, 50, 1935, Heft 3, S. 80.

26 Guiraud, S. 191-196, hat auf interessante Ähnlichkeiten zwischen katharischem und frühchristlichen Gottesdienst hingewiesen.

27 *Anecdotes historiques, légendes et apologues tirés du recueil inédit d'Etienne de Bourbon, dominicain du XIIIe siècle*, hg. v. A. Lecoy de La Marche, Paris 1877, S. 299.

28 Ebenda, S. 298.

29 Bernard Gui, *Manuel de l'Inquisiteur*, I, hg. v. G. Mollat, Paris 1926, S. 14 f.

30 I. von Döllinger, *Beiträge zur Sektengeschichte des Mittelalters*, II, München 1890, S. 184, 286.

31 *Sermons et préceptes religieux en langue d'oc du XIIe siècle* ..., hg. von C. Chabaneau, Montpellier 1885, S. 30 f.

32 Döllinger, II, S. 25, 28, 31.

33 Siehe die Bibliographie bei Guiraud, S. XVI-XLIII.

34 Döllinger, II, S. 208, 213. Divergenzen wurden als quasi unvermeidlich zugelassen: »Nullus solus fuit, qui sciret omnia secreta Dei, sed inter omnes homines sciebant omnia Dei secreta ... ita bene salvaretur ille, qui non sciebat, nisi unum verbum eorum, sicut et ille, qui sciebat omnia, quae pertinebant ad eorum fidem« (ebenda, II, S. 210).

35 Aber dies führt uns über das Jahr 1200 hinaus. Daß diese Aussagen ebenso wie die theologischen Darstellungen nicht aus dem 12. Jahrhundert stammen (sondern jünger sind; d. Hg.), ist ein weiterer Nachteil der katharischen Quellen.

36 Döllinger, II, S. 213.

37 Ich beziehe mich hier auf Moneta von Cremona, Rainer Sacconi und Alanus von Lille.

38 Döllinger, II, S. 198. Aus dem gleichen Milieu stammt auch die folgende Aussage: »Nulla res terrena umquam ascenderet ad coelum, licet Deus renumeraret in coelo animam, quae fecisset elemosynam terrenam; et sic dicebat elemosynam terrenam ascendere in coelum, quia merces in coelo reddebatur pro terrena elemosyna« (ebenda, II, S. 197).

39 L. Varga, *Un problème de méthode en histoire religieuse: Le catharisme*, in: *Revue de Synthèse*, Juni 1936, S. 136 f. (Deutsch im vorl. Band; d. Hg.).

40 Döllinger, II, S. 161.
41 Ebenda, S. 162.
42 C.-A.-F. Mahn, *Die Werke der Troubadours...*, Berlin 1855, II, S. 208.
43 Döllinger, II, S. 199.
44 F.-J.-M. Raynouard, *Lexique Roman ou Dictionnaire de la langue des troubadours*, Paris 1838, I, S. 460.
45 *Übersetzung:* Heiliger Vater, gerechter Gott guter Geister, der Du nie getäuscht, noch gelogen, noch geirrt, noch gezweifelt hast aus Angst, den Tod zu erleiden im Reiche des fremden Gottes...; Anm. d. Hg.
46 Die Katharer berufen sich dabei auf *Exodus*, 13-14.
47 H. Jonas, *Gnosis und spätantiker Geist*, Göttingen 1934, Kapitel: »Der fremde Gott.«
48 Siehe Varga, *Le catharisme*, S. 133 ff., wo der katharische Mythos ausführlich erzählt wird. (S. 192 im vorliegenden Bd.; d. Hg.)
49 Döllinger, II, S. 177.
50 Ebenda, II, S. 34.
51 Moneta Cremonensis, *Adversus Catharos et Valdenses...*, hg. v. Th. A. Ricchini, Rom 1743, S. 89.
52 Gui, *Manuel;* R. Sacconi, *Summa de Catharis...*, in: *Thesaurus Novus Anecdotorum*, hg. v. E. Martène u. U. Durand, Paris 1717, Bd. v, Sp. 1759 ff.; Döllinger, II, S. 170.
53 Zum Ausdruck »seine Seelen« vgl. die von C. Douais hg. »Summula«: *La somme des autorités à l'usage des prédicateurs méridionaux au XIIIe siècle*, Paris 1896, S. 119. Am letzten Tage wird Jesus Christus vor Gericht erscheinen »in quo die illas Dominus Jhesus Christus suas animas a diabolo deceptas... vocabit ad regnum«.
54 *Florilège*, S. 398 ff.; Vossler, S. 46. – *Übersetzung:* Ich werde seinen ganzen Hof in Erstaunen versetzen, wenn sie mein Plädoyer hören. Ich sage, er irrt sich gegenüber den Seinen, wenn er daran denkt, sie zu zerstören und zu verurteilen, denn wer verliert, was er rechtens gewinnen kann, ist arm, auch wenn er im Überfluß lebt. Er muß voller Güte sein und mehr und mehr seine sterbenden Seelen bei sich behalten. – Bereits seine Tür sollte sich nicht verschließen, ohne daß Sankt Petrus sich dafür schämt, denn er ist der Türsteher, und jede Seele, die Einlaß verlangt, muß fröhlich eintreten dürfen. Es wird nie einen vollkommenen Hof geben, solange der eine weint, während der andere lacht. Er mag ein sehr großer und mächtiger König sein, aber wenn er uns nicht öffnet, werden wir ihn zur Rechenschaft ziehen.
55 Döllinger, I, S. 154.
56 Ebenda, II, S. 71.
57 Meyer, *Izarn*, S. 49 f.; Döllinger, II, S. 147.
58 Döllinger, II, S. 177.
59 *Übersetzung:* Er müßte den Teufeln ihre Macht nehmen, und er hätte

dann mehr Seelen für sich. Diese Entmachtung würde allen gefallen, und er könnte sich selbst vergeben. Von ganzem Herzen wünsche ich mir, daß er sie alle zerstört; wir alle wissen, daß er es sich vergeben kann. Schöner Herr Gott, entmachte bitte diese lästigen und üblen Feinde.

60 Alanus von Lille, MPL Bd. 10, Sp. 309.
61 Meyer, *Izarn*, S. 26. »E tu dizes d'aquels que trobaran salut, que tornaran en gloria lai don foron mogut!«
62 *Florilège*, S. 400.
63 Moneta Cremonensis, S. 4. *Rituel cathare en langue provençale*, hg. v. L. Clédat, Paris 1888, S. IX: »Denn zahlreich sind unsere Sünden, mit denen wir jeden Tag Gott beleidigen. Tag und Nacht, in Worten und in Taten, im Denken, willentlich und unwillentlich, sowie durch unseren Willen, den die bösen Geister in das Fleisch tragen, das uns umhüllt.«
64 *Übersetzung*: Um Gnade bitte ich Euch, heilige Frau Maria, seien Sie uns eine gute Führerin bei Ihrem Sohn. Empfangen Sie die Väter und die Kinder, und geben Sie sie dorthin, wo Sankt Johannes ist.
65 Döllinger, II, S. 181.
66 *Florilège*, S. 386f. *Übersetzung*: Wahrer Gott voller Güte, Herr, sei unser Beschützer, bewahre die Sünder vor den Schmerzen der Hölle.
67 *Anciennes poésies religieuses en langue d'oc*, hrsg. v. P. Meyer, Toulouse 1860, S. 14, Anm. 1.
68 Döllinger, II, S. 207.
69 Ebenda, S. 216.
70 *Übersetzung*: Und rette sie von der Sünde, in der sie gefangen und gebunden sind, und gewähre ihnen die wahre Vergebung durch die wahre Beichte.
71 Mahn, II, S. 199.
72 »E recebre lui a patz e en la sua concordia.« *Rituel cathare*, S. XIV; Döllinger, II, passim, für den »Friedenskuß«.
73 Siehe Chabaneau; Meyer, *Izarn*; H. Suchier (Hg.), *Mariengebete*, Halle 1877.
74 Chabaneau, S. 9 u. 25.
75 Suchier, S. 44; ohne Datum, vermutlich aus dem frühen 13. Jahrhundert.
76 Satirisches Gedicht; Anm. d. Hg.
77 *Florilège*, S. 388.
78 *Übersetzung* (vgl. ebenda, S. 389): Ich werde ein sehr gelehrtes Estribot dichten, mit neuen Wörtern und Kunst und Theologie. Ich glaube an einen Gott, der von einer Mutter geboren wurde, einer Heiligen Jungfrau, und der die Erde rettet. Sowie an den Vater und den Sohn in der Heiligen Dreifaltigkeit, an drei Personen, die nur eine sind. Und ich glaube, daß er den Himmel zerschlug und die Engel vertrieb, die ver-

flucht waren. Und ich glaube, daß ihn der Heilige Johannes in seinen Armen trug und im Wasser des Flusses taufte, als er sich ihm näherte. Und er kannte durchaus das Zeichen vor seiner Geburt, auf dem rechten Busen seiner Mutter. Und ich glaube, daß Rom und dem Heiligen Petrus befohlen wurde, über die Buße, den Sinn und den Wahnsinn zu urteilen... – Mein so gelehrtes Estribot, das auf Literatur und Theologie zurückgriff, kommt zum Ende. Wenn ich Schlechtes gesagt habe, so sei mir verziehen, denn ich habe es gesagt, damit Gott mehr geliebt und der Klerus wegen seines Übels weniger verehrt wird.

79 Döllinger, II, S. 171.
80 Ebenda, S. 169.
81 Ebenda.
82 Ebenda, S. 170.
83 Guiraud, Kap. VI.
84 *Florilège*, S. 402 f.
85 *Übersetzung:* Von den vier Teilen des Kreuzes schaut das obere zum Firmament, das andere zeigt auf die darunter liegenden Abgründe, ein weiteres ist nach Osten gerichtet und ein letztes nach Westen. Es bedeutet, daß Christus alles in seiner Macht hat. – Das Kreuz ist das wahre Banner des Königs, dem alles Seiende gehört, dem der Mensch zu jeder Zeit folgen und dessen Willen er zu Diensten sein muß. Denn je mehr man es tut, desto mehr hat man zu gewinnen. Und jeder Mensch, der zu ihm hält, kann sicher sein, an seinem rechten Platz zu sein.
86 *Übersetzung:* Christus starb für uns am Kreuz, und sterbend zerstörte er den Tod. Am Kreuz besiegte er den Hochmütigen, an jenem Holz, zu dem die Menge eilte. Am Kreuz bewirkte er unser Heil; am Kreuz herrschte er und herrscht noch heute; am Kreuz will er uns zurückkaufen. – Es war ein Wunder, daß auf dem Holz, wo der Tod geboren wurde, für uns das Leben und die Vergebung geboren wurden sowie die Erholung an diesem Ort der Leiden.
87 Übersetzung von A. Berry in: *Florilège*, S. 405.
88 *Übersetzung:* Wer das Kreuz nimmt, pflückt die süße Frucht und folgt Christus wohin es sein muß: Christus ist die Frucht des Wissens.
89 Döllinger, II, S. 224.

Waren die Katharer Neomanichäer oder Neognostiker?

Seit 150 Jahren wird das Problem der mittelalterlichen Sekten immer wieder erörtert, mal vom protestantischen, mal vom katholischen Standpunkt aus. Der Zeit entsprechend sehen die Protestanten die Katharer als Vorläufer der Reformation. Dies gilt etwa für Charles Schmidt[1], und seine Position wurde sowohl in Frankreich wie in Deutschland von zahlreichen Autoren geteilt.[2] In seinem solchen System bilden die mehr oder weniger genau unterschiedenen mittelalterlichen Sekten nur noch Glieder einer Kette, die mit der Reformation endet. Für die protestantischen Historiker haben alle Sektierer zweierlei gemeinsam: die Opposition zu Rom und den Antiklerikalismus.[3] Sie sind also nur die ersten Anzeichen der großen Erleuchtung, die im 16. Jahrhundert die ganze Welt erhellt.

Katholische Historiker haben die Sekten ganz anders gesehen. In ihren Augen gehören sie zum breiten Strom der Häresien, und – wie einst für die mittelalterlichen Inquisitoren – sind die Katharer für sie nichts anderes als Neomanichäer. Seit der Polemik des Augustinus gegen Faustus und Fortunatus[4] dient diese vage und klassische Bezeichnung als Sammelbegriff für alle dualistischen Häresien.

Natürlich gab es in beiden Lagern, dem protestantischen wie dem katholischen, ausgezeichnete Historiker, und beide Ansätze haben viele Erkenntnisse zu Tage gefördert.[5] Aber da wir heute aufgrund neuerer Forschungen sehr viel mehr über die Manichäer wissen, ist es vielleicht an der Zeit, diese Frage erneut aufzuwerfen. Dabei sollten wir uns an keiner der beiden klassischen Charakteristiken orientieren: weder am »Antiklerikalismus« noch am »Dualismus«. Denn abgesehen von der emotionalen Dimension haben diese Kennzeichnungen kaum inhaltliche Bedeutung. Statt dessen begeben wir uns hier auf das Terrain der vergleichenden Religionsgeschichte: Waren die Katharer Neomanichäer?

1. Katharer und Manichäer

Natürlich gibt es Ähnlichkeiten zwischen Manichäismus und Katharismus. Beide Systeme sind grundlegend mythologisch. Hier wie dort entstehen aus dem Mythos nicht nur die Riten und die Liturgie, sondern auch die Moral und jede Wissenschaft und Erkenntnis der Welt. Bei den Manichäern ebenso wie bei den Katharern ist dieser zentrale Mythos dualistisch: Weder die einen, noch die anderen kennen einen allmächtigen Schöpfergott, einen *Deus omnipotens*. Auf beiden Seiten beruht der Mythos auf einem kosmologischen Dualismus: Die Welt und die Menschen, die sie bevölkern, sind das Produkt zweier feindlicher Prinzipien, die gegeneinander einen endlosen Kampf führen, der schon vor der Schöpfung begonnen hat und bis zum Ende der Welt andauern wird. Auf beiden Seiten sieht man den Ausgang dieses Kampfes optimistisch: Die böse Substanz wird vernichtet werden. Und schließlich lehren die Katharer und die Manichäer auch das gleiche Menschenbild. Für beide ist der Mensch eine Mischung aus Gut und Böse: »Leben« bedeutet für ihn »Wissen«; Leben heißt, die großen mythologischen Wahrheiten zu kennen, die den Kosmos beherrschen; so kann der Mensch erlöst werden; und er kann sogar helfen, andere zu erlösen.[6]

Es gibt also einen mythologischen Dualismus im Südfrankreich des 12. Jahrhunderts und bei den Manichäern des Altertums. Aber abgesehen von dieser Gemeinsamkeit müssen wir die Unterschiede genauer untersuchen. Zu diesem Zweck soll zunächst der manichäische Mythos kurz umrissen werden.

Das Reich der Finsternis und der Dämonen reicht bis an das Reich des Lichts heran. Die Finsternis ist ständig in Bewegung, ohne Sinn und Ordnung. Während sich die Dämonen untereinander bekämpfen, erblicken sie zufällig das Reich des Lichts. Sie werden von ihm angezogen, möchten es besitzen und bereiten seine Eroberung vor. Diese Bedrohung veranlaßt das Lichtreich, seine kontemplative Ruhe aufzugeben.[7] Es sieht sich gezwungen, durch Evokation und Emanation schützende Kräfte zu bilden. Der »Vater der Größe« ruft den »Großen Geist« oder die »Mutter des Lebens« hervor, die ihrerseits den »Urmenschen« projiziert. Dieser steigt in Begleitung seiner Söhne, die ihm als »Rüstung« dienen, in die Finsternis hinab, um die Dämonen zu bekämpfen. Dabei wird er besiegt, und seine Söhne werden von den Dämonen gefressen. Ein Opfer, aber auch eine List. Denn die Finsternis wird durch diese Vermischung mit Licht geschwächt. Sie erkrankt am Licht ebenso, wie das Licht an der Finsternis erkrankt. Von diesem Augenblick an kann die Materie nicht mehr ohne Licht existieren.

Der zweite Akt des Dramas beginnt mit dem Erwachen des Urmenschen. Er wendet sich an Gott, und sein Gebet wird erhört. Der Urmensch wird durch andere Emanationen gerettet. Der rechte Arm Gottes hebt ihn in die Höhe. Die mit der Finsternis vermischten Lichtparzellen zu befreien, ist von nun an der Hauptzweck der kosmologischen Geschichte, der eigentliche Sinn der Schöpfung. Dieser äußerst komplizierte Teil des Mythos umfaßt unendlich viele Szenen. Die Dämonen werden bestraft. Aus ihrer Haut entsteht der Himmel, aus ihrem Fleisch die Erde. Die vermischte Substanz wird in drei Teile aufgeteilt. Aus dem, was rein geblieben ist, entstehen Sonne und Mond, aus dem nur leicht vermischten Teil die Sterne.[8] Dann beruft der oberste Gott einen Dritten Gesandten, der die Welt so organisieren soll, daß auch der dritte Teil gereinigt wird. Aber die Dämonen setzen sich zur Wehr. Aus niederen Gründen erschaffen sie die Menschen, die Tiere und die Pflanzen, um die Lichtparzellen dauerhaft zu besitzen. Der Mensch vergißt seine himmlischen Ursprünge. Um ihn aus dieser Vergeßlichkeit zu erwecken, schickt ihm Gott Jesus Zîvà. Dieser erste Mensch wird seinen Abkömmlingen sein Wissen offenbaren. Die Lichtparzellen steigen dann durch die Lichtsäule auf, verweilen in der Sonne und im Mond, um nach einem letzten Läuterungsakt ins Lichtreich zurückzukehren. Am Ende der Welt werden die letzten Lichtreste mit der »letzten Statue« aufsteigen[9], während die Dämonen in eine Grube kommen, die ein riesiger Stein für immer zudeckt.

Dies sind nur die gröbsten Umrisse des Mythos. In Wirklichkeit ist er sehr viel komplizierter. Es gibt in der Erzählung viele hundert Einzelheiten, die alle ihre Bedeutung haben. Denn die verschiedenen Handlungsabschnitte des Mythos reproduzieren jeweils die Ursprungssituation zu einem anderen kosmologischen Zeitpunkt. Die »Vorgeschichte« verbindet sich mit der Geschichte und die Geschichte mit der Eschatologie durch ein System von Symbolen und Analogien. Der Urmensch, die Anrufung, die Antwort, die rettende rechte Hand – alle diese Elemente tauchen im gesamten Mythos in verschiedenen Formen wieder auf. Man findet sie auch in der Organisationsform der Sekte, ihrer Liturgie und ihren Riten.[10] Die zentrale Figur des Manichäismus, der »Erlöste-Erlöser«[11], der sich opfert, scheinbar unterliegt, aber in Wirklichkeit durch seine Niederlage den Gegner schwächt, ist von pathetischer Schönheit. Über die Jahrhunderte und die Distanzen hinweg vermag sie uns noch heute zu berühren.

Obgleich der manichäische Mythos unsere philosophische Intelligenz anspricht, steht er unserer okzidentalen religiösen Sensibilität äußerst fern. Es fällt schwer, die Akteure des manichäischen Dramas zu definieren. Lassen sich Licht und Finsternis als »Prinzipien« begreifen? Oder als »Formen«? »*Duas naturas atque substantias*«, heißt es bei Augustin.[12] Eine »ungeformte«, nicht individualisierte Substanz, die aber nicht unpersönlich ist. Eine Substanz, die sich hypostasiert und in mythologischen Figuren verdichtet, welche dann handeln, sprechen und denken. Gleichwohl aber eine Substanz, die gespalten, aufgeteilt, verschlungen und vermischt werden kann, während sie zugleich das *Lux aeterna* bleibt, dessen Parzellen sich zusammenfügen und zum Reich des Lichts aufsteigen können.[13]

Gegenüber dem Christentum nimmt der Manichäismus eine überlegene Haltung ein. Alle vorangehenden Religionen, so behauptet Mani, haben nur einen Aspekt der Wahrheit vermittelt. Sie waren stets mit Finsternis vermischt, der Buddhismus und Zoroastrismus ebenso wie das Christentum. Nur der Manichäismus besitzt die integrale Wahrheit. Einige Motive der christlichen Offenbarung wurden von Mani aufgegriffen. Aber seine emotionale Distanz gegenüber dem Christentum gibt ihm freie Hand für Verschiebungen. Nehmen wir zum Beispiel die Figur Christi. Zwar gibt es bei Mani einen individualisierten Erlöser, Jesus-den-Leuchtenden[14], der aus dem Lichtreich hinabsteigt, um Adam die Wahrheit über den Menschen und seine Möglichkeiten zu bringen. Es gibt also Jesus, den göttlichen Boten, der dem Menschen seine wahre Heimat offenbart, von den Listen der Dämonen bis zur endgültigen Reinigung. Aber dieser quasi-historische Jesus wird durch das Bild eines anderen Jesus verdeckt, welches wichtiger und pathetischer ist. Der individuelle Jesus verblaßt gleichsam vor dem »Symbol« (er ist weit mehr als nur ein Symbol, aber ein genauer Begriff fehlt noch) des *Jesus Patibilis*, der nichts anderes ist, als das über der Materie gekreuzigte Licht.[15]

Welches religiöse Klima finden wir dagegen bei den Katharern?

Zunächst ein ganz anderes Verhältnis zum Christentum. Sie haben ihm gegenüber nicht mehr die gleiche respektvolle und distanzierte Gelassenheit. Das Christentum und die katholische Kirche stehen im Mittelpunkt ihres Interesses. Die Katharer sind vehement antiklerikal. Sie lehnen die römische Kirche, ihre Hierarchie und ihre Sakramente ab; sie verwerfen alle ihre Riten.[16] *Aber sie wollen Christen sein.* Sie bezeichnen sich als die einzigen »wahren Christen«.[17] Sie übernehmen den christlichen Glauben, aber allegorisieren und paraphrasieren ihn im dualistischen Sinne.

Wohin führt dies im Vergleich zur manichäischen Mythologie? Zunächst ist festzuhalten, daß der Katharismus gegenüber dem Manichäismus – falls es eine Verbindung gibt – eine enorme Vereinfachung vorgenommen hat. Der dualistische Mythos der Katharer beruht auf einer Adaptation der Evangelien und ist sehr viel kürzer. Seine Figuren sind uns auch viel vertrauter. Es handelt sich nicht mehr um Substanzen oder Prinzipien, sondern um genau umrissene Gottheiten. Es gibt einen guten und einen schlechten Gott. Der eine wird von Engeln umgeben, der andere von Dämonen. Der gute Gott ist der »Peyre sant, dieu dreyturier de bons esprits, qui hanc no falhist, ni mentist, ni errest, ni dubtest«.[18] Er und seine Engel besitzen einen »immateriellen« Körper, der jedoch in seiner Form dem menschlichen Körper entspricht: ein *»corpus humanum coeleste, non terrenum, consimile in forma et figura corpori humano terreno, et habebat carnes et ossa spiritualia«*.[19] Der andere Gott ist der Teufel, der Satan, der »Große Drache«[20] und »truphator«.[21] Der *»pater bonorum spirituum«* dagegen ist Schöpfer einer geistigen Welt, Schöpfer im biblischen Sinne, Schöpfer und nicht Emanator der Engel und guten Geister. Auch geht es hier nicht mehr um die Befreiung einer Lichtsubstanz oder um ein Universum, das nur zum Zwecke seiner Erlösung geschaffen wurde. Alles ist viel einfacher. In diese gute geistige Schöpfung des guten Gottes mischt sich durch eine List der gleichfalls »ewige« Teufel ein; er verführt die Engel und bringt sie dazu ihm zu folgen, indem er ihnen Macht, Liebe und Kinder verspricht.[22] Ein Drittel der Engel gehorcht ihm. Aber nach ihrem Fall erinnern sie sich an das verlorene Himmelreich. Um sie fester an Irrtum und Vergessen zu binden, schließt der Satan sie in materielle Körper ein und erschafft die Erde. Als der gute Gott sieht, daß sein Reich verlassen ist, belegt er die untreuen Geister mit einem furchtbaren Fluch. Aber dann besinnt er sich wieder und verspricht, den Engel als seinen Sohn zu adoptieren, der bereit ist, auf die Erde hinabzusteigen, um die Menschen ihrem schädlichen Vergessen zu entreißen. So kommt Jesus-Christus zu den Menschen: als Verkünder der Wahrheit und Bote der himmlischen Heimat, ein Engel in menschlicher Gestalt, ein doketistischer Christus, der auf Erden geistig leidet und durch den Kontakt mit der Welt des Teufels gemartert wird.[23] Als Engel heißt er Johannes.[24]

Was den Mythos angeht, gehören also Katharismus und Manichäismus, wenn man so will, zur gleichen Familie. Aber die Verwandtschaft ist ziemlich weitläufig. Sie ähneln sich nicht wie Vater und Sohn. Mehr noch: Eine direkte Entwicklung vom Manichäismus zum Katharismus erscheint völlig undenkbar. Der Manichäismus ist eine *genau kodifizierte Religion*, die sich auf Heilige Schriften stützt, welche *von Anfang an* kanonisiert waren. Die direkten Quellen, die dazu in den letzten 30 Jahren in den verschiedensten Teilen der Welt entdeckt wurden und sich auf eine achthundertjährige Geschichte beziehen, belegen die erstaunliche Einheit und Stabilität dieser Lehre. Der Katharismus stützt sich zwar ebenfalls auf Schriften[25], aber nicht auf eine gültige und unbestrittene Offenbarung. Es gibt ebenso viele Varianten wie es Priester gibt. Und mit Ausnahme einer relativ fragwürdigen Notiz eines gewissen Eckbert von Schöngau[26] – fragwürdig, weil dieser Autor alle seine Informationen über die Katharer in Analogie zur Darstellung des Manichäismus bei Augustin formuliert – gibt es keine einzige Quelle, die für die Katharer einen Kult des Mani oder das große Bêma-Fest oder die üblichen Symbole der Manichäer erwähnt.

Die Verbindungen zwischen Katharismus und Manichäismus reduzieren sich also im Grunde darauf, daß es sich in beiden Fällen um »gnostische« Religionen handelt. Aber auch hier kann man sagen, daß es in der Entwicklung der Gnosis – nicht im Sinne eines definierten Glaubens, sondern eines religiösen »Klimas« – zunächst ein entscheidendes Ereignis geben mußte, das zwischen dem Niedergang des Manichäismus und dem Auftreten des Katharismus lag – nämlich die Eroberung der Gnosis durch christliche Themen. Freilich war das Bündnis zwischen Gnosis und Christentum für beide Seiten fatal. Da sich die gnostischen Gruppierungen dem Christentum anpassen wollten, konnte sich ihre

Mythologie nicht mehr frei entfalten. Im Vergleich mit den gnostischen Mythen ist das katholische System sehr viel einfacher und begrenzter. Wenn es dem Katholizismus gelungen ist, die Welt zu erobern, dann nicht aufgrund der philosophischen Tiefe seines Mythos. Dennoch hielten die Gnostiker an ihren Grundthesen fest und versuchten, sie ins Christentum hineinzutragen. Sie behielten vor allem ihre dualistische Weltanschauung bei, die Gegenüberstellung von böser Materie und gutem Geist. Es gibt zwei Gottheiten: Von der einen stammt die Schöpfung der Erde, von der anderen das Reich des Geistes. Alles dies waren Hindernisse für die Entwicklung einer christlichen religiösen Moral, die sich um die Motive eines einzigen allmächtigen Gottes und einer durch Jesus Christus als Mensch und Gott erlösten Kreatur kristallisierte. Bei den Gnostikern haben wir es mit zeitlichen Brüchen und streitenden Antinomien zu tun; bei den Christen dagegen gibt es (und zwar bereits bei den griechischen Kirchenvätern) ein System der Stufen, der »Fortschritte« und des Relativismus. Alle Gnostiker verwerfen das Alte Testament. Die Christen dagegen betrachten es ebenso wie das Neue Testament als von Gott inspiriert und entdecken auf diese Weise die historische Zeit. Sie wird zu einer geraden Linie, die unmittelbar zur Offenbarung hinführt; diese aber erfolgt *stufenweise* und setzt sich laufend fort bis zur Vollendung des Menschen, die jedoch nie ganz erreicht wird. Für die Katharer gibt es demgegenüber keine historische Zeit; sie ist für sie ebenso unwichtig wie für die Gnostiker des Altertums. Auch für sie ist die Zeit »zerbrochen«. Die Geschichte ist nicht die Geschichte der Menschheit, sondern des Kosmos. Und schließlich gibt es für die Katharer auch keine Stufen der menschlichen bzw. der himmlischen Existenz. Man verfügt über die eine oder über die andere.
Daher müssen wir für die Katharer das Etikett »neomanichäisch« zurückweisen. Die Katharer sind Gnostiker, Anhänger eines nicht kodifizierten Gnostizismus; mit dem Kult, der Liturgie und den Symbolen der Manichäer haben sie nichts zu tun. Man könnte auch sagen: Sie sind die letzten Abkömmlinge der letzten Ausläufer eines evangelisierten Gnostizismus.

11. Katharer und Bogomilen

Man hat die Katharer aber nicht nur als Neomanichäer bezeichnet, sondern häufig auch mit anderen dualistischen Sekten des Mittelalters in Verbindung gebracht. Dies gilt vor allem für die Bogomilen, eine dualistische, asketische und christliche Sekte, die im 10. Jahrhundert bei den Bulgaren aufkam und von dort im 11. Jahrhundert bis nach Konstantinopel und später bis nach Kleinasien vordrang. Dabei wurde freilich übersehen, daß die Verbindung zwischen Bogomilen und Neomanichäern rein hypothetisch ist. Dennoch lohnt es sich, die Ähnlichkeiten zwischen Bogomilen und Katharern zu untersuchen. Einige inhaltliche und formale Übereinstimmungen springen sofort ins Auge. Auch der bogomilische Mythos beruht auf einer »Gnostifizierung« des christlichen Mythos. Gott erschafft die Engel. Satanael ist sein ältester Sohn. Da er neidisch und untreu ist, will er sich auf den Thron des Vaters setzen. Er verführt einen Teil der Engel, die sich ihm anschließen. Daraufhin kommt es zum Sturz der Engel und zur Erschaffung der materiellen Welt durch den Teufel sowie schließlich auch zur Erschaffung des Menschen. Aber der Teufel ist unfähig, dem Menschen Leben einzuhauchen. Deshalb wendet er sich an Gott und erfleht seine Hilfe. Daraufhin treffen Gott und der Teufel eine Vereinbarung: Der Mensch soll ihnen gemeinsam gehören. Satanael wird aber erneut zum Verräter, Gott überläßt ihm die Erde und hofft, daß die Seelen dem Einfluß des Bösen widerstehen werden. Trotz ihres himmlischen Ursprungs verfallen die Menschen jedoch der Sünde. Deshalb schickt Gott 5500 Jahre nach dem Fall der Engel den Menschen seinen zweiten Sohn als Boten der Wahrheit und des kosmologischen Wissens. Durch ihn wird Satanael besiegt.

Für die Katharer[27] wie für die Bogomilen[28] ist die Dreifaltigkeit nur etwas Vorübergehendes. Sobald der Geist und der Sohn ihr Werk vollbracht haben, kehren sie in den Schoß des Vaters zurück. Auch für die Bogomilen trägt dieser Vater menschliche Züge, aber er hat keinen menschlichen Körper. Ebenso wie die Katharer betrachten sie sich als die wahren Christen; sie hassen die römische Kirche; sie machen sich über ihre Sakramente lustig, ihre Riten, ihren Kult der Bilder und Reliquien. Katharer und Bogomilen sind gleichermaßen Puritaner der Gottesanbetung. Beide betrachten das Handauflegen als wichtigsten Ritus, berufen sich auf das Johannes-Evangelium[29] und das Vaterunser.[30] Ihre Auserwählten müssen sich strengen Fastenregeln unterwerfen. Bogomilen und Katharer verwerfen alles, was »*nascitur per viam generationis*« ist, also Eier, Milch und Fleisch. Nur ihre Fastenzeiten unterscheiden sich.[31] Schließlich lehnen beide auch gleichermaßen die Heirat und die Fortpflanzung ab. Jede schwangere Frau trägt einen Dämon in sich[32], und kleine Kinder sind immer auch »kleine Mammons«.[33]

Die wenigen Texte, die uns für die Bogomilen überliefert sind, schweigen sich in vieler Hinsicht aus. Wir wissen nichts über die Organisationsform der Sekte oder die Namen ihrer Erlösten.[34] Wir wissen nichts über ihre Eschatologie. Wir erfahren nur, daß die Erlösten unsterblich seien und »schlafend« in das Reich Gottes eingehen.[35] Es ist durchaus möglich, daß für die einfachen Gläubigen – wie bei den Katharern – eine Art Seelenwanderung angenommen wurde.

Noch in anderer Hinsicht gibt es eine sichtliche Verwandtschaft zwischen Bogomilen und Katharern, wobei dieser Punkt besonders wichtig ist. Beide Sekten stützen sich in ihrer Exegese auf die gnostische Tradition. Sie glauben an geistige Wunder.[36] Das Lieblingsevangelium der Gnostiker, das Johannes-Evangelium, ist auch ihr bevorzugter Text, den sie ohne jede Einschränkung akzeptieren. Aus den Versen des Johannes leiten sie ihren Dualismus ab (*Johannes*, 12,31 und 14,30).[37] Die Parabel vom guten und vom schlechten Baum wird von Bogomilen und Katharern übereinstimmend kommentiert (*Matthäus*, 22,30). Das gleiche gilt für die Auferstehung: Die Buße und das evangelische Leben, in dem der Reine vollständig abstinent bleiben muß, bilden die wahre Auferstehung.

Es gibt also wichtige Übereinstimmungen. Sie sind bedeutend genug, daß man es beinahe wagen kann, einige Wissenslücken hinsichtlich des Katharismus durch die zusätzliche Berücksichtigung des bogomilischen Glaubens zu schließen. Wir denken hier vor allem an den Kult der bösen Dämonen bei den Katharern, der von ihrem logischen System und ihrem religiösen Klima eigentlich unterstellt wird. Die bogomilischen Quellen sind dazu ziemlich eindeutig. Sie berichten[38], daß die Bogomilen die bösen Geister verehren, aber nicht, um sich ihre Macht gefügig zu machen, sondern um ihre schlechten Einflüsse zu entfachen. Offenbar gab es eine Verbindung zwischen dem Erntefest des 24. Juni und diesem Kult des bösen Gottes.[39] Außerdem sind für das späte 11. Jahrhundert Beziehungen zwischen der Kirche der Bogomilen und den katharischen Kirchen belegt.[40] Die Bogomilen wurden sogar als »Reine« betrachtet. Ganz sicher hätte der Dämonenkult diesen Beziehungen geschadet oder zumindest den Kontakt zwischen den Kirchen behindert, wenn nur die Bogomilen ihn praktiziert und die Katharer ihn abgelehnt hätten.

Wir können also von der Existenz enger Kontakte zwischen Katharern und Bogomilen ausgehen. Aber handelt es sich um eine Parallelentwicklung und um Beziehungen zwischen zwei Strömungen, die sich eines Tages verbinden, oder besteht zwischen beiden eine strenge Ursprungshierarchie? Die schriftlichen Quellen schweigen sich darüber aus. Deshalb ist es vielleicht zulässig, einige allgemeine Überlegungen anzustellen.

III. Katharer und Priscillianer

Der Weg, den die gemeinsamen Glaubenselemente der Bogomilen und Katharer genommen haben, verlief angeblich von Bulgarien über Konstantinopel nach Italien und von dort ins Languedoc. Aber wie wahrscheinlich ist diese Marschroute der Ideen? Und war sie damals wirklich üblich? Was gelangte sonst noch im 11. Jahrhundert von Byzanz in den französischen Süden? Wenn wir tatsächlich eine Filiation nachweisen wollen, genügt es nicht, eine Ähnlichkeit zwischen zwei in Frage kommenden Phänomenen festzustellen und dann nur noch zu fragen, ob zwischen ihnen eine materielle Kommunikation möglich war. Vielmehr müssen wir gleichzeitig fragen, ob die Handelsbeziehungen der Menschen normalerweise solche Ideenkontakte überhaupt umfaßten. Über welche Autorität und religiöse Weisheit verfügten in unserem Fall die erst kurz vorher durch die Byzantiner bekehrten Bogomilen – die *Boulgres*[41] –, um ihren Glauben weiterzuvermitteln?

Werfen wir einen Blick auf die kulturelle Geographie des 11. und 12. Jahrhunderts. Dort sind ganz andere Wege vermerkt. Ob Mathematik, Medizin[42], Astrologie[43], Kunstformen[44], Abschriften philosophischer Schriften[45] oder Übersetzungen biblischer Texte[46] – all dies gelangte unmittelbar über Spanien und Katalonien nach Frankreich. Von Katalonien aus verbreitete es sich im

Midi. Und erst später strahlte es von dort auch in die Lombardei und in die Toskana aus. Katalonien lebte unter dem direkten Einfluß der halbfeudalen und halbbarbarischen arabischen Kultur, die einen ganz besonderen Rhythmus hatte, brillant und prunkvoll war und der man gerne ein Monopol höherer Weisheit zuschrieb. In der Haltung der Europäer ihr gegenüber vermischten sich Bewunderung und Entsetzen. Man übernahm manche Gedanken, aber um sie zu transponieren. Katalonien, Barcelona und das Languedoc bildeten im Mittelalter eine einzige und einheitliche Kulturlandschaft. Die Pyrenäen stellten noch keine Barriere dar. Was auf der einen Seite der Berge entstand, existierte bald auch auf der anderen Seite. Nun gab es im arabischen Spanien aber eine Fülle gnostischer Sekten mit den verschiedensten Schattierungen. Al Birouni hat sie aufgezählt.[47] Wenn wir nichts Genaueres über die katalonischen Dualisten des 10. und 12. Jahrhunderts wissen, so liegt dies vermutlich nur daran, daß die katalanischen Archive bislang nie systematisch ausgewertet wurden. Aber sehen wir zu, ob es nicht vielleicht in den vorangehenden Jahrhunderten in Katalonien christliche Dualisten gab, deren Lehren eine ähnliche Mischung aus Gnosis und Christentum darstellten, wie wir sie weiter oben sowohl bei den Katharern wie bei den Bogomilen feststellen konnten. Eine Weiterverbreitung über Katalonien ins Languedoc wäre jedenfalls sehr viel naheliegender als eine direkte Übermittlung aus Bulgarien.

Im Jahr 563 verurteilte das Konzil von Braga [im spanischen Galizien] 17 Thesen der priscillianischen Lehre.[48] Auffällig ist, daß die künftigen Thesen der Bogomilen und Katharer davon schon im voraus betroffen sind.

Die beiden ersten Anathema [Verfluchungen] richten sich gegen die antitrinitarischen Lehren der Priscillianer. Offenbar lehrten sie durchaus die Einheit von Vater, Sohn und Heiligem Geist – wie später auch die Katharer und Bogomilen –, während sich die alten Manichäer bekanntlich nie mit trinitarischen Problemen beschäftigten. Das dritte Anathema richtet sich gegen die These, wonach der Sohn nicht ebenso ewig sei wie der Vater. Auch diese Lehre findet sich bei den Katharern und Bogomilen. Das vierte Anathema betrifft den Doketismus. Christus sei nicht in der Natur des Menschen geboren worden; vom Menschen habe er nur die Form übernommen; dies entspricht dem gemeinsamen Glauben der gesamten christlichen Gnosis. Aus den beiden nächsten

Anathema folgt, daß die Priscillianer die These vertraten, die menschliche Seele sei von göttlicher Substanz; bis zum Sündenfall lebte sie im Reiche Gottes, und erst danach wurde sie in den menschlichen Körper eingeschlossen. Allerdings ist nicht gesichert, daß dies wirklich der ursprünglichen priscillianischen Doktrin entspricht. Diese scheint »gnostischer« gewesen zu sein[49], was unserer Annahme entsprechen würde, daß die gnostischen Systeme sich immer stärker christianisiert und ständig verändert haben, während das manichäische System sehr rasch kodifiziert und gleichsam petrifiziert wurde. Im übrigen verfügen wir für diese späteren Jahrhunderte über authentische manichäische Zeugnisse, die zwar mit denen der vorangehenden Jahrhunderte übereinstimmen, aber ebenso weit von den katharischen Lehren wie von den manichäischen Quellen des 4. Jahrhunderts entfernt sind.

Die priscillianische Deutung des Teufels, wie sie im siebten und achten Punkt des Konzils von Braga festgehalten wird, ähnelt eher dem katharischen als dem bogomilischen Mythos – sofern uns nicht wichtige Details vorenthalten bleiben. Hier der Wortlaut dieser Passage:

»Si quis dicit diabolum non fuisse prius bonum angelum a deo factum, nec Dei opificium fuisse naturam ejus sed dicit eum ex chao et tenebris emersisse, nec aliquam sui habere auctorem, sed ipsum esse principium et substantiam mali..., si quis credit, quia aliquantas in mundo creaturas diabolus fecit, et tonitrua et fulgura et tempestas et siccitates ipse diabolus sua auctoritate faciat – anathema sit.«[50]

Ein anderer Punkt: In ihrer Polemik scheinen sich auch die Katharer mit Vorliebe auf Stürme und Gewitter berufen zu haben, um die Mangelhaftigkeit dieser Welt zu beweisen. »Deus Pater non fecit, nec dixit, nisi bonum. Videm autem, quod multa mala fiunt in hoc mundo, sicut tempestas et grandines, quae non fecit Deus Pater, sed rector huius, inimicus Dei Patris.«[51]

Für die Priscillianer auf dem Konzil von Braga ebenso wie für die Bogomilen und Katharer ist alles Fleisch eine Schöpfung des Teufels und seiner Dämonen. Sie verwerfen die Ehe und die Fortpflanzung. Selbst noch in der Vermittlung durch indirekte Quellen sind die dabei verwandten Formulierungen sehr ähnlich. Für die Priscillianer wie für die Bogomilen und Katharer[52] ist der im Mutterleib wachsende Keim ein Dämon. »Si quis plasmationem humani corporis diaboli dicit esse figmentum, et conceptiones in uteris matrum operibus dicit daemonum figurari ... – anathema fit.«[53] Daß es in keinem dieser Systeme irgendeinen Platz für die Auferstehung des Fleisches gibt, braucht kaum noch betont zu werden.[54] Was die Seelenwanderung bei den Priscillianern angeht, so verfügen wir nur über einen äußerst vagen Hinweis bei Augustin. Obwohl das rigorose Fasten bei Katharern, Bogomilen und Priscillianern eine wichtige Rolle spielt und sich jeweils aus der Verfluchung des Fleisches ergibt, können wir darüber keine vergleichenden Aussagen treffen, da wir nur über das Fasten der Katharer gut informiert sind.

Soweit die belegbaren Übereinstimmungen. Allerdings müssen wir festhalten, daß die vorliegenden katharischen Quellen zu vielen Aspekten des priscillianischen Lehrgebäudes keine Aussagen machen. Vor allem enthält die priscillianische Doktrin wichtige astrologische Elemente. So verflucht das Konzil von Braga ganz ausdrücklich jeden, der behauptet, daß die Seelen und Körper der Menschen einem unweigerlichen Schicksal unterworfen seien.[55] Verflucht sei ferner, wer daran glaube, daß die Zeichen des Tierkreises mit bestimmten Teilen der Seele und des Körpers übereinstimmten. Auch ein geheimnisvolles Fragment des Orosius[56] spielt auf diese Lehre an. Eines scheint jedenfalls gewiß: Bei den Priscillianern gehörte die Astrologie zum Kult des bösen Gottes. Denn es war Satanas, der die Sterne und ihre fatalen »Einflüsse« auf die Körper und die Seelen der Menschen schuf. Das religiöse »Klima« des Katharismus scheint mit einer solchen komplizierten Astrologie durchaus vereinbar zu sein. Überall bei den Katharern begegnen wir Astrologen, Zauberern, Wahrsagern usw.[57] Man hat also das deutliche Gefühl, es hier eher mit einer lückenhaften Quellenlage als mit grundlegenden doktrinalen Unterschieden zwischen Katharern und Priscillianern zu tun zu haben. Ein katharisches Buch mit dem Titel *Stellae*, auf das Burcius im 13. Jahrhundert hinweist[58], ist verloren. Aber warum sollte man nicht annehmen, daß es unter anderem auch von Astrologie handelte? Die Gestirne gehören zur verfluchten Welt: Auch darin liegt ein Unterschied zwischen Manichäern und Katharern, während zugleich eine weitere Verbindung zwischen Priscillianern und Albigensern deutlich wird. Im übrigen wissen wir, daß die Katharer die Sonne und den Mond keineswegs – wie die Manichäer – als Schiffe der Reinigung betrachteten[59], sondern als Dämonen.[60]

Alles, was den Kult des bösen Gottes bei den Katharern betrifft – der sich aus der Logik des Systems ergibt –, wird in der indirekten Überlieferung nicht mehr erwähnt. War dies das *secretissimum*? Oder müssen wir von einer besonderen Vorsicht der Inquisitoren ausgehen, die fürchteten, einen Punkt zu berühren, der der Häresie neue Anhänger verschaffen könnte? Allerdings gibt es noch eine weitere Querverbindung zwischen Katharern und Priscillianern, auf die wir hinweisen möchten. Die interne Organisation der Katharer-Kirche ist relativ gut bekannt. Sie gründete sich auf dem Unterschied zwischen der Masse der »Gläubigen« und der Elite der »Vollendeten«[61], was durchaus der manichäischen Unterscheidung zwischen »Hörern« und »Erlösten« entspricht.[62] Aber bei den Manichäern gab es darüber hinaus eine äußerst komplizierte Hierarchie. Über die Organisation der Priscillianer wissen wir dagegen nichts. Wir verfügen zwar über eine Sammlung von Abhandlungen[63], die ursprünglich Priscillian zugeschrieben wurden[64], aber diese Zuschreibung wurde rasch bestritten. Heute ist man sich darin einig, daß diese Texte sicher kein direktes Werk Priscillians darstellen. Vermutlich handelt es sich um Texte, die durch die katholische Zensur verstümmelt und verändert wurden. Dadurch wurde der ursprüngliche gnostische Dualismus in einen paulinischen Dualismus transformiert, der notfalls noch als orthodox gelten konnte. Bei den »Prologen« ist dieses Verfahren ganz offenkundig.[65] Weitere, vermutlich ebenfalls von katholischer Hand veränderte Texte wurden von de Bruyne in der *Revue Bénédictine* veröffentlicht. Priscillianisch ist daran vor allem das Vokabular. Nun kehren darin aber ausgerechnet die Ausdrücke *credentes* und *perfecti* immer wieder. Sie sind sogar derart häufig, daß man sie als Fachausdrücke dieser Sekte betrachten kann, die den »Hörern« und »Erlösten« bei den Manichäern entsprechen, welche mit Hilfe des Heiligen Paulus in »Gläubige« und »Vollendete« christianisiert wurden. So tauchen die Ausdrücke *perfectio*, *perficere* und *perfectus* in den »Prologen« mindestens sieben Mal auf.[66] Das gleiche gilt für die durch G. Schepss veröffentlichten Abhandlungen sowie für die anonyme Abhandlung in der *Revue Bénédictine*. Auch *»credere«* ist ein Wort, das in diesen Schriften offenbar nicht zufällig und gleichsam »naiv« verwendet wird. Außerdem treffen wir auf den Pleonasmus *a credendi fide*[67], so als ob es einer Unterscheidung zwischen dem Glauben der einfachen Gläubigen und der Perfekten bedürfte. Dies scheint vor allem die entsprechenden Passagen in der VI. Abhandlung zu bestätigen, wo sich der Autor als *perfectus* an die Gläubigen wendet.[68]

Waren die Katharer also Neomanichäer? Unserer Meinung nach ist diese Frage zu verneinen. Vom manichäischen »Klima« ist der Katharismus weit entfernt. Die Religion des Mani war eine Religion des Buches, und man kann sich nur schwer vorstellen, wie sie sich derart transformiert haben soll. Der Katharismus scheint uns vielmehr auf eine dualistische Gnosis zurückzugehen, die nicht kodifiziert war, so daß sie in ihrer freien Entwicklung immer mehr von christlichen Elementen durchdrungen wurde. Diese Entwicklung von der Gnosis zur Christianisierung setzt sich auch innerhalb des Katharismus fort. Sogar der Dualismus ist davon betroffen, indem sich allmählich ein schöpferischer Monismus ausbreitet. Sowohl Rainer Sacconi[69] als auch Burcius[70] berichten von solchen Versuchen, die innerhalb der Sekte zu mehreren Abspaltungen führten. Die Bogomilen sind Zeitgenossen der Katharer. Zwischen ihnen gibt es viele Parallelen. Aber wenn wir nach mehr oder wenigen direkten Vorläufern der Katharer suchen, sollten wir eher an die Priscillianer denken. Denn neben der auffälligen Ähnlichkeit der beiden Glaubensrichtungen ist es wahrscheinlich, daß es eine bekannte und vielbenutzte Verkehrsroute gab.

Lassen wir also die Charakterisierung der Katharer als »Neomanichäer« endlich fallen. Wodurch können wir sie ersetzen? Falls man unbedingt ein Etikett benötigt, würden wir vorschlagen, sie als »Neognostiker« zu bezeichnen.[71]

Anmerkungen

1 Ch. Schmidt, *Histoire et doctrine de la secte des Cathares ou Albigeois*, Paris–Genf 1849, I, S. 96 (Nachdruck: Paris 1983).
2 J. C. L. Gieseler, *Theologische Studien und Kritiken*, Leipzig 1829, S. 20; Chr. U. Hahn, *Geschichte der neumanichäischen Sekten*, Stuttgart 1846; H. Reuter, *Geschichte der religiösen Aufklärung im Mittelalter vom Ende des 8. bis zum Anfang des 14. Jahrhunderts*, 2 Bde., Berlin 1875.

3 L. Varga, *Das Schlagwort vom »finsteren Mittelalter«*, Wien–Brünn 1932 (Nachdruck: Aalen 1978), S. 12.
4 Augustinus, *Contra Fortunatum*..., MPL Bd. 42, Sp. 111-130; ders., *Contra Faustum*..., MPL Bd. 42, Sp. 207-518.
5 J. Guiraud, *Histoire de l'Inquisition au Moyen Age*, I, Paris 1935; E. Broeckx, *Le catharisme. Etudes sur les doctrines, la vie religieuse et morale, l'activité littéraire et les vicissitudes de la secte cathare avant la croisade*, Hoogstraten 1916.
6 H.-Ch. Puech, *Der Begriff der Erlösung im Manichäismus*, in: *Eranos-Jahrbuch 1936*, Zürich 1937, S. 183-286, S. 196. (Erneut in: *Der Manichäismus*, hg. v. G. Widengren, Darmstadt 1977, S. 145-213).
7 H. Jonas, *Gnosis und spätantiker Geist*, Göttingen 1934, S. 294; Puech, S. 218.
8 Puech, S. 227.
9 Ebenda, S. 284.
10 *Manichäische Handschriften der staatlichen Museen Berlin*, in: *Kephalaia*, Lieferung 3/4, Stuttgart 1936, S. 54.
11 Puech, S. 215.
12 Augustinus, *De haeresibus*..., MPL Bd. 42, Sp. 34.
13 H. H. Schaeder, *Rez. C. Schmidt/H. J. Polotsky, Ein Mani-Fund aus Ägypten*, in: *Gnomon*, 9, 1934, S. 359.
14 Puech, S. 235.
15 F. C. Andreas, *Mitteliranische Manichaica aus Chinesisch-Turkestan*, in: *Sitzungsberichte der preußischen Akademie der Wissenschaften. Philosophisch-historische Klasse*, Jg. 1933, S. 318, 357 ff.
16 Guiraud, S. 169 ff., C. Douais, *Les Albigeois*, Paris 1879, S. 179; Ch. Molinier, *L'Eglise et la société cathare*, in: *Revue Historique*, 94, 1907, S. 220.
17 I. von Döllinger, *Beiträge zur Sektengeschichte des Mittelalters*, München 1890, II, S. 37.
18 Ebenda, S. 177. [Zur Bedeutung dieses Gebets siehe w. o. L. Vargas Aufsatz über Peire Cardenal.]
19 Ebenda, S. 199, 212.
20 Ebenda, S. 83, 184.
21 Ebenda, S. 257, 259, 263.
22 Ebenda, S. 203, 213, 214.
23 Ebenda, S. 204.
24 Ebenda.
25 Guiraud, S. XI ff.
26 Ebenda, S. XVI.
27 Döllinger, II, S. 189; Moneta Cremonensis, *Adversus Catharos et Valdenses*..., hg. v. Th. A. Ricchini, Rom 1743, S. 5.
28 Euthymius Zigabenus, *Contra Phundagiatas*..., MPG Bd. 131, Sp. 58; ders., *Panoplia Dogmatica*..., MPG Bd. 130, Sp. 1294.

29 Ebenda, Sp. 1311.
30 Ebenda, Sp. 1314.
31 V. N. Sharenkoff, *A Study of Manichaeism in Bulgaria, with special reference to the Bogomils*, New York 1927, S. 78; Döllinger, II, S. 82.
32 Sharenkoff, S. 82.
33 Ebenda, S. 74.
34 Ebenda.
35 Zigabenus, *Panoplia*, MPG Bd. 130, Sp. 1326.
36 Sharenkoff, S. 48, 75.
37 Ebenda, S. 73.
38 Zigabenus, *Panoplia*, MPG Bd. 130, S. 1315.
39 Sharenkoff, S. 82.
40 So etwa für das katharische Konzil von Saint-Félix de Caraman (1167), das durch den bogomilischen Bischof von Konstantinopel geleitet wurde. Siehe Cl. Davic u. J. Vaissette, *Histoire générale du Languedoc*, Toulouse 1879, Bd. VII, Sp. 4; ebenda die Notiz von A. Molinier; Guiraud, S. 25. Zu den Beziehungen zwischen Bogomilen und Katharern siehe den Aufsatz von E. Anitchkov, *Les survivances manichéennes en pays slaves et en occident*, in: *Revue des études slaves*, 8, 1928.
41 ⟨Boulgre, bougre: aus »Bulgare« abgeleitete französische umgangssprachliche Bezeichnung für: Kerl, Schuft, armer Teufel usw.⟩
42 P. Duhem, *Le système du monde. Histoire des doctrines cosmologiques de Platon à Copernic*, Paris 1913-1917, Bd. III.
43 Ebenda.
44 J. Puig y Cadalfalch, *La géographie et les origines du premier art roman*, Paris 1935.
45 F. Ueberweg, *Grundriß der Geschichte der Philosophie*, Berlin 1928, Bd. II, § 30.
46 S. Berger, *Recherches sur les bibles provençales et catalanes*, in: *Romania*, 19, 1890, S. 505 ff.; ders., *Histoire de la Vulgate*, Paris 1893, S. 73, 77.
47 Al Birouni, *Chronologie orientalischer Völker...*, hg. v. E. Sachau, Leipzig 1878.
48 J. D. Mansi, *Sacrorum conciliorum nova et amplissima collectio*, Florenz–Venedig 1759 ff., Bd. IX, Sp. 773 ff. (Konzil von Braga, 563).
49 Paulus Orosius, MPL Bd. 31, Sp. 1213 ff.; Sulpicius Severus, MPL Bd. 20, Sp. 155; Philastrius von Brescia, MPL Bd. 12, Sp. 1196; Augustinus, MPL Bd. 42, Sp. 44; ders., MPL Bd. 40, Sp. 521.
50 Mansi, Sp. 775.
51 Döllinger, II, S. 152; Alanus von Lille, MPL Bd. 210, Sp. 312.
52 Döllinger, II, S. 33, 35.
53 Mansi, Sp. 775.
54 Ebenda.
55 Ebenda.

56 Orosius, Sp. 1213.
57 Siehe L. Varga, *Peire Cardinal était-il hérétique?*, in: *Revue de l'histoire des religions*, 117, 1938, S. 208 (Deutsch im vorl. Band, S. 202).
58 Döllinger, II, S. 52-84.
59 Puech, S. 228.
60 Döllinger, II, S. 89.
61 Giraud, S. 143 ff.
62 W. Henning, *Ein manichäisches Bet- und Beichtbuch*, in: *Abhandlungen der preußischen Akademie der Wissenschaften zu Berlin. Philosophisch-historische Klasse*, Jg. 1936, Nr. 10, S. 25.
63 *Priscilliani quae supersunt*, hg. v. G. Schepss, Prag–Wien 1899.
64 G. Morin, *Pro Instantio...*, in: *Revue Bénédictine*, 30, 1913, S. 153-173.
65 D. de Bruyne, *Fragments retrouvés d'apocryphes priscillianistes*, in: *Revue Bénédictine*, 24, 1907, S. 280.
66 Ebenda, S. 279, 267.
67 Ebenda, S. 278.
68 Schepss, S. 72, 69, 76.
69 Rainer Sacconi, in: *Thesaurus novus anecdotorum*, hg. v. E. Martène u. U. Durand, Paris 1717, Bd. v, Sp. 1785.
70 Döllinger, II, S. 52 ff.
71 P. Alphandéry, *Le gnosticisme dans les sectes médiévales latines* (*Revue d'histoire et de philosophie religieuse*, 7, 1927, S. 395-411), hat auf die gnostischen Überreste in den Sekten außerhalb des Katharismus hingewiesen.

Zeittafel

1904	21. Juni: Rosa Stern in Baden bei Wien geboren.
1923	Abitur an der ›Schwarzwald'schen Schulanstalt‹ in Wien.
1924	Heirat mit Dr. Josef Varga (1892-1944), Wohnung in Baden bei Wien.
1925	Geburt der Tochter Berta.
1926-1931	Studium der Geschichte und Kunstgeschichte in Wien; Juni 1931: Promotion zum Dr. phil. bei Alphons Dopsch und Hans Hirsch mit der Arbeit »*Eine Untersuchung über die Entstehung des Schlagworts vom ›finsteren Mittelalter‹*« (gedruckt: 1932).
1931	Austritt aus der israelitischen Religionsgemeinschaft.
1932	Scheidung von Josef Varga; Übersiedlung nach Wien.
1931-1933	Lehraufträge an der Volkshochschule ›Urania‹.
1933	Dezember: Heirat mit Dr. Franz Borkenau-Pollak (1900-1957); anschließend gemeinsame Übersiedlung nach Paris.
1934	Ca. Januar-Februar: Bekanntschaft mit Lucien Febvre, Beginn der Zusammenarbeit; Entwurf eines gemeinsamen Buchprojekts zur Religionsgeschichte; Reisen nach London (Juni) und Wien (Juli und Dezember); Sommerferien mit Familie Febvre, anschließend erster Forschungsaufenthalt in Toulouse.
1935	April: Reise L. Febvres nach Wien; Reisen L. Vargas nach Deutschland (Pfingsten) und Wien (Frühsommer); September: Studienaufenthalt und Ferien im Montafon-Tal (Vorarlberg); Gutachten Marc Blochs für L. Vargas Bewerbung um ein Rockefeller-Stipendium; Reise L. Vargas nach London, um sich von F. Borkenau zu verabschieden, der als Soziologie-Professor nach Panama geht; Reise nach Deutschland (u. a. Nürnberg).
1936	Januar: Der Aufsatz über das Montafon-Tal erscheint in den *Annales*; Frühjahr: Reise u. a. nach Köln; Osterferien mit Familie Febvre in Spanien; August-September: Studienaufenthalt und Ferien in Südtirol; Scheidung von F. Borkenau (?).
1937	Frühjahr: Kontakt-Abbruch durch die Familie Febvre; Herbst: Deutschland-Heft der *Annales* mit zahlreichen Beiträgen L. Vargas.
1938	April: ›Anschluß‹ Österreichs an das Deutsche Reich; L. Varga geht eine Scheinehe ein, um die französische Staats-

	bürgerschaft zu erlangen (danach sofortige Scheidung); Mai: Die Fortsetzungsgeschichte ›*Comment on fabrique l'hitlérien 100%*‹ erscheint in der Tageszeitung *L'Œuvre*; der Aufsatz über Peire Cardenal erscheint in der *Revue de l'histoire des religions;* Weihnachten: Reise nach Budapest.
1939	Arbeitet als Vertreterin und Fabrikarbeiterin; der Aufsatz über den Neognostizismus der Katharer erscheint in der *Revue de l'histoire des religions;* die nach der Südtirol-Reise 1937 entstandene Studie über den Hexenglauben in Ladinien erscheint in den *Annales*; nach Kriegsausbruch Mitarbeiterin der Nachrichtenagentur ›Havas‹.
1940	Juni: Evakuierung nach Bordeaux und Lourdes; anschließend Zuflucht in der Nähe von Toulouse; Lebensunterhalt durch Landarbeit und Deutschkurse.
1941	26. April: Lucie Varga stirbt in Toulouse im diabetischen Koma.

Bibliographie der Arbeiten Lucie Vargas

⟨1⟩
Das Schlagwort vom »finsteren Mittelalter«, Verlag Rudolf M. Rohrer, Baden bei Wien, 1932, 152 S. (Veröffentlichungen des Seminars für Wirtschafts- und Kulturgeschichte an der Universität Wien, hg. von Alphons Dopsch, Bd. 8); Nachdruck: Scientia Verlag, Aalen 1978 (= phil. Diss., Wien 1931).

⟨2⟩
Moyen Age et Renaissance, in: Revue de Synthèse, Bd. VII, 1934, S. 129-132 (= Rez. von Johan Nordström, Moyen Age et Renaissance, Paris 1933; Johann Baptist Kraus, Scholastik, Puritanismus und Kapitalismus, München–Leipzig 1930).

⟨3⟩
Matérialisme, idéalisme ou réalisme historique?, in: Revue de Synthèse, Bd. IX, 1935, S. 154-155 (= Rez. von Corrado Barbagallo, Il Medioevo, Storia Universale III, Turin 1935).

⟨4⟩
Un testament politique, in: Annales d'histoire économique et sociale, 7. Jg., 1935, S. 427 (= Rez. von Ludwig Zimmermann, Der ökonomische Staat Landgraf Wilhelms IV., Marburg 1934).

⟨5⟩
Aristocratie et industrie en Angleterre, in: Annales d'histoire économique et sociale, 7. Jg., 1935, S. 521 (= Rez. von Samuel Dickinson Stirk, Die Aristokratie und die industrielle Entwicklung in England vom 16. bis zum 18. Jahrhundert, Breslau 1933).

⟨6⟩
La littérature viennoise, in: Encyclopédie Française, Bd. VII, 1936, S. 17/48/8-17/50/1 (= 2 S.).

⟨7⟩
Dans une vallée du Vorarlberg: d'avant-hier à aujourd'hui in: Annales d'histoire économique et sociale, 8. Jg., 1936, S. 1-20. Deutsche Übersetzung im vorliegenden Band.

⟨8⟩
Un problème de méthode en histoire religieuse: le catharisme, in: Revue de Synthèse, Bd. XI, 1936, S. 133-143 (= Rez. von Jean Guiraud, Histoire de l'Inquisition au Moyen Age, I, Paris 1935). Deutsche Übersetzung im vorliegenden Band.

⟨9⟩
En Amérique espagnole: métaux précieux, prix et travail forcé, in: Annales d'histoire économique et sociale, 8. Jg., 1936, S. 570-574 (= Rez. von Earl Hamilton, American Treasure and the Price Revolution in Spain, 1502-1650, Cambridge/Mass. 1934; Lesley Byrd Simpson, The Economienda in New Spain. Forced Native Labor in the Spanish Colonies, 1492-1550, Berkeley/Calif. 1929).

⟨10⟩
La recherche historique et l'opposition catholique en Allemagne 1936, in: Revue de Synthèse, Bd. XIII, 1937, S. 49-56.

⟨11⟩
Les luttes sociales en Allemagne et la genèse de la Réforme, in: Science. L'encyclopédie annuelle, 2. Jg., Nr. 14, Juni 1937, S. 5-6, bzw. S. 57a-57d (= 4 S.).

⟨12⟩
La genèse du national-socialisme. Notes d'analyse sociale, in: Annales d'histoire économique et sociale, 9. Jg., 1937, S. 529-546. Deutsche Übersetzung im vorliegenden Band.

⟨13⟩
Pour connaître la France – ou l'Allemagne?, in: Annales d'histoire économique et sociale, 9. Jg., 1937, S. 602-604 (= Rez. von Paul Distelbarth, Lebendiges Frankreich, Berlin 1936; ders., France vivante, Paris 1937).

⟨14⟩
Luther, la jeunesse et le nazisme, in: Annales d'histoire économique et sociale, 9. Jg., 1937, S. 604-606 (= Rez. von Herbert Schöffler, Die Reformation. Einführung in eine Geistesgeschichte der deutschen Neuzeit, Bochum 1936). Deutsche Übersetzung im vorliegenden Band.

⟨15⟩
Sur la jeunesse du Troisième Reich, in: Annales d'histoire économique et sociale, 9. Jg., 1937, S. 612-614 (= Rez. von Robert d'Harcourt, L'Evangile de la force, Paris 1936). Deutsche Übersetzung im vorliegenden Band.

⟨16⟩
Peire Cardinal était-il hérétique?, in: Revue de l'histoire des religions, 59. Jg., Bd. CXVII, 1938, S. 205-231. Deutscher Übersetzung im vorliegenden Band.

⟨17⟩
Comment se fabrique l'hitlérien 100%. Scènes de la vie allemande. Histoire du jeune Hermann Gierlich, »enfant d'Hitler«, élevé dans le mépris du cerveau, le culte du biceps, des parades et des chansons guérrières, in: L'Œuvre, v. 16.-30. Mai 1938 (Erzählung in 13 Folgen).

⟨18⟩
Sorcellerie d'hier. Enquête dans une vallée ladine, in: Annales d'histoire sociale, 1. Jg., 1939, S. 121-132. Deutsche Übersetzung im vorliegenden Band.

⟨19⟩
Les cathares sont-ils des néomanichéens ou des néognostiques?, in: Revue de l'histoire des religions, 60. Jg., Bd. CXX, 1939, 175-193. Deutsche Übersetzung im vorliegenden Band.

suhrkamp taschenbücher wissenschaft
Geschichte, Sozialgeschichte, Zeitgeschichte, Dokumentation

Assmann/Hölscher (Hg.): Kultur und Gedächtnis. stw 724

Batscha: »Despotismus von jeder Art reizt zur Widersetzlichkeit.« stw 759

Baumgartner/Rüsen (Hg.): Geschichte und Theorie. stw 98

Becher/Rüsen (Hg.): Weiblichkeit in geschichtlicher Perspektive. stw 725

Bendix: Könige oder Volk. 2 Bde. stw 338

Broué/Témime: Revolution und Krieg in Spanien. 2 Bde. stw 118

Danker: Räuberbanden im Alten Reich um 1700. stw 707

Dreier/Sellert (Hg.): Recht und Justiz im »Dritten Reich«. stw 761

Duby: Die drei Ordnungen. stw 596

– Ritter, Frau und Priester. stw 735

Duby/Lardreau: Geschichte und Geschichtswissenschaft. stw 409

Ehlich (Hg.): Sprache im Faschismus. stw 760

Fend: Sozialgeschichte des Aufwachsens. stw 693

Foucault: Sexualität und Wahrheit 1. Der Wille zum Wissen. stw 716

– Sexualität und Wahrheit 2. Der Gebrauch der Lüste. stw 717

– Sexualität und Wahrheit 3. Die Sorge um sich. stw 718

– Überwachen und Strafen. stw 184

– Wahnsinn und Gesellschaft. stw 39

Heinsohn: Privateigentum, Patriarchat, Geldwirtschaft. stw 455

Hinrichs: Ancien Régime und Revolution. stw 758

Hinrichs (Hg.): Absolutismus. stw 535

Jäger: Verbrechen unter totalitärer Herrschaft. stw 388

Koselleck: Kritik und Krise. stw 36

– Vergangene Zukunft. stw 757

Macpherson: Nachruf auf die liberale Demokratie. stw 305

– Die politische Theorie des Besitzindividualismus. stw 41

Meier, Chr.: Die Entstehung des Politischen bei den Griechen. stw 427

Métral: Die Ehe. stw 357

Moore: Soziale Ursprünge von Diktatur und Demokratie. stw 54

– Ungerechtigkeit. stw 692

Niethammer (Hg.): Lebenserfahrung und kollektives Gedächtnis. stw 490

Otto/Sünker (Hg.): Soziale Arbeit und Faschismus. stw 762

Reif (Hg.): Räuber, Volk und Obrigkeit. stw 453

Reinalter: Die Französische Revolution und Mitteleuropa. stw 748

Reinalter (Hg.): Demokratische u. soziale Protestbewegungen in Mitteleuropa 1815–1848/49. stw 629

suhrkamp taschenbücher wissenschaft
Geschichte, Sozialgeschichte, Zeitgeschichte, Dokumentation

Reinalter (Hg.) Freimaurer und Geheimbünde im 18. Jahrhundert in Mitteleuropa. stw 403

Rosenbaum: Formen der Familie. stw 374

Rosenbaum (Hg.): Familie und Gesellschaftsstruktur. stw 244

Rossi: Vom Historismus zur historischen Sozialwissenschaft. stw 699

Saage: Arbeiterbewegung, Faschismus, Neokonservatismus. stw 689

Sabean: Das zweischneidige Schwert. stw 888

Schulze (Hg.): Europäische Bauernrevolten der frühen Neuzeit. stw 393

Tibi: Der Islam und das Problem der kulturellen Bewältigung sozialen Wandels. stw 531

Vranicki: Geschichte des Marxismus. 2 Bde. stw 406

suhrkamp taschenbücher wissenschaft
Soziologie, Theorie der Gesellschaft

Adorno: Prismen. stw 178
- Soziologische Schriften I. stw 306

Assmann/Hölscher (Hg.): Kultur und Gedächtnis. stw 724

Auwärter/Kirsch/Schröter (Hg.): Kommunikation, Interaktion, Identität. stw 156

Beck/Bonß (Hg.): Weder Sozialtechnologie noch Aufklärung? stw 715

Bendix: Freiheit und historisches Schicksal. stw 390

Bonß/Honneth (Hg.): Sozialforschung als Kritik. stw 400

Bourdieu: Entwurf einer Theorie der Praxis. stw 291
- Die feinen Unterschiede. stw 658
- Sozialer Raum und »Klassen«. Leçon sur la leçon. stw 500
- Zur Soziologie der symbolischen Formen. stw 107

Bourdieu u. a.: Eine illegitime Kunst. stw 441

Brandt: Arbeit, Technik und gesellschaftliche Entwicklung. stw 780

Cicourel: Methode und Messung in der Soziologie. stw 99

Cremerius (Hg.): Die Rezeption der Psychoanalyse in der Soziologie, Psychologie und Theologie im deutschsprachigen Raum bis 1940. stw 296

Dreeben: Was wir in der Schule lernen. stw 294

Dubiel/Söllner (Hg.): Wirtschaft, Recht und Staat im Nationalsozialismus. stw 471

Durkheim: Erziehung, Moral und Gesellschaft. stw 487
- Die Regeln der soziologischen Methode. stw 464
- Der Selbstmord. stw 431
- Soziologie und Philosophie. stw 176

Edelstein/Habermas (Hg.): Soziale Interaktion und soziales Verstehen. stw 446

Edelstein/Keller (Hg.): Perspektivität und Interpretation. stw 364

Edelstein/Nunner-Winkler (Hg.): Zur Bestimmung der Moral. stw 628

Eder: Die Vergesellschaftung der Natur. stw 714

Eder (Hg.): Klassenlage, Lebensstil und kulturelle Praxis. stw 767

Eisenstadt (Hg.): Kulturen der Achsenzeit. 2 Bde. stw 653

Elias: Engagement und Distanzierung. stw 651
- Die höfische Gesellschaft. stw 423
- Über den Prozeß der Zivilisation. 2 Bde. stw 158/159
- Über die Zeit. stw 756

Materialien zu Norbert Elias' Zivilisationstheorie. stw 233

Macht und Zivilisation. Materialien zu Norbert Elias' Zivilisationstheorie 2. stw 418

Evers/Nowotny: Über den Umgang mit Unsicherheit. stw 672

Ferguson: Versuch über die Geschichte der bürgerlichen Gesellschaft. stw 739

suhrkamp taschenbücher wissenschaft
Soziologie, Theorie der Gesellschaft

Foucault: Sexualität und Wahrheit 1. Der Wille zum Wissen. stw 716
– Sexualität und Wahrheit 2. Der Gebrauch der Lüste. stw 717
– Sexualität und Wahrheit 3. Die Sorge um sich. stw 718
– Überwachen und Strafen. stw 184
– Wahnsinn und Gesellschaft. stw 39
Gerhardt/Schütze (Hg.): Frauensituation. stw 726
Geulen: Das vergesellschaftete Subjekt. stw 586
Geulen (Hg.): Perspektivenübernahme und soziales Handeln. stw 348
Giddens: Die Klassenstruktur fortgeschrittener Gesellschaften. stw 452
Goffman: Das Individuum im öffentlichen Austausch. stw 396
– Interaktionsrituale. stw 594
– Rahmen-Analyse. stw 329
– Stigma. stw 140
Goudsblom: Soziologie auf der Waagschale. stw 223
Granet: Die chinesische Zivilisation. stw 518
Greiffenhagen: Das Dilemma des Konservatismus in Deutschland. stw 634
Groethuysen: Die Entstehung der bürgerlichen Welt- und Lebensanschauung in Frankreich. 2 Bde. stw 256
Habermas: Theorie und Praxis. stw 243
– Zur Logik der Sozialwissenschaft. stw 517
– Zur Rekonstruktion des Historischen Materialismus. stw 154
– *siehe auch Edelstein/Habermas*
– *siehe auch Honneth/Joas*
– *siehe auch McCarthy*
Haferkamp/Schmid (Hg.): Sinn, Kommunikation und soziale Differenzierung. Beiträge zu Luhmanns Theorie sozialer Systeme. stw 667
Haferkamp (Hg.): Sozialstruktur und Kultur. stw 793
Hahn/Kapp (Hg.): Selbstthematisierung u. Selbstzeugnis: Bekenntnis u. Geständnis. stw 643
Halbwachs: Das Gedächtnis u. s. soz. Bedingungen. stw 538
Hausen/Nowotny (Hg.): Wie männlich ist die Wissenschaft? stw 590
Hirschman: Engagement und Enttäuschung. stw 729
Hirschmann: Leidenschaften und Interessen. stw 670
Höffe: Strategien der Humanität. stw 540
– *siehe auch Oser/Fatke/Höffe*
Honneth: Kritik der Macht. stw 738
Honneth/Jaeggi (Hg.): Theorien des Historischen Materialismus 1. stw 182
– Arbeit, Handlung, Normativität. Theorien des Historischen Materialismus 2. stw 321
Honneth/Joas (Hg.): Kommunikatives Handeln. Beiträge zu Jürgen Habermas' »Theorie des kommunikativen Handelns«. stw 625

suhrkamp taschenbücher wissenschaft
Soziologie, Theorie der Gesellschaft

Joas: Praktische Intersubjektivität. stw 765

Joas (Hg.): Das Problem der Intersubjektivität. stw 573

Joas/Steiner (Hg.): Machtpolitischer Realismus und pazifistische Utopie. stw 792

Joerges (Hg.): Technik im Alltag. stw 755

Jokisch (Hg.): Techniksoziologie. stw 379

Kern/Schumann: Industriearbeit und Arbeiterbewußtsein. stw 549

Kippenberg/Luchesi (Hg.): Magie. Die sozialwissenschaftliche Kontroverse über das Verstehen fremden Denkens. stw 674

Kocka (Hg.): Interdisziplinarität. stw 671

Lautmann (Hg.): Gesellschaft und Homosexualität. stw 200

Lenhardt: Schule und bürokratische Rationalität. stw 466

Lenk: Zur Sozialphilosophie der Technik. stw 414
– Zwischen Sozialpsychologie und Sozialphilosophie. stw 708
– Zwischen Wissenschaftstheorie und Sozialwissenschaft. stw 637

Lenski: Macht und Privileg. stw 183

Lepenies (Hg.): Geschichte der Soziologie. 4 Bde. stw 367

Lüderssen/Sack (Hg.): Vom Nutzen und Nachteil der Sozialwissenschaften für das Strafrecht. 2 Bde. stw 327

Luhmann: Funktion der Religion. stw 407
– Legitimation durch Verfahren. stw 443
– Soziale Systeme. stw 666
– *siehe auch Haferkamp/Schmid*
– Zweckbegriff und Systemrationalität. stw 12

Luhmann/Pfürtner (Hg.): Theorietechnik und Moral. stw 206

Luhmann/Schorr: Reflexionsprobleme im Erziehungssystem. stw 740

Luhmann/Schorr (Hg.): Zwischen Intransparenz und Verstehen. stw 572
– Zwischen Technologie und Selbstreferenz. stw 391
– *siehe auch Goldschmidt/Schöfthaler*

Mannheim: Konservatismus. stw 478
– Strukturen des Denkens. stw 298

McCarthy: Kritik der Verständigungsverhältnisse. stw 782

Mead: Geist, Identität und Gesellschaft. stw 28
– Gesammelte Aufsätze. Bd. 1. stw 678
– Gesammelte Aufsätze. Bd. 2. stw 679
– *siehe auch Joas*

Meja/Stehr (Hg.): Der Streit um die Wissenssoziologie. stw 361

Mommsen: Max Weber. Gesellschaft, Politik und Geschichte. stw 53

Moore: Ungerechtigkeit. stw 692

Münch: Theorie des Handelns. stw 704

suhrkamp taschenbücher wissenschaft
Soziologie, Theorie der Gesellschaft

Mead: Geist, Identität und Gesellschaft. stw 28
- Gesammelte Aufsätze. Bd. 1. stw 678
- Gesammelte Aufsätze. Bd. 2. stw 679
- *siehe auch Joas*

Meja/Stehr (Hg.): Der Streit um die Wissenssoziologie. stw 361

Mommsen: Max Weber. Gesellschaft, Politik und Geschichte. stw 53

Moore: Ungerechtigkeit. stw 692

Münch: Dialektik der Kommunikationsgesellschaft. stw 880
- Theorie des Handelns. stw 704

Niemitz (Hg.): Erbe und Umwelt. stw 646

Oakes: Die Grenzen kulturwissenschaftlicher Begriffsbildung. stw 859

Oser: Moralisches Urteil in Gruppen. stw 335

Oser/Fatke/Höffe (Hg.): Transformation und Entwicklung. Grundlagen der Moralerziehung. stw 498

Otto/Sünker (Hg.): Soziale Arbeit und Faschismus. stw 762

Parsons: Gesellschaften. stw 106
- *siehe auch Schluchter (Hg.): Verhalten*
- *siehe auch Schütz/Parsons*

Rammstedt: Deutsche Soziologie 1933-1945. stw 581

Rodinson: Islam und Kapitalismus. stw 584

Rosenbaum: Formen der Familie. stw 374

Rosenbaum (Hg.): Familie und Gesellschaftsstruktur. stw 244

Roth: Politische Herrschaft und persönliche Freiheit. stw 680

Schluchter: Aspekte bürokratischer Herrschaft. stw 492
- Rationalismus der Weltbeherrschung. stw 322

Schluchter (Hg.): Max Webers Sicht des antiken Christentums. stw 548
- Max Webers Sicht des Islam. stw 638
- Max Webers Sicht des okzidentalen Christentums. stw 730
- Max Webers Studie über das antike Judentum. stw 340
- Max Webers Studie über Hinduismus und Buddhismus. stw 473
- Max Webers Studie über Konfuzianismus und Taoismus. stw 402
- Verhalten, Handeln und System. Talcott Parsons' Beitrag zur Entwicklung der Sozialwissenschaften. stw 310

Schöftaler/Goldschmidt (Hg.): Soziale Struktur und Vernunft. stw 365

Schröter: »Wo zwei zusammenkommen in rechter Ehe ...« stw 860

Schütz: Das Problem der Relevanz. stw 371
- Der sinnhafte Aufbau der sozialen Welt. stw 92
- Theorie der Lebensformen. stw 350

suhrkamp taschenbücher wissenschaft
Soziologie, Theorie der Gesellschaft

Schütz/Luckmann: Strukturen der Lebenswelt. Bd. 1. stw 284
- Strukturen der Lebenswelt. Bd. 2. stw 428

Schütz/Parsons: Zur Theorie sozialen Handelns. Ein Briefwechsel. stw 202

Seyfarth/Sprondel (Hg.): Religion und gesellschaftliche Entwicklung. stw 38

Simmel: Aufsätze 1887-1890. Über sociale Differenzierung (1890). Die Probleme der Geschichtsphilosophie (1892). stw 802
- Einleitung in die Moralwissenschaft. stw 803
- Philosophie des Geldes. stw 806
- Das individuelle Gesetz. stw 660
- Schriften zur Soziologie. stw 434

Simmel und die frühen Soziologen. stw 736

Georg Simmel und die Moderne. Hg. von H.-J. Dahme und O. Rammstedt. stw 469

Soeffner: Auslegung des Alltags – Der Alltag der Auslegung. stw 785

Sorel: Über die Gewalt. stw 360

Stolk/Wouters: Frauen im Zwiespalt. stw 685

Stubar (Hg.): Exil, Wissenschaft, Identität. stw 702

Tibi: Der Islam und das Problem der kulturellen Bewältigung sozialen Wandels. stw 531
- Die Krise des modernen Islam. stw 889

Ullrich: Technik und Herrschaft. stw 277

Wahl: Die Modernisierungsfalle. stw 842

Wahl/Honig/Gravenhorst: Wissenschaftlichkeit und Interessen. stw 398

Weingart (Hg.): Technik als sozialer Prozeß. stw 795

Weiß, J. (Hg.): Max Weber heute. stw 711

Welker (Hg.): Theologie und funktionale Systemtheorie. stw 495

Wiggershaus (Hg.): Sprachanalyse und Soziologie. stw 123